HELMUT KOOPMANN

DEUTSCHE LITERATURTHEORIEN ZWISCHEN 1880 UND 1920

HELMUT KOOPMANN

DEUTSCHE LITERATURTHEORIEN ZWISCHEN 1880 UND 1920

EINE EINFÜHRUNG

WISSENSCHAFTLICHE BUCHGESELLSCHAFT
DARMSTADT

Einbandgestaltung: Neil McBeath, Stuttgart.

Die Deutsche Bibliothek – CIP-Einheitsaufnahme

Koopmann, Helmut:
Deutsche Literaturtheorien zwischen 1880 und 1920:
eine Einführung / Helmut Koopmann. – Darmstadt:
Wiss. Buchges., 1997
ISBN 3-534-08033-5

Bestellnummer 08033-5

Gedruckt auf säurefreiem und alterungsbeständigem Werkdruckpapier
Reproduktionsfähige Druckvorlagenerstellung: Sandra Schwarz
Druck und Einband: Frotscher Druck GmbH, Darmstadt
Printed in Germany

ISBN 3-534-08033-5

INHALT

Vorbemerkung

Die vorliegende Einführung enthält keine Spezialstudien - ihr Ziel ist es vielmehr, innerhalb der deutschen Literatur zwischen 1880 und 1920 auf größere Zusammenhänge aufmerksam zu machen. Bemühungen, die Literatur dieses Zeitraums, die sich selbst unter wechselnden Vorzeichen als literarische Moderne begriff, etwa in Dekaden oder in einzelne klar voneinander abgrenzbare Epochen einzuteilen, werden dort fragwürdig, wo offenkundig durchgängige Gemeinsamkeiten des Schreibens und der literaturtheoretischen Ortsbestimmungen in dieser Moderne ausfindig zu machen sind.

Jeder, der sich mit literaturtheoretischen Texten der Jahrhundertwende beschäftigt, weiß, wie reich, aber auch, wie unübersichtlich das ist, was sich in literarischen Manifesten jeder Art präsentiert. Zu den wichtigsten literarischen Strömungen um 1900 liegen umfangreiche Anthologien vor - sie liefern das Material für das hier Gesagte. Die vorliegende Darstellung will dabei das Wichtige vom Peripheren sondern und auch in der Auswahl der Belege Akzente setzen, um das so ungeheuer große Gebiet der literaturtheoretischen Aussagen jener Zeit ein- und jeweils gegeneinander abzugrenzen; nur so schien das Ziel, richtungsübergreifende Gemeinsamkeiten sichtbar zu machen, erreichbar zu sein.

Der Nachweis größerer Zusammenhänge wird an ausgewählten Beispielen geführt. Es versteht sich daher von selbst, daß die Kapitel dieses Buches keine in sich geschlossenen Epochendarstellungen liefern wollen. Die Diskussion der Forschungsliteratur wurde dabei weitgehend ausgeblendet; diese wird in einer anhängenden Auswahlbibliographie genannt. Weitgehend ausgeblendet wurden auch Hinweise auf außerdeutsche Einflüsse, etwa aus Frankreich, Italien und Skandinavien. Sie haben die Literatur zwischen 1880 und 1920 nicht generell bestimmt, sondern sind richtungsgebunden gewesen; über sie liegen Sonderstudien vor. Nur eine wenig bekannte und noch weniger behandelte Parallele in der nichtdeutschsprachigen Welt wurde etwas genauer analysiert und zu den deutschen Strömungen in Beziehung gesetzt: die des Imagismus. Dem gilt das Schlußkapitel.

Die Darstellung ist ein Versuch, nach der Zeit einer sich stark partikularisierenden Literaturgeschichte und nach einem Übermaß an sozialgeschichtlichen Darstellungen literarisch begründete Verbindungslinien aufzuzeigen, wieder größere Zusammenhänge sichtbar zu machen, ohne die auch das Detail nicht zureichend gedeutet werden kann. Das Ziel dieser Einführung wäre erreicht, wenn einsichtig würde, wie grundlegend die hier demonstrierten Gemeinsamkeiten für das Verständnis von 40 Jahren moderner Literatur sind.

Sehr zu danken habe ich Frau Dr. Sandra Schwarz - für unermüdliche Hilfe.

Helmut Koopmann

I

Vorläufer: Zu Phänomen und Begriff der Moderne bei Schiller, F. Schlegel und den jungdeutschen Schriftstellern

Der Begriff der Moderne ist mißverständlich, weil er mehrfach in ganz unterschiedlichen Epochen auf nicht weniger unterschiedliche Weise verwandt worden ist. Er begegnet im Bereich der neueren deutschen Literatur erstmals in spezifischer Bedeutung in der Frühromantik; Friedrich Schlegel diagnostiziert in seinem Aufsatz *Über das Studium der griechischen Poesie* seine eigene Zeit als Zeit der Moderne. Für Schlegel erklärt sich die literarische Moderne zunächst einmal nicht aus sich selbst, sondern aus ihrem Gegensatz zur griechischen Poesie. So stellt sich ihm denn eingangs auch nur die Frage nach dem "Verhältnis der antiken Poesie zur modernen".[1] Aber sein Versuch einer Antwort weitet sich dann rasch aus zu einer "Rechtfertigung der Modernen".[2] Die Moderne definiert sich bei Schlegel dadurch, daß sie ihren Anspruch auf Objektivität und ihren Glauben an "reine Gesetze" aufgegeben hat; die in seinem Aufsatz enthaltenen Bestimmungen der Moderne sind Proklamationen der Subjektivität, und an die Stelle des Objektiven früherer Zeiten und insbesondere der Antike rückt als Ausdruck der Subjektivität das "Interessante".[3] Es ist das eigentliche Kennzeichen der Moderne, deren Wesen "das rastlose unersättliche Streben nach dem Neuen, Pikanten und Frappanten, bei dem dennoch die Sehnsucht unbefriedigt bleibt".[4] Dabei bezeichnet die Herrschaft des Interessanten "nur eine vorübergehende Krise des Geschmacks";[5] "Moderne" ist also ein transitorischer Zustand.

Die Kontraposition von Antike und Moderne ist nicht von Schlegel erfunden worden. Vor ihm hatte Schiller auch schon eine Begriffsbestim-

---

1 Friedrich Schlegel: Kritische Schriften. Hrsg. von Wolfdietrich Rasch. München [2]1964. S. 114.

2 Ebd. S. 115.

3 Ebd. S. 147f.

4 Ebd. S. 130.

5 Ebd. S. 149.

mung der Moderne versucht, ohne freilich diesen Begriff zu verwenden: seine Gegenüberstellung von naiver und sentimentalischer Poesie nimmt dennoch der Sache nach vorweg, was Schlegel für das Gegenüber von Antike und Moderne feststellt. Für Schiller war der Gegensatz von Antike und Moderne, von naiver und sentimentalischer Dichtung allerdings noch kein grundsätzlicher, sondern ein historisch gewordener: was das eine vom anderen unterschied, war Besitz oder Verlust der Natur, und die Aufgabe des modernen Dichters bestand folglich darin, das Verlorengegangene wiederzusuchen, um die Selbstentfremdung, die Kennzeichen der modernen Welt war, zu überwinden. Die Moderne war ihm gleichbedeutend mit einem "künstlichen Zustande der Kultur",[6] in dem alles getrennt war, was früher vereinigt war. So war die Position der Moderne eine solche der Schwäche, des Verlustes, der nicht mehr vorhandenen ursprünglichen Einheit mit der Natur, und die Bestandsaufnahme der eigenen Zeit endete in der Einsicht, daß eine Rückkehr zum Frühzustand, also eine Restitution dessen, was die Antike als Repräsentantin der Natur gewesen war, nicht möglich und die annäherungsweise Aufhebung jener Selbstentfremdung allenfalls in der Kunst erreichbar sei. Das sentimentalische Zeitalter war, kurz gesagt, ein Zeitalter des Verlustes.

Schlegel hat sich im Gegensatz zu Schiller jedoch von dessen zwanghaftem Rückblick auf die Zeit der Antike gelöst; das Interessante als Merkmal der Moderne bekommt bei ihm einen Eigenwert, auch wenn es nur provisorischer Natur ist.[7] Das Provisorische der Moderne erklärt sich bei Schlegel aus dem Hang "zur unendlichen Perfektibilität der ästhetischen Anlage".[8] Zur Moderne gehört das Unvollendete und Unvollendbare, ja eine gewisse Anarchie. Konturen eines Ganzen werden ahnungsweise durchaus sichtbar, aber es ist nicht mehr das Ganze der Antike und der antiken Poesie, von dem sich, wie bei Schiller noch, auch die Gegenwart her bestimmen könnte. "Die ganze Masse der modernen Poesie ist ein unvollendeter Anfang, dessen Zusammenhang nur in Gedanken zur Vollständigkeit ergänzt werden kann", schreibt Schlegel[9] und betont damit noch einmal das Transitorische der Moderne, da Objektivität, Ge-

6 Schillers Werke. Nationalausgabe. 20. Bd. Philosophische Schriften. Erster Teil. Unter Mitwirkung von Helmut Koopmann hrsg. von Benno von Wiese. Weimar 1969. S. 436.

7 Schlegel: Kritische Schriften (wie Anm. 1 [Querverweise erfolgen grundsätzlich innerhalb desselben Kapitels und werden andernfalls mit römischen Ziffern spezifiziert]). S. 119.

8 Vgl. ebd.

9 Ebd. S. 189.

schlossenheit, Gesetzlichkeit und Totalität nur der Vergangenheit, der Antike also, zukommen. Die Zeit der Moderne ist eine Durchgangszeit; zu ihrem Erscheinungsbild gehört der Umbruch - Schlegel spricht von der "ästhetischen Revolution", für die die Zeit "reif zu sein" scheine.[10] Fragmentarität ist ein weiteres Kennzeichen der Moderne, ästhetische Vollendung ein unerreichbares Ziel, die Umwertung aller poetischen Werte ihr Signum. So ist auch verständlich, daß eine literarische Aussageform in dieser Zeit der Moderne höchste Bedeutung bekommt: die Prosa. "Prosa ist die eigentliche Natur der Modernen", schreibt Schlegel[11] und sieht in ihr das ästhetische Äquivalent zu einer Welt, die nach festen Gesetzen nicht mehr existiert. Da, so Schlegel, die moderne Poesie entweder ihr Ziel noch nicht erreicht hat oder überhaupt "kein festes Ziel, ihre Bildung keine bestimmte Richtung, die Masse ihrer Geschichte keinen gesetzmäßigen Zusammenhang, das Ganze keine Einheit hat",[12] erscheint die Moderne letztlich als Epoche, die ihren Eigenwert nicht mehr dadurch bekommt, daß sie in Opposition zur Vergangenheit steht, sondern vielmehr deswegen, weil die zukünftige Form des Lebens und der Kunst noch nicht auszumachen ist. An die Stelle einer nach ästhetischen Gesetzen geordneten Kunstwelt ist die Gesetzlosigkeit einer Zeit getreten, die "unterwegs" ist: gegen eine statuarisch gesehene Antike wird die Flexibilität einer Übergangszeit gesetzt, in der an die Stelle des Objektiven die Subjektivität getreten ist. Sie endet erst dann, wenn die "Freiheit [...] endlich ein entschiedenes Übergewicht über die Natur bekommt,"[13] der "lenkende Verstand" dominiert[14] und damit, kurz gesagt, die Aufklärung sich endgültig etabliert.

Noch einmal hat der Begriff der Moderne vor der hier gemeinten, der Zeit der Jahrhundertwende, die Literatur überschwemmt: das geschah zur Zeit des Jungen Deutschland. "Moderne" wurde um 1835 zu einem der neuen Schlagwörter, die die Bewegung des Jungen Deutschland kennzeichneten - es stand gleichrangig neben "Gegenwart" oder auch "Leben", "Zeit", "Wirklichkeit". Friedrich Schlegel hatte mit dem Begriff des Modernen den des Sentimentalischen von Schiller ersetzt; zu einem Schlagwort war er in der Zeit der Frühromantik jedoch nicht geworden. Für die nachfolgende Generation der Jungdeutschen ist charakteristisch, daß er

---

10 Ebd. S. 161.
11 Ebd. S. 151.
12 Ebd. S. 121.
13 Ebd. S. 155.
14 Ebd. S. 156.

jetzt sogar bis in die Buchtitel vordringt. *Ueber moderne Literatur* von Gotthart Oswald Marbach, *Moderne Lebenswirren. Briefe und Zeitabenteuer eines Salzschreibers* von Theodor Mundt, *An die moderne Belletristik und ihre Söhne und die Herren Gutzkow und Wienbarg insbesondere* von Friedrich Rohmer - Titel wie diese zeigen, wie inflationär der Begriff der Moderne geworden ist. Hinzu kommen Essays wie *Die Mode und das Moderne* von Karl Gutzkow. Vermutlich kannten die jungdeutschen Schriftsteller die Aufsätze Schlegels, denn ihr Begriff der Moderne leitet sich offenkundig direkt davon her. Er steht wie bei Schlegel nicht mehr in Opposition zur Antike, sondern gilt einzig zur Kennzeichnung der damaligen Gegenwart, die - und das verbindet die Modernitätsvorstellungen der Jungdeutschen nachhaltig mit denen Friedrich Schlegels - als Zeit des Übergangs, der Umorientierung interpretiert wurde. Indirekt deutet sich auch bei den Jungdeutschen ein Gegensatz zu den Überlegungen Schillers an, der die Poesie stets mit dem Objektiven, mit der Welt der Idealität in Verbindung gebracht hatte, denn der Begriff der Moderne rückt bei den Jungdeutschen in die unmittelbare Nähe von "Gegenwart" und "Wirklichkeit". "Moderne" verbindet sich, anders gesagt, mit einer kritischen Einstellung zur Tradition, also mit der Bereitschaft, das Überkommene, das, was die Antike betrifft, in Schillers Zeiten noch aus sich selbst völlig zureichend gerechtfertigt war, jetzt in Frage zu stellen. Zur Signatur der Moderne gehört nun das Recht, der Welt gegenüber "zu bezweifeln, ob sie so bleiben darf, wie sie ist".[15]

Wichtiger als der Realitätsbezug, mit dem sich Gutzkow gegen den klassischen Idealitätsanspruch absetzt, sind auch hier die Folgen der kritischen Einstellung: ein überzeugendes Programm dieser literarischen Moderne läßt sich so wenig wie bei Schlegel formulieren. Dahinter steht auch diesmal nicht Definitionsohnmacht, sondern - und darin zeigen sich die Verbindungslinien zur Bestimmung der Moderne bei Schlegel am deutlichsten - das Wissen um das Vorübergehende einer Zeit, die aus einer nicht mehr akzeptierten Vergangenheit in eine alles andere als klar erkannte Zukunft hineinführen sollte. So sprach Gutzkow davon, daß die "Moderne" nicht als dauernder "Typus des gegenwärtigen Zeitalters" anzuerkennen sei[16] - sie ist eine "*Uebergangs-Periode*, zum Trotz und zum Schrecken Denen, welche einen Abschluß, eine Endepoche darin gefunden

---

15 Karl Gutzkow: Die Mode und das Moderne. In: K. G.: Werke. Auswahl in zwölf Teilen. Hrsg. [...] von Reinhold Gensel. Berlin u. a. o. J. 11. Teil. S. 15-25, hier S. 19.

16 Ebd. S. 25.

wähnten!"[17] Ludolf Wienbarg formulierte das ähnlich, wenn er sagte, daß die "Manifestation einer neuen Anschauungsweise und damit eines neuen Lebens, einer neuen Kunst und Poesie" kein "momentaner Akt" sei, "der sich sofort aller geschichtlichen Elemente bemächtigte und die Formen der früheren Anschauungsweise auf einmal zertrümmerte", sondern vielmehr "ein progressiver Akt, dem nur allmählich die Überwältigung und Ausscheidung der zuckenden, abgestorbenen Lebensreste gelingt. Es verharrt die Zeit so lang im Verpuppungszustande, bis ihr unter der Decke die Flügel ausgewachsen sind [...]. In solch verpupptem Zustande erscheint uns die Gegenwart".[18]

Wird die eigene Gegenwart als Übergangsperiode definiert, so folgert daraus fast zwangsläufig, daß ein Nebeneinander heterogener Strömungen als Kennzeichen des transitären Zustandes akzeptiert wird. Ohne daß Eichendorff den Begriff der Moderne verwandt hätte, hat er schon 20 Jahre vor den Manifestationen der Jungdeutschen sein eigenes Zeitalter am Ende seines Romans *Ahnung und Gegenwart* ähnlich gedeutet, nämlich als Dämmerung, die ein neuanbrechendes Äon verkünde. Es ist ein Zeitbild, das auch bei anderen Autoren (Börne, Heine) wiederkehrt. Gewiß steht im Hintergrund die Erfahrung einer beschleunigten Zeit und eines schnelleren Lebensganges, aber vorherrschend waren der Eindruck ungeordneter, nebeneinanderher wirkender Kräfte und eben der, daß die "'Moderne' kein dauernder Typus des gegenwärtigen Zeitalters" sei, zumal sie von den "Widersprüchen des Moments" gekennzeichnet werde.[19] Was die Standortbestimmung der Jungdeutschen darüber hinaus mit der Friedrich Schlegels verbindet, ist die Einsicht, daß Prosa die Literaturform der Moderne sei. Schlegel hatte sie als Kennzeichen seiner Moderne benannt; bei den Jungdeutschen, insbesondere bei Gutzkow, ist die Abwendung von poetischen Formen der Vergangenheit noch rigoroser, die Auflösung der überkommenen Gattungen noch gründlicher betrieben, die Subjektivität des Schriftstellers noch stärker betont. Gutzkow schrieb in *Die Mode und das Moderne*:

> Moderne Literatur heißt Abspiegelung der Zeitgenossen in den Lagen, worin sich diese befinden, Einmischung in ihre Debatten, Frage und Antwort in Sachen des allgemeinen Nachdenkens und der praktischen Philosophie. Der Literatur gegenüber ist das moderne Genre in der Form leicht, im

---

17 Madonna. Unterhaltungen mit einer Heiligen. Hrsg. von Theodor Mundt. Leipzig 1835. Reprint Frankfurt am Main 1973. S. 410f.

18 Ludolf Wienbarg: Ästhetische Feldzüge. Hrsg. von Walter Dietze. Berlin und Weimar 1964. S. 75.

> Inhalt zufällig, in Manier und Haltung subjektiv, witzig und melancholisch zugleich, launig in jeder Beziehung, begabt mit kritischem Talente und für die eigene Produktion entweder in manchen Fällen geradezu impotent oder zu wenig ehrgeizig, um es den großen Klassikern der Vergangenheit nachzutun. Roman, Novelle, die kleine Abhandlung, Briefe, empfindsame Reisen, das sind so die einfachsten Formen, wie der moderne Autor seine Empfindungen, Träume und Charaktere einfängt. Das moderne Genre entsteht schnell, verbreitet sich schnell, wird schnell verstanden und stirbt, schneller noch, als es oft eine Kritik erlebt hat.[20]

Die Moderne, so heißt es auch bei ihm, lasse sich nicht genau bestimmen; ein Zeichen des Modernen sei, daß der Begriff noch nicht abgeschlossen sei, sondern sich erst bilde, "daß das Moderne viel über sich selbst reflektiert, hundert Fragen ineinander bespricht und sich einbildet, aus formeller Dialektik Resultate erlangen zu können. Das eigentliche Moderne scheint mir eine Mischung von angeborenem Verstande und raffiniertem Gemüt zu sein".[21] Das läuft auf die Erkenntnis der Widersprüche des Lebens hinaus, die aber nicht künstlich homogenisiert werden sollen - wenn etwas fortan zum Begriff der Moderne gehört, so ist es die Undefinierbarkeit der Tendenz und das widerspruchsvolle Nebeneinander heterogener Strömungen, nicht zuletzt aber auch das Wissen um das Transitäre der eigenen Zeit.

---

19 Gutzkow: Die Mode und das Moderne (wie Anm. 15). S. 25.
20 Ebd. S. 24.
21 Ebd. S. 25.

II

Literarische Moderne 1880-1920

Von der Moderne der Frühromantik und der des Jungen Deutschland führen keine direkten Wege in die Moderne der Jahrhundertwende. Gemeinsam ist allen drei Modernismen jedoch, daß sie den Begriff der Moderne nicht aus sich heraus, sondern von Gegenpositionen her definieren, daß die Moderne eine transitäre Zeit ist und schließlich, daß in ihr heterogene Kräfte gleichzeitig wirksam sind, die jene beiden anderen Bestimmungen, das Transitäre des Zustandes und die Undefinierbarkeit der eigenen Position, mitbegründen. Dieses freilich sind nur formale Bestimmungen, die noch nichts über die Spezifika dieser dritten "Moderne" aussagen.

Hat diese dritte "Moderne" überhaupt so viel innere Konsistenz, daß ihr der Charakter einer eigenen Epoche zukommt? Dem ersten Augenschein nach spricht alles dagegen. Es fehlt bezeichnenderweise bis heute an einer allgemein akzeptierten Epochenbezeichnung. "Fin de siècle" steht neben "Décadence", "Jahrhundertwende" neben einer rein numerischen Fixierung ("Literatur um 1900"), und daß keine dominante Literaturströmung zu orten ist, vergrößert die Benennungs-Unsicherheit. Wenn man den Naturalismus zur wichtigsten literarischen Tendenz erklärt, werden nahezu automatisch alle anderen Richtungen zu "Gegenströmungen" - aber damit sind Richtungen wie Impressionismus, L'art pour l'art, neue Klassik, Neuromantik, neuer Biedermeierkult, später dann Expressionismus, Futurismus und Dadaismus unterbewertet. Umgekehrt kann keine dieser Richtungen für sich beanspruchen, dem Stilpluralismus um 1900 gerecht zu werden.

Die Benennungsohnmacht ist Ausdruck von Gegensätzlichkeiten, die um 1900 größer zu sein scheinen als in nahezu jeder anderen Epoche der neueren deutschen Literatur. Dem Positivismus, wie er von den Naturwissenschaften in die Literatur eindringt, steht ein neuer Mystizismus gegenüber, der das Leben und die Urkräfte des Lebens verherrlicht. Einer mechanistischen Weltinterpretation entspricht eine Suche nach der Transzendenz; gelegentlich hat man sogar vom "Transzendentismus" gesprochen.[1] Nachwirkenden historistischen Tendenzen, wie sie vor allem von der Geschichtswissenschaft bewahrt wurden, begegnet seit Nietzsche die leidenschaftliche Absage an alles Historische. Dem Bruch mit dem "Stilhistorismus"[2] widersprechen aber Neuformulierungen historischer Stile: Neorenaissance, Neobarock, Neorokoko, Neoklassizismus, Neobiedermeier. Die gegen den Historismus auftretende Jugendbewegung mit "Jugendstil" und "Jeunessisme" bekämpft die Stimmung der Décadence, die eher ein Lebensgefühl zu bezeichnen schien als einzelne Stile oder Stilrichtungen. Dieses allerdings war übermächtig. So hat man denn auch die Décadence nicht zufällig zum vorrangigen Kennzeichen der Literatur um 1900 erklärt;[3] viele bedeutende Autoren der Epoche (Rilke, Keyserling, Schnitzler, Heinrich Mann, Thomas Mann, Stefan George etwa) haben sich zu ihr bekannt. Gelegentlich ist allerdings auch von der "Pseudo-Décadence" die Rede.[4] Der Begriff des "Fin de siècle" hat sich jedoch mit gleicher Intensität behauptet, auch wenn er die Neuanfänge um 1900 eo ipso zu leugnen scheint.

Die Reihe der Gegensätzlichkeiten ist damit noch nicht ausgeschöpft. Der rationalistische Grundzug des Jahrhunderts verbindet sich mit einem untergründigen Antirationalismus, so wie dem Materialismus der Epoche ein Antimaterialismus korreliert. Der Technikeuphorie entsprechen Technikfurcht und Technikflucht, der Faszination der Großstadt die Großstadtflucht mit Gartenstadtbewegung und Künstlerkolonien, dem Aktionismus, wie er das Lebensgefühl durchgängig bestimmte, eine kontemplative Haltung. Der Fortschrittsglaube ist unübersehbar - ebenso unübersehbar aber auch der Zukunftspessimismus. Dabei neigte die Epoche durchaus zu Selbstdarstellungen; das bezeugen die Pariser Weltausstellungen von 1889 und von 1900, und um 1900 gab es eine letzte Phase des Denkmalkultes.[5] Zum Erscheinungsbild gehören schließlich Wilhelminismus und Viktorianismus; indirekt mitgeprägt haben die Jahrzehnte um 1900 die Arbeiterbewegung und christlich-soziale Ideen, auf der anderen Seite aber auch philosophische Lehren Nietzsches und Schopenhauers sowie musikalische Phänomene wie der Wagnerismus. Neben zahlreichen Theorien zur Kulturgeschichte und Hypothesen zum historischen Verlauf

---

1 Fin de siècle. Zur Literatur und Kunst der Jahrhundertwende. Hrsg. von Roger Bauer u. a. Frankfurt am Main 1977. [Studien zur Philosophie und Literatur des neunzehnten Jahrhunderts. Bd. 35.] S. XI.

2 Ebd.

3 So Wolfdietrich Rasch: Die literarische Décadence um 1900. München 1986.

4 Ebd. S. 10.

5 Fin de siècle (wie Anm. 1). S. X.

der Kulturen tritt ein enthistorisiertes Bewußtsein, ein Kult des Augenblicks, der allein "Leben" zu verheißen scheint.

Der Überblick wird noch uneinheitlicher, zieht man andere Künste hinzu. In der Kunstgeschichte läßt sich unter dem Begriff des "Symbolismus" sehr viel mehr vereinigen als in der Literatur - aber dem Symbolismus steht andererseits die Kunst der Spätpraeraphaeliten und die der Wiener Secessionisten gegenüber. Der Dämonisierung des Erotischen in der Literatur entspricht eine neue Christus-Verherrlichung nicht nur in der Literatur, der Oberflächenkunst und der "Cultur der Oberfläche" ein oft gewollter Tiefsinn, die Flucht in mythische Dimensionen. Heinrich und Thomas Mann bezeugen ersteres, Gerhart Hauptmann letzteres. Neben der Wiederentdeckung der italienischen Renaissance steht die Wiederentdeckung des Barock, neben dem Gegenstandskult und der Materialienverherrlichung finden sich jene Stilrichtungen, die auf derartiges verzichten, um "eigentliche" Aussagen zu überbringen. Charakteristisch ist, was Wilhelm Dilthey 1892 schrieb: "Unsere Zeit hat etwas vom Ende einer Epoche".[6] Aber der Empfänger dieser Botschaft, Graf Paul Yorck von Wartenburg, wurde vier Jahre später von Dilthey eingeladen, Berlin zu besuchen, "ein paar Tage in dem uferlosen und formlosen Meer dieser Gegenwart ein[zu]tauchen. Ein Ding, desgleichen seit der Renaissance nicht da war, so formlos, so chaotisch, so in den letzten Tiefen des Menschlichen bewegt, fin de siècle mit Zukunft unfaßlich gemischt".[7]

Die Literaturgeschichte hat sich auf einen übergeordneten Begriff nicht verständigen können; es finden sich aber auch keine dominanten Autoren, deren Name stellvertretend der Epoche hätte gegeben werden können (wie "Goethezeit"). Es gibt zudem keine Gemeinsamkeiten, was etwa den Gegensatz zur vorangegangenen Zeit des Realismus angeht, auch keine verbindende Stilrichtung, die die Gegensätze überbrücken könnte - wie man das gelegentlich allerdings vom Impressionismus gesagt hat, der zwischen Naturalismus und Symbolismus vermittele.[8] Die Brücken zwischen den verschiedenen Ismen sind zahlreich, aber keine ist tragfähig genug, um die Spannweite der Jahrhundertwende in sich zu umfassen. Es gibt auch keine dominante Gattung. Wir finden stattdessen eigentümliche Symbiosen: im Naturalismus dominieren Prosa und Drama, die Lyrik tritt auffällig zurück. Umgekehrt ist der Symbolismus, jedenfalls auf den ersten Blick, vor

---

6 Zitiert ebd. S. IX.

7 Ebd.

8 Jahrhundertende - Jahrhundertwende. (I. Teil.) Hrsg. von Helmut Kreuzer. Wiesbaden 1976. [Neues Handbuch der Literaturwissenschaft. Bd. 18.] S. 22.

allem eine Sache der Lyrik. Der Expressionismus wiederum kennt wenig erzählende Texte, Drama und Lyrik dominieren. Die Décadence-Literatur hingegen umspannt alle Gattungen, während "Fin de siècle" auch überall zu finden ist, aber eher die Lebensstimmung ausdrückt als formende literarische Kräfte freisetzt. Hinzu kommen Phasenverschiebungen. Diese sind besonders auffällig im internationalen Vergleich: die Strömung des Imagismus, die außerordentlich viele Parallelen zum deutschen Expressionismus kennt, setzt etwa ein halbes Jahrzehnt früher ein als dieser. Der Symbolismus hatte in Frankreich seit Jahrzehnten existiert, bevor er in Deutschland in Erscheinung trat. Wirkungen des Symbolismus erstrecken sich aber nicht nur auf die Literatur der Jahrhundertwende; Conrad Ferdinand Meyer ist der erste deutschsprachige symbolistische Dichter mitten im Zeitalter des Realismus gewesen. Auch ausländische Einflüsse lassen sich nicht auf führende Namen reduzieren. Die Wirkung Zolas auf den deutschen Naturalismus ist außerordentlich - aber nicht weniger groß die Wirkung Mallarmés auf die L'art-pour-l'art-Bewegung und den deutschen Symbolismus.

Kaum eine andere Zeit hat eine größere Spannweite, was literarische Strömungen und Tendenzen angeht, kaum eine andere hat mehr experimentiert. Wissenschaftliche Interessen finden sich neben Irrationalismen, dem Gesellschaftsbezug steht das neue Interesse an der Psychoanalyse gegenüber, formorientierte Dichtungen finden sich neben solchen, in denen die Formen bewußt zerstört und gesprengt werden. Außer liberalistischen Tendenzen gibt es (auch literarische) Imperialismen (George); die Tradition wird teilweise negiert, teilweise bewußt herbeizitiert. Neben hermetischer Lyrik behauptet sich die bewußt leicht verständliche Aussage, neben dem traditionellen Gedicht die lyrische Provokation. Lob und Kritik des eigenen Zeitalters verbinden sich undurchdringlich, so wie sich Nationalismus und Internationalismus, Historismus und Historismuskritik, Gesellschaftsgläubigkeit und Gesellschaftsverachtung unmittelbar nebeneinander finden, Sozialismus und - schon damals virulent Hoffnungen auf eine charismatische Führerpersönlichkeit; und so, wie das Unbewußte analytisch durchdrungen und ins Bewußtsein gehoben wurde, so wurde die Welt des Bewußten transparent gemacht für das Unbewußte dahinter.

Die Literaturgeschichte hat der Vielfältigkeit dieser Epoche verständlicherweise nicht Rechnung tragen können. Zwar wurde vor einiger Zeit der Versuch unternommen, den Zeitraum zwischen 1880 und 1920 in Dekaden einzuteilen, weil jede andere Gliederung sich als unzulänglich erwies. Das schloß nicht aus, daß auch die einzelnen Jahrzehnte ihre Doppelgesichtigkeit behielten. Doch jeder Versuch, die 40 Jahre um 1900 zu untergliedern, führt zwangsläufig zu Verfälschungen, wenn numerische Grenzen gezogen werden. Die vorliegende Darstellung verfolgt ein anderes Ziel: sie möchte, allen Divergenzen und Spannungsfeldern zum Trotz, auf einheitliche Vorstellungen hinter den einzelnen Stilen und Richtungen aufmerksam machen; und sie möchte die Zeit zwischen 1880 und 1920 als Einheit betrachten, deren deutlichster Ausdruck kunsttheoretische Überlegungen sind; in ihnen konzentrieren sich die Kräfte, die sonst zentrifugal wirkend ein einheitliches Epochenbild unmöglich zu machen scheinen.

Die Literaturgeschichte kann, was die Betrachtung einzelner Epochen angeht, von der modernen Sozialgeschichte lernen; diese hat sich längst daran gewöhnt, geschichtliche Kontinua höher zu bewerten als scheinbare Umbruchssituationen. Kontinuitäten sind weitreichender als Diskontinuitäten, geschichtliche Vorgänge lassen sich sehr viel besser mit dem Begriff der permanenten Modernisierung erfassen als mit der Vorstellung von Umbrüchen und Neuordnungen. Der Historiker Knut Borchardt hat das in anderem Zusammenhang treffend festgestellt, als er sagte: "Auch der radikalste politisch-militärisch-wirtschaftliche Einschnitt verändert nur einen relativ kleinen Teil derjenigen Bestände, die zuvor in einer Gesellschaft akkumuliert worden sind. Immer wirkt das einmal Akkumulierte in die neue Zeit hinüber, wirkt Geschichte fort".[9]

---

9 In: Sozialgeschichte der Bundesrepublik Deutschland. Beiträge zum Kontinuitätsproblem. Hrsg. von Werner Conze und M. Rainer Lepsius. Stuttgart 1983. S. 45.

III

Einige auffällige Gemeinsamkeiten des Schreibens zwischen 1880 und 1920

Jede literarische Epoche hat ihre Typisierungen und symptomatischen Phänomene. Sie müssen sich nicht in Literaturtheorien niederschlagen, aber die Literaturtheorien ihrerseits sind nicht selten deren Auskristallisationen. Die folgenden Charakteristika betreffen eigentlich alle Stilrichtungen, Formen und Tendenzen der Literatur um die Jahrhundertwende.

1. Das Realitätsverständnis hat sich verändert. Das neue Verhältnis zur Wirklichkeit drückt sich vor allem im Zeitbezug aus: der Titel *Buch der Zeit* von Arno Holz ist programmatisch zu verstehen. Der veränderte Wirklichkeitsbezug äußert sich aber nicht nur in der Kritik an der literarischen Verwendung historischer Materialien, sondern auch im Protest gegen die Mechanisierung des Industriezeitalters. Die Maschine gilt weithin als leblos, die Naturwissenschaft als permanente Bedrohung des "Lebens". Die Literatur nach 1880 tritt jedoch nicht wie eine Generation zuvor die Flucht in die Idylle an, wie sie sich etwa in der schwäbischen Romantik (Uhland, Kerner, Gustav Schwab, Vischer) abzeichnete, sondern tendiert dazu, unterhalb der mechanisch-physikalisch faßbaren Welt nach einem unbekannten Etwas zu suchen, das tiefer reicht als die Schicht der physikalisch erklärbaren Phänomene und Gesetze. Dasein, um das es geht, ist dabei kein empirisch erfaßbarer Wert, sondern dessen Gegenteil, da es etwas von einem Mysterium an sich hat, das entdeckt und dargestellt sein will, dem man sich anzunähern versucht - obwohl diese Annäherung nie an ein Ziel führen, sondern nur approximativ erfolgen kann.

2. Damit ändert sich auch das Verhältnis zur Sprache. Es definiert sich aus dem Verhältnis der Sprache zum Dasein bzw. aus der Unlösbarkeit des Problems, Metasprachliches durch Sprachliches wiederzugeben. Wo etwas Eigentliches durch ein Uneigentliches bestimmt werden soll, stehen Barrieren im Weg, die überwunden werden müssen, um dennoch dem Phänomen des "Lebens" nahezukommen. Das soll eine neue Sprache leisten, die mit sprachlichen Mitteln Metasprachliches avisiert: Übersteigerungen,

sprachliche Bizarrerien, starke Farbgebungen, filmische Techniken, das Nahe-heran-Rücken an die Dinge selbst, das Ausschalten der Sprachlogik und anderes sind die Mittel, mit deren Hilfe die wirkliche Wirklichkeit approximativ eingefangen werden soll. Das naturalistische Erzählen kennt dementsprechend Perspektiven, wie sie von der Filmkamera her vertraut sind: Bildmischungen, Großaufnahmen, Überblendungen, optische Verzerrungen; Trickaufnahmen werden sprachlich umgesetzt, und darin gleichen sich Naturalismus und Expressionismus auffällig: beide Male verfährt die Sprache bewußt unkonventionell, Normen, wie sie die Tradition überliefert hatte, gelten als Hindernis bei dem Versuch, "Leben" einzufangen. Ein traditionelles Erzählen oder Dichten scheint unmöglich geworden zu sein; eine jeweils neue Sprache verbindet Symbolisten und Expressionisten, Naturalisten und L'art-pour-l'art-Kunst so stark, daß sich von dorther schon die Einheit der Epoche abzeichnet. Nahezu überall neigt die Sprache zur Exzentrik, bei der Schilderung naturalistischer Elendsszenen ebenso wie bei der Darstellung mystischer Erlebnisse. Grelle und aufdringliche Töne im Expressionismus - aber dem entspricht auf der anderen Seite eine Exzentrik des Leisen, wie sie sich in Hofmannsthals Frühwerk zu erkennen gibt.

3. Die Suche nach dem "Leben" und die Notwendigkeit, dem nur durch eine neue Sprache beikommen zu können, führt dazu, daß der Kunst eine weit stärkere Rolle zukommt als in literarischen Perioden zuvor. Zwar gilt die Sprache als letztlich unzulängliches Instrument, sich dem Leben zu nähern, aber sie ist doch zugleich das einzig mögliche. Da nur durch die Kunst das wirkliche Dasein erreichbar scheint, setzt ein neuer Kunstenthusiasmus ein, der nur scheinbar der Verherrlichung des "Lebens" widerspricht. Das Interesse gilt dem "Leben" - aber damit zugleich der Kunst, die allein, wenn auch mit letztlich unzulänglichen Mitteln, das Leben einfangen kann. Mit der Kunst und ihren Gesetzen beschäftigen sich ebenso naturalistische Manifeste wie Georges *Blätter für die Kunst*, und dieses Kunstinteresse eint Naturalisten und Symbolisten, Expressionisten und Dekadenzliteraten. Oberste Forderung ist die künstlerische Organisation der eigenen Texte, um die Nähe zum "Leben" zu garantieren - und unter diesem Aspekt kommt dem Sekundenstil des Naturalismus ebensoviel Bedeutung zu wie der Symboldichtung Georges oder Hofmannsthals. Dabei ist die neue Kunst so gut wie immer auch eine Verteidigung der Kunst, ein Versuch, ihr wieder zu Ansehen zu verhelfen, ihren Eigenwert zu begründen und literarisch zu dokumentieren. Die Kunst soll ihrer Profanation enthoben werden - so bekommt sie eine Sondersprache, die ihren Eigenwert garantiert und verhindert, daß sie in den

Dienst einer Sache gestellt wird. Wo etwas bezeichnet werden soll, das jenseits des landläufig zu Bezeichnenden liegt, wird deutlich, daß die Kunst ihrer Aufgabe, "Leben" zu zeigen, besonders dort genügen kann, wo sie symbolisiert. Eine starke, emotional aufgeladene Symbolik findet sich ebenso in den Erzählungen und Dramen naturalistischer Schriftsteller wie bei Stefan George und Hugo von Hofmannsthal. So führt, auf scheinbar paradoxe Weise, die Suche nach dem Leben zur Intensivierung der Kunstmittel; so daß am Ende, freilich nicht auf Goethesche Weise, die Kunst eine andere, höhere Natur repräsentiert, da das, was das Wesen des "Lebens" ausmacht, nicht durch die Alltäglichkeit der Sprache, sondern allein durch die künstlerische Darstellung des "Eigentlichen" sichtbar gemacht werden kann.

Es ist verständlich, daß diese drei Aspekte der neuen Literatur einander bedingen und möglich machen: die Orientierung auf das "Leben" führt hin zu einer neuen Sprache, die Betonung der Sprache zu einem neuen Primat der Kunst.

*

"Leben" ist das eigentliche Thema und Zentrum der Literatur um 1900,[1] sieht man vom Epigonentum eines Wildenbruch oder eines Emanuel Geibel ab. Aber da "Leben" letztlich ein Mysterium ist und sich der direkten Benennung oder Abbildung entzieht, definiert sich die Rolle der Kunst durch ihre Möglichkeit, dem Leben wenigstens so weit wie möglich nahezukommen. Nirgends wird die Opposition zum naturwissenschaftlich-technischen Zeitalter größer als dort, wo Leben nicht mit Hilfe von Gesetzen und Formeln, sondern nur in Ahnungen und Gefühlen zugänglich ist. Das gilt gleichermaßen für Symbolisten und Dekadente, L'art-pour-l'art-Anhänger und Naturalisten: auch der Sekundenstil ist nur eine der Annäherungsmöglichkeiten an das im Grunde unbeschreibbare Phänomen des Lebens. Um so intensiver wird es überall beschworen. In Hofmannsthals Gedicht *Der Jüngling und die Spinne* aus dem Jahre 1897 spricht der Jüngling "vor sich mit wachsender Trunkenheit" vom Leben, vom "schö-

1 Dazu ausführlich: Wolfdietrich Rasch: Aspekte der deutschen Literatur um 1900. In: W. R.: Zur deutschen Literatur seit der Jahrhundertwende. Gesammelte Aufsätze. Stuttgart 1967. S. 1-48. - Eine gute Übersicht über neuere Arbeiten zum Lebensbegriff und zum bislang weitgehend unterschätzten Einfluß der Lebensphilosophie Georg Simmels bei Angela Sendlinger: Lebenspathos und Décadence um 1900. Studien zur Dialektik der Décadence und der Lebensphilosophie am Beispiel Eduard von Keyserlings und Georg Simmels. Frankfurt am Main u. a. 1994.

nen Leben". Er ist "von einem solchen großen Leben" umrahmt, daß ihn "Trunkenheit" ergreift, und der Jüngling erlebt - im Gedicht - das Mysterium einer Übereinstimmung von Natur und Mensch, von All und Ich.[2] "Leben" hat dabei aber immer ein Janusgesicht: es wird nicht nur als enthusiastische und rauschhafte Entgrenzung erfahren, sondern auch in seiner Bedrohung. In Hofmannsthals Gedicht, das eigentlich ein enthusiastisches Lebenslied ist, spürt der Jüngling, daß das Leben ihn auch "schaudernd" umgibt: die Verherrlichung des Lebens und die Furcht vor dem Leben sind korrelierende Erfahrungen, die sich durch manches andere Gedicht Hofmannsthals ebenfalls hindurchziehen. In *Ein Traum von großer Magie* (1895) träumt der Magier von der Welt- und Lebensbeherrschung, vom grenzenlosen Eintauchen in das Leben,[3] und ähnliches beschreibt ein Gedicht mit dem programmatischen Titel *Leben* von 1892.[4] In allen diesen Gedichten bricht sich ein dionysisches Lebensgefühl Bahn: der einzelne partizipiert am Weltganzen in der Ekstase, im Zurückdrängen des Bewußtseins, das ihm ein irrationales Aufgehen in die Natur und auch in die Welt der Dinge ermöglicht. Ein derartiges "Leben" kennt freilich nur den Augenblick, ist in der rauschhaften Entgrenzung des Ich nur momentan erfahrbar. In Hofmannsthals kleinem Drama *Gestern* heißt es: "Das Gestern lügt, und nur das Heut ist wahr!"[5] Leben ist auch Lebensgefühl: "Der Stimmung folg, die deiner niemals harrt,/ Gib dich ihr hin, so wirst du dich bewahren", steht in *Gestern* weiter zu lesen. Und: "Von ausgelebten drohen dir Gefahren:/ Und Lüge wird die Wahrheit, die erstarrt!" Was dem Leben entgegensteht, ist das Nüchtern-Rationale mit der Mechanisierung des Daseins, aber nicht weniger die Vergangenheit, die nur abgelebtes Leben ist. So ist denn mit dem Kult des Lebens der des Augenblicks verbunden; es heißt bei Hofmannsthal auch: "Und nur das Jetzt, das Heut, das Hier hat Recht!",[6] und: "Ein Abgrund scheint von gestern mich zu trennen,/ Und fremd steh ich mir selber gegenüber... -".[7] Dabei ist die Beschwörung des "Lebens", wie Hofmannsthals *Lebenslied* zeigt, mit einem Preis des Paganismus nahezu identisch: die Welten, die als Le-

---

2 Hugo von Hofmannsthal: Sämtliche Werke. Kritische Ausgabe I. Gedichte 1. Hrsg. von Eugene Weber. Frankfurt am Main 1984. S. 70f.

3 Ebd. S. 52f.

4 Ebd. S. 28f.

5 Hofmannsthal: Sämtliche Werke III (wie Anm. 2). Dramen 1. Hrsg. von Götz-Eberhard Hübner, Klaus-Gerhard Pott und Christoph Michel. Frankfurt am Main 1982. S. 5-35, hier S. 13.

6 Ebd. S. 31.

7 Ebd. S. 34.

benswelten dargestellt sind, sind heidnischer Natur, bukolische Landschaften. Sehr entfernt spiegelt sich darin noch die Verherrlichung des Naiven durch Schiller und die Vorstellung von der idealen Welt des Goldenen Zeitalters wider. Wo immer dieses Leben in Bildern besprochen wird, ist es freilich kein Wirklichkeitsprotokoll, sondern ein Wunschbild, und so sind denn bei Hofmannsthal viele Lebensdarstellungen eigentlich Lebens-Utopien aus der Sicht einer Wirklichkeit, der das Leben entschwunden ist und die einer Generation später Erben zugehört. Die paganen Lebenswelten Hofmannsthals sind, kurz gesagt, die Beschreibungen naiver Zustände aus der Sicht des Sentimentalischen.

Wie sehr Leben ein Vorzustand zur Alltagsexistenz ist, zeigt sich nicht zuletzt an einem Begriff, den Hofmannsthal wiederholt zu definieren versucht: dem der "Präexistenz". "Glorreicher, aber gefährlicher Zustand", so hat Hofmannsthal diese Präexistenz in *Ad me ipsum* definiert und hinzugesetzt: "Geistige Souveränität: sieht die Welt von oben", und "Das Ich als Universum".[8] Eine weitere Bestimmung lautet: "Das Über-Ich (dem Sein untertan)/ über die Zeit erhaben: kulminierend im magischen Augenblick".[9] Hofmannsthal hat an anderer Stelle von "Sphäre der Totalität"[10] gesprochen - und mit alledem einen Zustand gemeint, der dem des Lebens analog ist. Die Kehrseite dieser Einsichten freilich lautet, daß eine solche Beschreibung des Lebens immer zugleich ein Eingeständnis dessen ist, daß es nicht wirklich gelebt werden kann. Oder vielmehr: es kann nur noch in der Kunst gelebt werden.

Es versteht sich aus der Position derer, die vom eigentlich verlorenen Leben handeln, daß immer auch das Verhältnis zum Tode mitangesprochen wird - beispielhaft schon in Hofmannsthals *Lebenslied* (1896).[11] Hier ist freilich das Dasein des Hirten ein Triumph des Lebens über den Tod. Aber der Tod bleibt dennoch hintergründig präsent - nicht im Bewußtsein des Hirten, sondern desjenigen, der dieses Hirtenleben beschreibt, also in dem des Dichters. Der Entwurf des schönen Lebens, wie Hofmannsthal ihn hier als Idealbild malt, ist ein Entwurf auch unter dem Zeichen des Todes, der Todeslust und Todessehnsucht. Es gibt einen Kult des Sterbens, der nicht nur ein Ende bedeuten muß, sondern ein Aufgehen in einen hö-

---

8 Hofmannsthal: Ad me ipsum. In: H. v. H.: Gesammelte Werke in zehn Einzelbänden. Reden und Aufsätze III. 1925-1929. Buch der Freunde. Aufzeichnungen 1889-1929. Hrsg. von Bernd Schoeller und Ingeborg Beyer-Ahlert in Beratung mit Rudolf Hirsch. Frankfurt am Main 1980. S. 597-627, hier S. 599.

9 Ebd. S. 604.

10 Ebd. S. 609.

11 Hofmannsthal: Gedichte 1 (wie Anm. 2). S. 63.

heren Allzusammenhang sein kann oder auch ein letztlich ästhetisches Erlebnis. Dabei erweist sich, daß alle Vertreter des Lebenskultes, von Thomas Mann über Heinrich Mann bis zu Hofmannsthal, Rilke und George, auch Vertreter eines Todeskultes sind, ja daß sich oft in ein und derselben Dichtung beides untrennbar miteinander mischt. Naturalistische Texte, die das Leben beschreiben und den Tod miteinbeziehen, zeigen ein Gleiches. Die Verknüpfung der Thematik von Leben und Tod wird in Hofmannsthals *Idylle* ebenso wie in *Der Jüngling und die Spinne* geradezu überdeutlich und dahinter auch die Einsicht, daß eine Flucht aus der Wirklichkeit in ein paganes "Leben" eigentlich unmöglich ist. Gelegentlich taucht bei Hofmannsthal eine Gegenwelt auf wie etwa in der *Idylle*: dem rauschhaft-dionysischen Leben, wie es sich im Dasein des Zentauern als bindungslose Augenblicksergebenheit zeigt, ist ein maßvolles Dasein gegenübergesetzt, eine soziale Existenz mit Familie und Generationenbindung. "Der Weg zum Sozialen als Weg zum höheren Selbst: der nicht-mystische Weg. a) durch die Tat/ b) durch das Werk/ c) durch das Kind", heißt es später in Hofmannsthals *Ad me ipsum*.[12] Das Leben des Hirten, des Zentauern, Leben in dieser mystischen Bedeutung ist freilich schicksalslos dem Augenblick ergeben und damit auch bindungslos.

Triumph und Tragik des Lebens zeigt auch Hofmannsthals 1893 erschienenes Drama *Der Tor und der Tod*. Es ist die Tragödie dessen, der das "Leben" verfehlt hat. Aber in keinem anderen Stück Hofmannsthals ist die unheimliche Nähe von Leben und Tod größer als hier; in einer Besprechung einer Aufführung dieses Dramas 1906/1907 in den Berliner Kammerspielen unter Max Reinhardt hat Hermann Bang zur Charakteristik dieses kleinen Dramas geschrieben:

> Ein junger Edelmann, der des Lebens, das er nie gelebt hat, müde ist, ruft den Tod herbei, der ihn von des Lebens Leere befreien soll. Und der Tod kommt, und der Edelmann erschrickt. Und will nicht sterben, will sich nicht holen lassen. Da zeigt der Tod ihm, dem Lebenden, den Reichtum des Lebens, an dem der Jüngling verschmähend vorübergegangen.[13]

Die Tragödie des Toren, der das Leben verfehlt hat, ist eine Gegengeschichte zur Gestalt des Erben in Hofmannsthals *Lebenslied*. Hofmannsthal hat sich am 24. 11. 1906 einen Satz von Leonardo da Vinci in sein Tagebuch notiert: "Wenn ich glauben werde, daß ich zu leben gelernt

---

12 Wie Anm. 8. S. 602.

13 Herman Bang: *Der Tor und der Tod* in den Berliner Kammerspielen 1906/07. In: Helmut A. Fiechtner: Hugo von Hofmannsthal. Die Gestalt des Dichters im Spiegel der Freunde. Wien 1949. S. 326-330, hier S. 329.

habe, werde ich zu sterben gelernt haben".[14] Das kehrt das Problem, dem sich der Edelmann in Hofmannsthals *Der Tor und der Tod* gegenübersieht, gleichsam um: wer nicht zu leben gelernt hat, kann auch nicht lernen zu sterben. Hofmannsthal hat ein andermal notiert: "man wird krank an dem, was man nicht gelebt hat".[15]

Das Thema kehrt bei Hofmannsthal immer wieder, in *Gestern* ebensogut wie später im *Schwierigen*, in *Der weiße Fächer* und in vielen Gedichten. So hat der Preis des Lebens seine Kehrseite: es ist die Unfähigkeit zum Leben, und sie kann ins Pathologische führen, Hofmannsthals Satz "man wird krank an dem, was man nicht gelebt hat", spiegelt sich in Schnitzlers *Fräulein Else* ebenso wie in der *Traumnovelle*, in der *Abenteurernovelle* und selbst noch in *Casanovas Heimfahrt*: das imaginierte Leben als Verlockung und das nichtgelebte Leben als Realität sind Grundmotive des Schnitzlerschen Schreibens, aber Krankheitssymptome finden sich auch bei Rilke in *Malte Laurids Brigge* und in nahezu allen frühen Novellen Thomas Manns, nicht weniger stark in *Buddenbrooks*. Zum wirklichen Leben haben fast alle Figuren der Literatur um 1900 eine allenfalls reflektorische Beziehung. Wer das Leben erkennt, lebt es nicht, und die Erkenntnis des Lebens vertieft umgekehrt nur das Wissen um das nichtgelebte Leben. Was das Leben allein vor Augen führen kann, hindert zugleich am Leben: in der Dichtung kann Leben verdeutlicht werden, aber die Dichtung stellt sich auch wie eine trennende Schicht zwischen die Dichter und das Leben. Von daher begründet sich die Welt der Ästheten, die Leben nur noch in der Dichtung anschaulich machen, aber diese ist bloß ein Hilfsmittel, das allenfalls die Illusion des wirklichen Lebens verschafft: Kunst als Surrogat. Es ist kein Zufall, daß das Widergängermotiv bei Rilke und bei Hofmannsthal eine so große Rolle spielt.

So kann das Leben denn in der Kunst als Ersatz-Leben begriffen werden, und wenn auch die Kunst letztlich am Leben hindert, so ist sie doch das einzige Bindeglied zwischen dem Leben als einem eigentlich metasprachlichen Bereich und der eigenen Zeit. Kunst ist, mit anderen Worten, am Ende das eigentliche Leben, auch wenn sich die Autoren der Surrogatfunktion der Kunst so gut wie immer bewußt bleiben. Gelebt wird nur

---

14 Hofmannsthal: Aufzeichnungen aus dem Nachlaß. In: Reden und Aufsätze III (wie Anm. 8). S. 311-595, hier S. 474.

15 Ders.: [Aufzeichnungen zu Reden in Skandinavien.] In: H. v. H.: Gesammelte Werke in zehn Einzelbänden. Reden und Aufsätze II. 1914-1924. Hrsg. von Bernd Schoeller in Beratung mit Rudolf Hirsch. Frankfurt am Main 1979. S. 28-42, hier S. 41.

noch in der Phantasie, und der phantastische Traum am Klavier in Thomas Manns *Buddenbrooks* zeigt zur Genüge, daß es nicht so sehr um eine Wagner-Imitation geht als vielmehr darum, die Kunst zur Stellvertreterin des Lebens zu erheben. Da das Leben nicht mehr lebbar ist, steht am Ende die Kunst sogar höher als das Leben, weil sie ein Leben schildern kann, das es de facto gar nicht mehr gibt. Kunst ist damit ein Mittel, das eigene unkünstlerische Dasein zu überwinden, und so wird der Surrogatcharakter der Kunst am Ende vergessen: Leben ist nur noch in der Kunst möglich. Der dionysische Traum, den die Kunst zu träumen erlaubt, wird zur eigentlichen Lebenserfahrung. Dieser Traum ist denn auch am Ende mehr als nur ein Lebensersatz, da er etwas zu leisten vermag, was das wirkliche Leben nicht kann: den Tod überwinden.

Das Leben hat viele Gesichter und Gestalten in den Texten um 1900, wobei die Lebensfigurationen sich alle auffällig deutlich entsprechen. Dem paganen Hirtendasein des Lebens bei Hofmannsthal ordnet sich Thomas Manns Lebensvorstellung zu: Leben ist Vitalismus, unreflektierte Urtümlichkeit. Der bei Thomas Mann immer wieder durchgespielte Gegensatz von Kunst und Leben besagt nicht, daß es zwischen beiden ein ursprüngliches Spannungsverhältnis gibt, sondern nur, daß allein die Kunst imstande ist, das Leben zu restituieren - bei gleichzeitiger Einsicht in das Chimärische dieser Lebensrestitution. Das Reflektieren über das Leben führt nicht selten zum Lebensekel, vor allem dann, wenn das Leben seinen mythischen Zauber verloren hat. Aber auf der anderen Seite wird es immer wieder mythisiert: bei Hofmannsthal, bei Schnitzler, bei Thomas Mann, bei Rilke. Nur von wenigen Autoren wird es unreflektiert dargestellt: etwa bei Heinrich Mann in seinen frühen Novellen, und in ihnen ist auch die Rolle des Künstlers unproblematisch, während dort, wo die Unfaßbarkeit des Lebens und seine nur ersatzweise mögliche Restitution in der Dichtung erkannt wird, die Rolle des Künstlers immer fragwürdig ist. Aber dem Leben, dem man sich nicht oder doch nur annäherungsweise verbinden kann, bleibt überall dort sein Zauber erhalten, wo die Erzählungen mit einem Bekenntnis zum Leben schließen - so beim jungen Hofmannsthal, beim frühen Thomas Mann.

Der Lebensenthusiasmus ist nicht auf Dichter der Décadence oder des L'art pour l'art beschränkt. Auch für naturalistische Schriftsteller ist Leben der zentrale Dreh- und Angelpunkt ihres Schreibens, nicht nur in der Weise, daß sie versuchen, sich dem Leben mit poetischen Mitteln so dicht wie möglich anzunähern - durch den Sekundenstil, durch Reimtechniken, durch mundartliche Einsprengsel. Die Frage nach dem rechten Leben stellt sich in allen frühen Dramen Hauptmanns, und wenn

Leben hier auch nicht im Überschwang erfahren wird, so ist Lebensferne doch das zentrale Thema der frühen Tragödien. Das wirkliche Leben kann verfehlt werden (Hauptmann: *Einsame Menschen*), es kann eine Lebenssuche geben, ohne daß das Leben gefunden würde (Hauptmann: *Vor Sonnenaufgang*), es kann das falsche Leben geben (Hauptmann: *Michael Kramer*) oder auch die Diskrepanz von theaterhafter Existenz, die Nicht-Leben bedeutet, und wirklichem Leben mit seinen Tragödien (Hauptmann: *Die Ratten*). Hauptmann erwähnte einmal einem Freunde gegenüber: "Ich verweile im Lebensprozeß!"[16] Aber das nicht gelebte Leben, das falsche Leben bestimmt auch Erzählungen wie *Bahnwärter Thiel* oder *Ein Tod*, und wenn Hofmannsthal das Leben in poetischer Verklärung in seiner Unmittelbarkeit erkennt, so Hauptmann eigentlich nur die Distanz zum wirklichen Leben, das sich denn auch nicht direkt erschließt, sondern in Symbolen äußert: in der blutroten Sonne, die das Lebensende signalisiert, in der flakkernden und verlöschenden Kerze, die für den Tod steht.

Aber Leben ist auch ein Zentralbegriff in der Literatur des Expressionismus. Es ist dort ebenfalls ein arationaler, vorgeschichtlicher Zustand, der sich der Verbalisierung eigentlich entzieht. Schreiende Ekstase, große Gebärden und Massenbewegungen sind die dem Leben zuzuordnenden Erscheinungs- und Ausdrucksformen, wie Stefan Zweig das in seinem Aufsatz *Das neue Pathos* 1909 schon beschrieb. Bilder und Zeichen, Gesten und selbst Sprachlosigkeiten sind wichtigere Artikulationsmöglichkeiten, als die Sprache zu bieten vermag, da sie zu rational organisiert ist, um Medium des Lebens sein zu können. Dieser häufige Verzicht auf eine rationale Sprache korreliert zur Sprachskepsis um 1900, wie sie etwa von Fritz Mauthner popularisiert wurde. Wo Leben als Mysterium erfahren wird, reicht keine Sprache aus, dieses zu beschreiben. Das alles mindert nicht die Aussagekraft naturalistischer oder expressionistischer Dramen. Sie wird um so größer, je vordergründig-unzureichender die Sprache als Verständigungsmedium erkannt wird, denn sie ist bei allem Vorbehalt ihr gegenüber allein die Brücke in jenes Unbekannte hinein, das "Leben" heißt. Es ist nur zu einleuchtend, daß von den frühen Dramen Hauptmanns der Weg unmittelbar in das mystische Stück *Und Pippa tanzt* führte. Das Märchen wird zur dichterisch besonders adäquaten Form, wenn "Leben" dargestellt werden soll.

*

---

16 Vgl. Rasch: Aspekte der deutschen Literatur (wie Anm. 1). S. 30.

Der wichtigste Propagator des Lebensenthusiasmus ist Nietzsche gewesen, der die Lebensvorstellungen nahezu aller Schriftsteller der Jahrhundertwende entscheidend mitbeeinflußt hatte.[17] Nietzsches Lebensverherrlichung war die Kehrseite seines Kampfes gegen das Übermaß an Historie, das sein Zeitalter zu verdunkeln schien. Übersättigung des Lebens mit Historie schien Nietzsche dem Leben "feindlich" und "gefährlich" zu sein; Schwächung der Persönlichkeit, Störung der "Instincte des Volkes", Aufkommen des Glaubens, "Spätling und Epigone zu sein", das Anwachsen einer "gefährlichen Stimmung der Ironie" und der "noch gefährlicheren des Cynismus" waren für ihn die bedrohlichen Gefahren eines Zeitalters, das sich der Historie hemmungslos ergeben hatte. Diese, so meinte Nietzsche, habe dem Menschen die "Instincte" ausgetrieben - und auf der Skala der Nietzscheschen Werte rangiert der Begriff des Instinktes sehr hoch. "Er kann nun nicht mehr", so hatte Nietzsche den vom Instinkt verlassenen historischen Menschen beschrieben,

> dem "göttlichen Thiere" vertrauend, die Zügel hängen lassen, wenn sein Verstand schwankt und sein Weg durch Wüsten führt. So wird das Individuum zaghaft und unsicher und darf sich nicht mehr glauben: es versinkt in sich selbst, ins Innerliche, das heisst hier nur: in den zusammengehäuften Wust des Erlernten, das nicht nach aussen wirkt, der Belehrung, die nicht Leben wird. Sieht man einmal auf's Aeusserliche, so bemerkt man, wie die Austreibung der Instincte durch Historie die Menschen fast zu lauter abstractis und Schatten umgeschaffen hat: keiner wagt mehr seine Person daran, sondern maskirt sich als gebildeter Mann, als Gelehrter, als Dichter, als Politiker.[18]

Diese Sätze stehen in der Schrift *Vom Nutzen und Nachteil der Historie für das Leben*, und sie zeigen, woher sich der Lebensbegriff Nietzsches speist. Es handelt sich hier nicht nur um die Kritik an der historischen Wissenschaft, sondern um Kulturkritik schlechthin und um eine erbarmungslose Auseinandersetzung mit seiner eigenen Zeit. Dahinter aber wird sichtbar, was Nietzsche eigentlich verherrlicht: das Leben als Mysterium jenseits aller Kultur; die Kulturkritik ist nur die Kehrseite seines Lebensenthusiasmus. Leben ist Trieb, Instinkt, ein Dasein ohne Intellekt, unbewußtes

---

17 Dazu schon Paul Böckmann: Die Bedeutung Nietzsches für die Situation der modernen Literatur. In: DVjS 27. 1953. S. 77ff.

18 Friedrich Nietzsche: Vom Nutzen und Nachtheil der Historie für das Leben. In: Nietzsche: Werke. Kritische Gesamtausgabe. Hrsg. von Giorgio Colli und Mazzino Montinari. Dritte Abteilung. Erster Band. Die Geburt der Tragödie. Unzeitgemäße Betrachtungen I-III (1872-1874). Berlin/New York 1972. S. 239-330, hier S. 276.

Glück, Fülle des Augenblicks, das unkomplizierte und unproblematische Dasein, das Präintellektuelle, Freiheit von Vergangenheit und Zukunft, also reine Gegenwärtigkeit, ein im besten und höchsten Sinne tierisches, unwissendes Dasein. Natürlich wußte auch Nietzsche, daß man dem mit Definitionen nicht beikommen kann - und so hat er das Leben in Form von Bildern zu charakterisieren versucht. Die ersten Sätze des zweiten Stückes von *Unzeitgemäße Betrachtungen* bieten ein solches Äquivalent zum "Leben":

> Betrachte die Heerde, die an dir vorüberweidet: sie weiss nicht was Gestern, was Heute ist, springt umher, frisst, ruht, verdaut, springt wieder, und so vom Morgen bis zur Nacht und von Tage zu Tage, kurz angebunden mit ihrer Lust und Unlust, nämlich an den Pflock des Augenblickes und deshalb weder schwermüthig noch überdrüssig. Dies zu sehen geht dem Menschen hart ein, weil er seines Menschenthums sich vor dem Thiere brüstet und doch nach seinem Glücke eifersüchtig hinblickt - denn das will er allein, gleich dem Thiere weder überdrüssig noch unter Schmerzen leben, und will es doch vergebens, weil er es nicht will wie das Thier.[19]

Nietzsche hat bekanntlich das Christentum für den Lebensverlust verantwortlich gemacht und schrieb in seiner Schrift *Die Geburt der Tragödie oder Griechentum und Pessimismus*, dem "Versuch einer Selbstkritik" aus dem Jahre 1870: "Christenthum war von Anfang an, wesentlich und gründlich, Ekel und Ueberdruss des Lebens am Leben, welcher sich unter dem Glauben an ein 'anderes' oder 'besseres' Leben nur verkleidete, nur versteckte, nur aufputzte".[20] So sah er im Christentum den "Willen zum Untergang", ein Zeichen tiefster Erkrankung, Müdigkeit, Mißmut, Erschöpfung, Verarmung an Leben. An anderer Stelle hat Nietzsche das Christentum mit Nihilismus gleichgesetzt, für die Dekadenz verantwortlich gemacht und die Geburt des Christentums aus dem Geist des Ressentiments erklärt. In *Ecce Homo* bezeichnet er das Christentum sogar als Verbrechen am Leben: das Christentum habe gelehrt, "die allerersten Instinkte des Leben<s> [zu] verachten".[21] Die Moral des Christentums war für ihn "das *Verbrechen* par excellence - das Verbrechen *am Leben*

19 Ebd. S. 244.

20 Nietzsche: Die Geburt der Tragödie. Oder: Griechenthum und Pessimismus. In: Nietzsche: Werke (wie Anm. 18). S. 3-152, hier S. 12.

21 Ders.: Ecce homo. Wie man wird, was man ist. In: Nietzsche. Werke (wie Anm. 18). Sechste Abteilung. Dritter Band. Der Fall Wagner. Götzen-Dämmerung. Nachgelassene Schriften (August 1888-Anfang Januar 1889). Nietzsche contra Wagner. Berlin 1969. S. 253-372, hier S. 370.

...".[22] Die stärksten Angriffe finden sich in der Schrift *Der Antichrist. Fluch auf das Christentum*: dort erscheint es als Partei aller Schwachen, Niedrigen und Mißratenen, "es hat ein Ideal aus dem *Widerspruch* gegen die Erhaltungs-Instinkte des starken Lebens gemacht".[23] Nietzsches Angriffe gipfeln in der Entlarvung des christlichen Gottes, wenn er schreibt: "Gott die Formel für jede Verleumdung des 'Diesseits', für jede Lüge vom 'Jenseits'! In Gott das Nichts vergöttlicht, der Wille zum Nichts heilig gesprochen!"[24]

Aus alledem folgte für Nietzsche das Lob des Heidentums: das Heidnische erschien als das "Jasagen zum Natürlichen, das Unschuldsgefühl im Natürlichen".[25] Nahezu jeder Schriftsteller der Jahrhundertwende ist in den Bannkreis dieser Überlegungen geraten. Leben ist schon für Nietzsche ein höchster heidnischer Wert, und darin ist er der direkte Vorläufer Hofmannsthals und Georges, indirekt freilich auch der Ahnherr expressionistischer Überlegungen.

Aber die Schriftsteller der Jahrhundertwende sind nicht nur dem Lebensbegriff Nietzsches verpflichtet. Zum Leben gehört bei Nietzsche die Erkenntnis des Lebens; er selbst hat sich als Erkennender begriffen, und wenn vom starken Leben die Rede ist, so immer aus der Position dessen, der über dem Leben steht. Die Formel von der "Leidenschaft der Erkenntnis" kehrt häufiger bei ihm wieder.[26] Nietzsche hat dabei die Erkenntnisfähigkeit seiner Zeit als Ausdruck der Spätzeit empfunden, wenn er schrieb: "unser Wille selbst zur Erkenntnis ist ein Symptom einer ungeheuren *décadence*", und: "jetzt haben wir den entgegengesetzten Punkt erreicht, ja, wir haben ihn erreichen *gewollt* - die extremste Bewußtheit, die Selbstdurchschauung des Menschen und der Geschichte [...]. Wir streben nach dem Gegenteil von dem, was *starke Rassen, starke Naturen* wollen

---

22 Ebd. S. 369. Hervorhebungen i. O.

23 Nietzsche: Der Antichrist. Fluch auf das Christenthum. In: ebd. S. 162-252, hier S. 169. Hervorhebung i. O.

24 Ebd. S. 183.

25 Nietzsche: Aus dem Nachlaß der Achtzigerjahre. In: F. N.: Werke in drei Bänden. Dritter Band. Hrsg. von Karl Schlechta. München 1956. S. 415-925, hier S. 566.

26 Ders.: Morgenröthe. Gedanken über die moralischen Vorurtheile. In: Nietzsche: Werke (wie Anm. 18). Fünfte Abteilung. Erster Band. Morgenröthe. Nachgelassene Fragmente Anfang 1880 bis Frühjahr 1881. Berlin/New York 1971. S. 1-335, hier S. 290; vgl. S. 429 (u. ö.).

- das Begreifen ist ein *Ende...*".[27] Von hierher leitet sich Thomas Manns "Erkenntnisekel" ab, wie er sich in *Tonio Kröger* und anderen frühen Novellen findet.

"Erkennen" war in der Skala der Nietzscheschen Werte offensichtlich zunächst unterhalb des "Lebens" angesiedelt, es war weniger als dieses, eher Ausdruck des Mangels an Leben als etwa der einer Lebensfülle. Nietzsche hatte in seiner Schrift *Vom Nutzen und Nachteil der Historie für das Leben* die Frage gestellt: "Soll nun das Leben über das Erkennen, über die Wissenschaft, soll das Erkennen über das Leben herrschen? Welche von beiden Gewalten ist die höhere und entscheidende? Niemand wird zweifeln: das Leben ist die höhere, die herrschende Gewalt, denn ein Erkennen, welches das Leben vernichtete, würde sich selbst mit vernichtet haben".[28] Das Erkennen gehört für Nietzsche zum großen Komplex der Wissenschaft, also zu dem, was er als lebensfeindlich erkannt zu haben glaubte. "Erkennen" war für ihn gelegentlich sogar ein Synonym für "Historisieren", also für die Lieblingsbeschäftigung seiner eigenen Zeit, die er einmal als das "rasend-unbedachte Zersplittern und Zerfasern aller Fundamente, ihre Auflösung in ein immer fliessendes und zerfliessendes Werden" bezeichnet hat.[29] Aber dennoch ist für Nietzsche "Erkennen" nicht nur mit negativen Akzenten belastet. Erkennen ist zwar weniger als Leben - aber andererseits liegt im Erkennen die einzige Möglichkeit, dem Übergewicht des Historischen über das Leben und der ständigen Gefährdung des Lebens durch die Historie ein Ende zu bereiten. Nietzsche will die Welt und seine Zeit von ihrer historischen Krankheit heilen und verheißt seinen Zuhörern, daß sie am Ende jener Heilung wieder zu Menschen werden; der Weg dahin ist aber nur möglich über ein "Erkennen". Mit Nietzsches Worten: "Und wie kommen wir zu jenem Ziele? werdet ihr fragen. Der Delphische Gott ruft euch, gleich am Anfange eurer Wanderung nach jenem Ziele, seinen Spruch entgegen 'Erkenne dich selbst'".[30] Nietzsche übersetzt diesen Orakelspruch: "Dies ist ein Gleichniss für jeden Einzelnen von uns: er muss das Chaos in sich organisiren, dadurch dass er sich auf seine ächten Bedürfnisse zurückbesinnt. Seine Ehrlichkeit, sein tüchtiger und wahrhaftiger Charakter muss sich irgendwann einmal

---

27 Ders.: Aus dem Nachlaß der Achtzigerjahre (wie Anm. 25). S. 697. Hervorhebungen i. O.

28 Ders.: Vom Nutzen und Nachtheil der Historie für das Leben (wie Anm. 18). S. 326f.

29 Ebd. S. 309.

30 Ebd. S. 328f.

dagegen sträuben, dass immer nur nachgesprochen, nachgelernt, nachgeahmt werde". Schließlich will er eine neue Kultur "als eine Einhelligkeit zwischen Leben, Denken, Scheinen und Wollen".[31] Hier sind Denken und Erkenntnis als Bestandteile einer neuen Kultur in diese integriert, und neben jenem Erkennen, das dem Leben eindeutig untergeordnet ist, gibt es bei Nietzsche jenes andere Erkennen, das in einem ausgewogenen Verhältnis zum Leben steht. "Erkennen" ist im übrigen die einzige Möglichkeit, sich von den Nachteilen einer bloß historischen Kultur zu befreien.

So stellen sich "Leben" und "Erkennen" als zwei Pole in Nietzsches Denken dar, die aufeinander bezogen sind. Die Literatur der Jahrhundertwende ist unmittelbar davon beeinflußt: auch dort wird nicht nur das Leben verherrlicht, sondern der Standpunkt dessen, der es verherrlicht, miteinbezogen: es ist der des Erkennenden. Leben und Erkennen sind bei Hofmannsthal genauso wie bei Thomas Mann korrelative Begriffe, und wenn, ähnlich wie bei Nietzsche, das Erkennen bei Thomas Mann gelegentlich mit negativen Vorzeichen versehen ist, etwa bei *Tonio Kröger*, so bleibt es doch eben das, was dem Schriftsteller seinen Vorteil gegenüber allem anderen gibt. In *Tonio Kröger* findet sich der Satz: "Es gibt etwas, was ich Erkenntnisekel nenne [...]: der Zustand, in dem es dem Menschen genügt, eine Sache zu durchschauen, um sich bereits zum Sterben angewidert [...] zu fühlen".[32] Aber dem steht jene andere Äußerung in dieser Novelle gegenüber:

> Was aber das "Wort" [Erkenntnis] betrifft, so handelt es sich da vielleicht weniger um eine Erlösung als um ein Kaltstellen und Aufs-Eis-Legen der Empfindung? Im Ernst, es hat eine eisige und empörend anmaßliche Bewandtnis mit dieser prompten und oberflächlichen Erledigung des Gefühls durch die literarische Sprache. Ist Ihnen das Herz zu voll, fühlen Sie sich von einem süßen oder erhabenen Erlebnis allzusehr ergriffen: nichts einfacher! Sie gehen zum Literaten, und alles wird in kürzester Frist geregelt sein. Er wird Ihnen Ihre Angelegenheit analysieren und formulieren, bei Namen nennen, aussprechen und zum Reden bringen, wird Ihnen das Ganze für alle Zeit erledigen und gleichgültig machen und keinen Dank dafür nehmen. Sie aber werden erleichtert, gekühlt und geklärt nach Hause gehen und sich wundern, was an der Sache Sie eigentlich soeben noch mit so süßem Tumult verstören konnte.[33]

---

31 Ebd. S. 330.

32 Thomas Mann: Tonio Kröger. In: Th. M.: Gesammelte Werke in dreizehn Bänden. Band VIII. Erzählungen. Fiorenza. Dichtungen. Zweite, durchgesehene Auflage. Frankfurt am Main 1974. S. 271-338, hier S. 300.

33 Ebd. S. 301.

Leben und Erkennen, wie sie sich bei Nietzsche in ihrer zusammengehörigen Gegensätzlichkeit abzeichnen, sind in dieser Novelle Thomas Manns zum Gegensatz von Normalität und Literatur geworden, von Leben und Künstlertum. Der Literat ist der Erkennende, und damit ist Erkenntnis Voraussetzung der Literatur, ja die Essenz der Literatur selbst - wenn es eine Begründung der neuen Kunst gibt, so eine aus dem neuen Erkennen heraus.

Auch in der Frage nach dem Wesen der Kunst ist die Literatur um 1900 fast ausnahmslos von Nietzsche und dessen Kunstbestimmungen abhängig. Nietzsches Äußerungen zu den Dichtern sind nicht frei von Vorbehalt; im *Zarathustra* steht nicht nur der Satz: "die Dichter lügen zuviel", sondern auch:

> Das aber glauben alle Dichter: dass wer im Grase oder an einsamen Gehängen liegend die Ohren spitze, Etwas von den Dingen erfahre, die zwischen Himmel und Erde sind. - Und kommen ihnen zärtliche Regungen, so meinen die Dichter immer, die Natur selber sei in sie verliebt [...]! - Ach, es giebt so viel Dinge zwischen Himmel und Erden, vor denen sich nur die Dichter Etwas haben träumen lassen![34]

Im *Nachlaß der Achtzigerjahre* findet sich ein Hinweis darauf, daß die Kunst den Nihilismus vorbereitet habe, ein anderer auf den nihilistischen Zug in der Kunst selbst. Nietzsche hat der Kunst seiner Zeit "absolute *Un*originalität" zugesprochen,[35] und in seiner Schrift *Richard Wagner in Bayreuth* ist zu lesen: "Die Kunst ist jetzt in dem Seelen-Haushalte unserer Gebildeten ein ganz erlogenes oder ein schmähliches, entwürdigendes Bedürfniss, entweder ein Nichts, oder ein böses Etwas".[36] Aber neben diesen negativen Äußerungen finden sich auch positive Urteile, die belegen, daß Nietzsche der entscheidende Begründer einer modernen Kunstanschauung war. Wie hoch die Kunst auf seiner Werteskala rangiert, zeigt sich daran, daß er sie in *Vom Nutzen und Nachteil der Historie für das Leben* sogar als

---

34 Nietzsche: Werke (wie Anm. 18). Sechste Abteilung. Erster Band. Also sprach Zarathustra. Ein Buch für Alle und Keinen (1883-1885). Berlin 1968. S. 159f., vgl. S. 492.

35 Ders.: Aus dem Nachlaß der Achtzigerjahre (wie Anm. 25). S. 882. Hervorhebung i. O.

36 Ders.: Richard Wagner in Bayreuth. In: Nietzsche: Werke (wie Anm. 18). Vierte Abteilung. Erster Band. Richard Wagner in Bayreuth (Unzeitgemäße Betrachtungen IV). Nachgelassene Fragmente Anfang 1875 bis Frühling 1876. S. 1-82, hier S. 32f.

der Historie entgegengesetzt bestimmt hat,[37] und in *Richard Wagner in Bayreuth* heißt es: "Wer die Kunst befreien, ihre unentweihte Heiligkeit wiederherstellen wollte, der müsste sich selber erst von der modernen Seele befreit haben".[38] Er hat der Kunst damit gleichsam eine Erlösungsfunktion zugesprochen, und von einer solchen Anschauung her erklärt sich bei ihm auch das Verhältnis von Kunst und Erkennen. Erkennen war zunächst einmal ein Handeln aus einer Position der Schwäche, der Lebensferne heraus, aber die Kunst war ohne ein Erkennen nicht denkbar. Von der Kunst her gibt es sogar so etwas wie eine Brücke zum Leben. In der Sammlung von *Fünf Vorreden zu fünf ungeschriebenen Büchern* aus dem Jahre 1872 heißt es: "Die Kunst ist mächtiger als die Erkenntniß, denn *sie* will das Leben, und jene erreicht als letztes Ziel nur - die Vernichtung. -"[39] Und im *Nachlaß der Achtzigerjahre* findet sich ein geradezu enthusiastisches Loblied auf die Kunst. Metaphysik, Moral, Religion und Wissenschaft hatte Nietzsche nur als verschiedene Formen der Lüge betrachtet, mit deren Hilfe man an das Leben *glaube*. Die Kunst allein ist ein Gegenbereich: "Die Kunst als einzig überlegene Gegenkraft gegen allen Willen zur Verneinung des Lebens, als das Antichristliche, Antibuddhistische, Antinihilistische *par excellence*".[40] Nietzsche hat auch hier noch einmal das Verhältnis von Erkennen und Kunst definiert, wenn er schreibt: "Die Kunst als die *Erlösung des Erkennenden* - dessen, der den furchtbaren und fragwürdigen Charakter des Daseins sieht, sehen will, des Tragisch-Erkennenden". Entsprechend hat Nietzsche das Verhältnis der Kunst zum Leben definiert: er hat die Kunst nicht etwa als dem Leben untergeordnet begriffen, sondern sie als die metaphysische Tätigkeit des Lebens bezeichnet, ihr also damit einen Platz noch oberhalb des Willens zur Macht, oberhalb der Instinkte eingeräumt. In einem Brief vom Anfang der 70er Jahre hat er die Kunst sogar "unser Allerheiligstes" genannt;[41] die Vorstellung von der

37 Ders.: Vom Nutzen und Nachtheil der Historie für das Leben (wie Anm. 18). S. 292.

38 Ders.: Richard Wagner in Bayreuth (wie Anm. 36). S. 35.

39 Ders.: Fünf Vorreden zu fünf ungeschriebenen Büchern. In: Nietzsche: Werke (wie Anm. 18). Dritte Abteilung. Zweiter Band. Nachgelassene Schriften 1870-1873. Berlin/New York 1973. S. 34-286, hier S. 254. Hervorhebung i. O.

40 Ders.: Aus dem Nachlaß der Achtzigerjahre (wie Anm. 25). S. 693. Hervorhebungen i. O.

41 An Erwin Rohde [Mitte Februar 1872]. In: Nietzsche: Briefwechsel. Kritische Gesamtausgabe. Hrsg. von Giorgio Colli und Mazzino Montinari. Zweite Abteilung. Erster Band. Briefe April 1869-Mai 1872. Berlin/New York 1977. S. 293-295, hier S. 295.

Kunst als der "eigentlich metaphysischen Thätigkeit dieses Lebens" findet sich auch in der Schrift von 1871, *Die Geburt der Tragödie aus dem Geiste der Musik*,[42] ist also keine späte Zufallsidee. Und aus dieser Überordnung der Kunst über das Leben, aus der Definition der Kunst als Metaphysik des Lebens ist wohl auch jener Satz Nietzsches aus seiner *Götzen-Dämmerung* verständlich: "in der Kunst geniesst sich der Mensch als Vollkommenheit".[43]

Mit alledem ist für Nietzsche die Kunst von einer Gebrauchskunst zu einem Ideal geworden, und seine Forderung, dieses rein zu halten von aller kleinlichen Gegenwartsproblematik, hat wesentlich zur Rangerhöhung der Kunst um 1890 beigetragen. Jedenfalls erklärt sich die esoterische Rolle der Kunst bei Hofmannsthal, bei George, bei Thomas Mann und Rilke zu einem nicht unerheblichen Teil von dorther. Nietzsche hatte der Kunst einen neuen Wert und einen neuen Raum zuerkannt; Kunst war nicht für alle da, sondern wurde für wenige von wenigen gemacht. Das setzt die neue Kunst scharf ab gegen die patriotisierende Gebrauchsliteratur der 80er Jahre, gegen die damals öffentlich so unbezweifelt anerkannte Dichtung der Wildenbruch und Geibel. Wenn Rilkes Malte Laurids Brigge sich als Fremdling in seiner Welt fühlt, wenn Hofmannsthal sich mit dem Problem konfrontiert sieht, wie er sich dem Leben verbinden und zur "Existenz" kommen könne, wenn Tonio Kröger sich ausgeschlossen sieht vom Leben der Hans Hansen und Ingeborg Holm, wenn er einsam geworden ist und sich nach "Reinheit" sehnt, wenn seine Künstlerschaft wählerisch wird, erlesen, kostbar, fein, reizbar gegen das Banale und aufs höchste empfindlich in Fragen des Taktes und des Geschmacks - dann sind darin überall die Spuren und Folgen Nietzsches nur zu deutlich zu sehen, und zu sehen ist auch, wohin seine radikale Aufwertung der Kunst führte.

*

Für die Neukonzeption der Kunst um 1900 wurde ein anderer Einfluß ebenso wichtig: der Schopenhauers. Dabei ist die Wirkung Schopenhauers eine doppelte: er war schon vor 1900 zu einem Modephilosophen geworden, dessen Botschaft breit rezipiert wurde; aber seine Lehren waren teil-

---

42 Nietzsche: Die Geburt der Tragödie (wie Anm. 20). S. 20.

43 Ders.: Götzen-Dämmerung oder Wie man mit dem Hammer philosophirt. In: Nietzsche: Werke (wie Anm. 18). Sechste Abteilung. Dritter Band (wie Anm. 21). S. 49-154, hier S. 111.

weise auch in Nietzsches Philosophie aufgehoben, und Nietzsches Urteile über Schopenhauer waren bekannt. Zu den zahlreichen Äußerungen Nietzsches über Schopenhauer gehört etwa die, daß die dionysische Kunst "den Willen in seiner Allmacht gleichsam hinter dem principio individuationis, das ewige Leben jenseit [sic] aller Erscheinung und trotz aller Vernichtung zum Ausdruck" bringe.[44] Das läßt erkennen, in welchem Ausmaß Schopenhauers Anschauung vom principium individuationis bei Nietzsche zur Willenslehre geworden ist bzw. seinen Begriff der dionysischen Kunst mitbestimmt hat. Nietzsche schrieb auch: "Hier ist eine immer gleichartige stärkende Luft, so fühlen wir; hier ist eine gewisse unnachahmliche Unbefangenheit und Natürlichkeit, wie sie Menschen haben, die in sich zu Hause und zwar in einem sehr reichen Hause Herren sind: im Gegensatze zu den Schriftstellern, welche sich selbst am meisten wundern, wenn sie einmal geistreich waren [...]".[45] Nietzsche hat Schopenhauers "guten, sehr guten Verstand"[46] gerühmt und ihn als den "*ersten* eigenständlichen und unbeugsamen Atheisten"[47] gepriesen, den die Deutschen gehabt hätten. Einmal nennt er ihn auch seinen großen Lehrer, den "einzigen ernstgesinnten Sittenlehrer unseres Saeculum".[48] Die Stellungnahmen Nietzsches sind freilich nicht völlig frei von Kritik; er hat Schopenhauers *Die Welt als Wille und Vorstellung* einmal als die Konzeption eines sechsundzwanzigjährigen Jünglings beschrieben, der das geschätzt habe, was er selbst nicht besessen habe, und der die Bedeutung des Willens durchaus erkannt, es jedoch nicht verstanden habe, "diesen Willen zu *vergöttlichen*: er blieb im moralisch-christlichen Ideal hängen".[49]

Über das ungeheure Ausmaß der Schopenhauer-Wirkung unterrichtet das Schopenhauer-Kapitel in Thomas Manns *Buddenbrooks*, wo der Tod als

---

44 Ders.: Die Geburt der Tragödie (wie Anm. 20). S. 104.

45 Ders.: Schopenhauer als Erzieher. In: Nietzsche: Werke. Dritte Abteilung. Erster Band (wie Anm. 18). S. 331-423 [Unzeitgemäße Betrachtungen. Drittes Stück], hier S. 343.

46 Ders.: Morgenröthe (wie Anm. 26). S. 167.

47 Ders.: Die fröhliche Wissenschaft. In: Nietzsche: Werke (wie Anm. 18). Fünfte Abteilung. Zweiter Band. Idyllen aus Messina. Die fröhliche Wissenschaft. Nachgelassene Fragmente Frühjahr 1881 bis Sommer 1882. Berlin/New York 1973. S. 11-335, hier S. 281. Hervorhebung i. O.

48 Ders.: Die Philosophie im tragischen Zeitalter der Griechen. In: Nietzsche: Werke (wie Anm. 18). Dritte Abteilung. Zweiter Band (wie Anm. 39). S. 293-366, hier S. 312.

49 Ders.: Aus dem Nachlaß der Achtzigerjahre (wie Anm. 25). S. 556. Hervorhebung i. O.

Befreiung und das Leben als Gefängnis beschrieben sind. Der wichtigste Einfluß Schopenhauers ist zweifellos der auf den Lebensbegriff der Jahrhundertwende. Oder vielmehr: es ist die Korrektur jenes Lebensbegriffes, die letztlich zur Weltabsage führt, zum Lebensekel und damit auch zur Verherrlichung der Kunst als einer eigenständigen Welt jenseits der des Lebens. Erklärt sich die Lebensbejahung in der Kunst um 1900 von Nietzsche her, so die Lebensverneinung von Schopenhauer. Die Wirkung Schopenhauers auf den Lebensbegriff ist allerdings nicht so zu verstehen, als ob das irdische Dasein damit geleugnet werde. Wenn "Leben" bei Thomas Mann, Hofmannsthal, Schnitzler eine "participation mystique", ein Eintauchen in eine größere Welt ist, in einen Allzusammenhang, so damit in einen Bereich, der bei Schopenhauer hinter der Individuation der Dinge ebenfalls sichtbar wird. Wo immer der Wunsch sich äußert, aus der Isolation des einzelnen herauszukommen, steht die Schopenhauersche Befreiungslehre vom Individuum im Hintergrund. Aber wichtiger ist Schopenhauers Einfluß dort, wo die Abwendung vom Leben mit seiner Trivialität gefordert ist, und "Lebensekel" speist sich vor allem von dorther. Ein Satz wie der Tonio Krögers: "Ein Ekel und Haß gegen die Sinne erfaßte ihn und ein Lechzen nach Reinheit und wohlanständigem Frieden",[50] ist ohne den Hintergrund der Schopenhauerschen Philosophie schwer verständlich. Auch das Erkenntnispotential ist bei Schopenhauer hoch anzusetzen; vor allem aber wird Nietzsches Lebensbegriff etwa bei Thomas Mann vom Lebensbegriff Schopenhauers her kritisiert und korrigiert. Anders gesagt: die Verherrlichung der Lebens einerseits und der Lebensekel andererseits stecken etwa bei Thomas Mann den Einflußbereich Nietzsches und Schopenhauers ab. Auch die "Künstlerproblematik" ist bei Thomas Mann nichts anderes als das Resultat zweier heterogener, sich ineinander verschränkender und einander durchkreuzender Einflüsse. Zum Lebensbegriff und zur Lebensproblematik um 1900 gehört, daß Anerkennung und Ablehnung des Lebens in einem geschehen: auch darin wird der Doppeleinfluß Nietzsches und Schopenhauers sichtbar.

Schopenhauer hat aber zugleich den Begriff der Kunst mitgeformt - wir finden bei ihm eine ähnliche Hochschätzung der Kunst wie bei Nietzsche, und in den Ergänzungen zum ersten Buch seines Hauptwerkes stehen Zusätze unter dem Titel *Über das innere Wesen der Kunst*. Auch der Kunst sei es darum zu tun, so Schopenhauer, "das wahre Wesen der Dinge, des Lebens, des Daseyns, zu erfassen [...]: 'Was ist das Leben?' - Diese Frage beantwortet jedes ächte und gelungene Kunstwerk, auf seine Weise, völlig

50 Thomas Mann: Tonio Kröger (wie Anm. 32). S. 290.

richtig".[51] Zwar stellt Schopenhauer den Künsten die Philosophie gegenüber, die nicht die kindliche Sprache der Anschauung, sondern die abstrakte und ernste Sprache der Reflexion rede. Aber es finden sich bei ihm doch Sätze wie: "Jedes Kunstwerk ist demgemäß eigentlich bemüht, uns das Leben und die Dinge so zu zeigen, wie sie in Wahrheit sind, aber, durch den Nebel objektiver und subjektiver Zufälligkeiten hindurch, nicht von Jedem unmittelbar erfaßt werden können. Diesen Nebel nimmt die Kunst hinweg".[52] Also nicht nur Nietzsche, sondern auch Schopenhauer hat die Kunst als Instrument der Erkenntnis betrachtet, aber das bedeutet nicht, daß die Kunst instrumentalisiert worden sei. Vielmehr werden ihr bei Schopenhauer Würde, Autarkie und eine besondere Eigenart zugesprochen; auch er betont den Primat der Kunst gegenüber dem Leben.

Die wesentlichen Literaturtheorien kurz vor und um 1900 tragen die Spuren dieser Einflüsse nur zu deutlich in sich. Die wichtigste findet sich bei Stefan George und in den *Blättern für die Kunst.*

51 Arthur Schopenhauer: Ueber das innere Wesen der Kunst. In: Arthur Schopenhauers Werke in fünf Bänden. Nach den Ausgaben letzter Hand hrsg. von Ludger Lütkehaus. Bd. II. Die Welt als Wille und Vorstellung. Zürich 1988. S. 471-476, hier S. 471f.

52 Ebd.

IV

Stefan George und die *Blätter für die Kunst*

Das erste Heft dieser Zeitschrift erschien im Oktober 1892 unter der Herausgeberschaft von Carl August Klein in Berlin. Es enthielt bereits das Programm einer Dichterschule, in der sich die Einflüsse Nietzsches ebenso trafen wie die des französischen Symbolismus; das erste Heft sollte, wie die ganze Zeitschrift überhaupt, nichts Geringeres dokumentieren als die Begründung der Kunst gleichsam aus sich selbst. In der Einleitung heißt es über diese Veröffentlichung unmißverständlich:

> Sie will die GEISTIGE KUNST auf grund der neuen fühlweise und mache - eine kunst für die kunst - und steht deshalb im gegensatz zu jener verbrauchten und minderwertigen schule die einer falschen auffassung der wirklichkeit entsprang. sie kann sich auch nicht beschäftigen mit weltverbesserungen und allbeglückungsträumen in denen man gegenwärtig bei uns den keim zu allem neuen sieht, die ja sehr schön sein mögen aber in ein andres gebiet gehören als das der dichtung. [...] In der kunst glauben wir an eine glänzende wiedergeburt.[1]

Das Programm war zugleich eine Kampfansage an eine allgemein falsche Auffassung der Wirklichkeit und an den Realismus; vor allem aber an den Naturalismus. Aber die *Blätter für die Kunst* wollten auch nichts zu tun haben mit "Symbolismus Dekadentismus Okkultismus u. s. w.", wie einer zusätzlichen Bemerkung zu entnehmen ist. "Lehrsätze" waren verpönt. Es ist das Manifest einer neuen Kunst, und es ist bezeichnenderweise das einer Gruppe. Die *Blätter für die Kunst* sind geschrieben "für eine auserwählte Gemeinschaft von Künstlern und Kunst-Anhängern"; obwohl sie von vornherein als Gemeinschaftsunternehmen konzipiert waren, lehnte George den Schulbegriff ab und schrieb über die neuen Künste: "Schon nach den ersten heften hatten sie sich von dem verdacht gereinigt eine neue schule oder richtung anpreisen zu wollen und zur genüge dargetan,

---

1 Blätter für die Kunst. Begründet von Stefan George. Hrsg. von Carl August Klein. 1892-1919. Neudruck 1967. [1. Folge.] I. Bd. S. 1.

daß mitarbeiter und leser durch keinen anderen gedanken verbunden waren als den: auch bei uns gegen das unvornehme geräusch des tages der schönheit und dem geschmack wieder zum siege zu verhelfen". Die neue Kunst Georges ist nicht gegen die Gesellschaft gerichtet, sie steht außerhalb der Gesellschaft. Die spätere Anthologie der *Blätter für die Kunst* kam nur deswegen zustande, weil der Weg in die Öffentlichkeit durch die öffentliche Resonanz auf die neue Kunst Georges längst beschritten war. An sich war der Kreis der Beiträger, zu denen zunächst außer George auch Hofmannsthal, Karl Wolfskehl, Ludwig Klages, Leopold Andrian, Max Dauthendey, Karl Gustav Vollmoeller und einige andere zählten, alles andere als eine Gruppe von Vertretern einer engagierten Literatur. Die *Blätter für die Kunst* enthalten von Folge zu Folge eine dezidiertere Absage an die eigene Zeit. Damit entsprachen sie durchaus der literarischen Umgebung: auch die Ästheten und Literaten bei Hofmannsthal, Rilke und Thomas Mann waren Abgesonderte, vom Leben und der Wirklichkeit Ausgeschlossene. Diese mochten das als Zwang und Bedrohung empfinden - in den *Blättern für die Kunst* ist die Isolation der Kunst von allem Zeitgenössischen die Voraussetzung ihrer Existenz. "Wir suchten die umkehr in der *kunst* einzuleiten und überlassen es andren zu entwickeln wie sie aufs *leben* fortgesezt werden müsse", heißt es; deutlicher ist das Programm der L'art pour l'art nirgendwo formuliert worden.[2] George hat sogar von der Entdeckung "neuer immer reinerer Kunsthimmel" gesprochen und damit den hermetischen Charakter der Kunst unmißverständlich betont. Die *Blätter für die Kunst* wollten "an die grosse und ewige Kunst wieder anbauen".[3]

Gerade die Proklamation einer ewigen und reinen Kunst zeigt allerdings die Abhängigkeit von der eigenen Epoche. "Mit ernst und heiligkeit der kunst nahen: das war dem ganzen uns vorausgehenden dichtergeschlecht unbekannt", heißt es in den *Blättern für die Kunst*, und das richtet sich zum einen dagegen, daß Kunst mit außerkünstlerischen Absichten verbunden worden war, zum anderen aber auch gegen die Popularisierung der Kunst. Der Nietzsche-Einfluß ist unverkennbar, das Postulat einer neuen Kunst das Ergebnis einer massiven Kulturkritik und das Verlangen nach Reinheit und Originalität der Kunst letztlich eine Reaktion auf Nietzsches Kulturkritik. Das zeigt etwa ein Satz wie: "Die thatsache dass es bei uns kein künstlerisches und dichterisches ereignis geben kann beweist dass wir uns in einem bildungsstaat zweiter ordnung befinden".[4] Die

---

2 Ebd. Bd. 3. S. 129. Hervorhebung i. O.

3 Ebd. S. 131.

4 Ebd. S. 33.

Oppositionshaltung der *Blätter für die Kunst* wird an anderer Stelle noch deutlicher: "Unser ganzes schrifttum von gestern ist sittlich (sogar das behördlich verbotene) bürgerlich-pöbelhaft und unterhaltend-belehrend. wir können nur eines fassen das schön vornehm beeindruckend ist".[5] Bemerkungen wie die zum Bildungsstaat zweiter Ordnung zeigen freilich auch, wie stark sich die allgemeine Kulturkritik mit Nationalkritik verbindet. Das ist bei Nietzsche zumindest rudimentär ebenfalls schon vorgebildet, nämlich in seinen Vorträgen *Über die Zukunft unserer Bildungsanstalten*. Bei Nietzsche fand sich schon die Bemerkung, daß der Ruf nach möglichster Erweiterung und Ausbreitung der Bildung unter die beliebten national-ökonomischen Dogmen der Gegenwart gehöre. Er schrieb: "Möglichst viel Erkenntniß und Bildung - daher möglichst viel Produktion und Bedürfniß - daher möglichst viel Glück: - so lautet etwa die Formel. Hier haben wir den Nutzen als Ziel und Zweck der Bildung, noch genauer den Erwerb, den möglichst großen Geldgewinn".[6]

Die Kritik Nietzsches an den allgemeinen Bildungsforderungen war durchgängig. Gelegentlich, so meinte er,

> strebt ein Staat hier und da um seiner eignen Existenz willen nach einer möglichsten Ausdehnung der Bildung, weil er sich immer noch stark genug weiß, auch die stärkste Entfesselung der Bildung noch unter sein Joch spannen zu können, und es bewährt gefunden hat, wenn die ausgedehnteste Bildung seiner Beamten oder seiner Heere zuletzt immer nur ihm selbst, dem Staate, im Wetteifer mit anderen Staaten, zugutekommt.[7]

Damit ist das Wesen des wilhelminischen Staates nur zu gut durchschaut. Festzuhalten ist, daß die Kunstkonzeption Georges direkt aus dem Einfluß der Nietzscheschen Kulturkritik abzuleiten ist.

Was die neue Kunst als solche ausweist, ist bei George klar formuliert. Grundsätzlich gilt: "Wir wollen keine erfindung von geschichten sondern wiedergabe von stimmungen keine betrachtung sondern darstellung keine unterhaltung sondern eindruck".[8] Das ist gegen jedes nur kulinarische Kunstverständnis gesagt, zeigt aber - neben der Definition ex negativo - eine deutliche Nähe zum Impressionismus. Impressionistisches gehört als

---

5 Ebd.

6 Nietzsche: Ueber die Zukunft unserer Bildungsanstalten. Sechs öffentliche Vorträge. In: Nietzsche: Werke (wie Anm. 18/III). Dritte Abteilung. Zweiter Band (wie Anm. 39/III). S. 133-244, hier S. 159.

7 Ebd. S. 192.

8 Blätter für die Kunst (wie Anm. 1). Bd. 2. S. 33.

Stilelement überhaupt zu den Merkmalen, die sich quer durch alle Strömungen und Richtungen hindurch finden lassen; mit Georges Forderung nach "wiedergabe von stimmungen" ist eine solche Grundforderung des Impressionismus erfüllt. Aus diesem Anspruch folgert etwas anderes: die Hochschätzung der Lyrik als oberster dichterischer Gattung. "Gedicht", schreibt George, "ist nicht wiedergabe eines gedankens sondern einer stimmung. zum ersteren genügt das gewöhnliche wort zum zweiten bedürfen wir noch auswahl klang maass und reim".[9] Erzählungen gehören für George zu einem erheblichen Teil gar nicht in den Bereich der Kunst, sondern in den der Reportage, und seine Bemerkung: "ein gewisser zeitgeschichtlicher wert bleibt ihnen immerhin obgleich er nicht dem der tagesblätter richtverhandlungen behördlichen zählungen u. ä. gleichkommt", zeigt, wie groß die Distanz zur wirklichen Kunst für ihn geworden ist. Das richtet sich vor allem gegen die Novellistik, wie sie sich in den Journalen außerordentlich ausgebreitet hatte; diese steht für George eigentlich noch unterhalb der Gerichtsreportage. Bedeutsamer freilich ist jener andere Hinweis auf die Malerei. Die Theorie von der Wechselwirkung der Künste, von *der* Kunst als etwas über allen Einzelkünsten Vorhandenem prägt sich in den *Blättern für die Kunst* deutlich aus. "nie wäre bei uns schrifttum und dichtung von heute", so heißt es, "in so traurige verödung geraten wenn ihre vertreter zu den gleich-lebenden meistern der bildenden und tonkunst den blick erhoben hätten. - Andrerseits hat es sich an diesen gerächt dass sie keine ebenbürtigen werke des schrifttums um sich sahen".[10] Diese Simultaneität der verschiedenen Künste, vor allem der Dichtung und der Malerei, ist neben den impressionistischen Stilelementen für das "Neue" bezeichnender als die überall spürbare Zeitkritik.

Doch das wichtigste Kennzeichen der neuen Kunst ist genuin poetischer Natur; es ist die Bedeutung, die dem Symbol zuerkannt ist - und eben das verbindet, wie noch zu zeigen sein wird, Georges *Blätter für die Kunst* mit den Symbolisten, den Impressionisten und dem Naturalismus. Die Überlegungen zum Symbol bilden die Kernzone in Georges Literaturkonzeption. "Das *Sinnbild* (symbol)", so heißt es schon in der zweiten Folge der *Blätter für die Kunst*, "ist so alt wie sprache und dichtung selbst. es giebt sinnbild der einzelnen worte der einzelnen teile und des gesamtinhalts einer kunst-schöpfung. lezteres nennt man auch die tiefere mei-

9 Ebd. S. 34.

10 Ebd. Bd. 4. S. 1.

nung die jedem bedeutenden werk innewohnt".[11] Und: "Sinnbildliches sehen ist die natürliche folge geistiger reife und tiefe". Das steht durchaus nicht im Gegensatz zu den impressionistischen Momenten seiner Dichtung. Vor allem für Georges Lyrik ist die Kombination von impressionistischen und symbolistischen Momenten charakteristisch - und darin zeichnen sich Brücken ab zu anderen literarischen Richtungen der Jahrhundertwende. Das bestätigen die *Blätter für die Kunst*:

> Man hört nicht selten die rede: ein dichtwerk sei mit bildlichem ausdruck geziert, reich an bildern. dies muss eine falsche anschauung hervorrufen als seien die bilder - metafern - etwas allenfalls entbehrliches, dem eigentlichen stoff aus welchem gedichtetes besteht äusserlich aufgeheftetes. vielmehr aber ist der uneigentliche der bildliche ausdruck kern und wesen aller poesie: jede dichtung ist durch und durch ein gebilde aus uneigentlichen ausdrücken.[12]

So war es in der vierten Folge zu lesen. Dieser Text stammt zwar nicht von George, sondern von Hugo von Hofmannsthal. Aber er ist im Sinne Georges und seiner Anhänger formuliert.

Die Konzentration auf das Symbol enthält die deutlichste Absage an die Wirklichkeit und ist ein Versuch, deren Profanität zu überwinden. Doch im Symbol wird nicht nur eine Verteidigungslinie gegenüber der Realität sichtbar. Auf eine wichtige Funktion hat Wolfdietrich Rasch aufmerksam gemacht; daß nämlich in der Darstellung des Symbols die einzelne Erscheinung über sich selbst hinausverweise, aber nicht auf eine Sphäre der Transzendenz, weil diese für die Zeit der Jahrhundertwende keine Bedeutung mehr gehabt habe. Rasch bemerkt: "Die Einzelerscheinung transzendiert ins Diesseits, d. h. sie verweist auf den großen Zusammenhang der Welt, in den sie eingefügt ist, sie symbolisiert das Ganze des Seins, das All, den von ewigen Kräften durchwalteten Kosmos".[13] Danach hätten die einzelnen Symbole auch hier eine deiktische Funktion, da sie einen Zusammenhang des Seins verdeutlichen, der sich aus den Erscheinungen selbst nicht oder allenfalls nur unzureichend erschließen läßt. Hinter Symbolen würde also nichts Geringeres sichtbar als das Mysterium des Lebens selbst, auf das sie immer wieder aufmerksam machten. Die Wirklichkeit als Gleichnis, die Einzeldinge als Zeichen eines Universalen, Dichtung als diejenige Macht, die allein noch imstande ist, einen Zusammen-

11 Ebd. Bd. 2. S. 33.

12 Ebd. Bd. 4. S. 13.

13 Rasch: Zur deutschen Literatur seit der Jahrhundertwende (wie Anm. 1/III). S. 12f.

hang hinter den zersplitterten Phänomenen aufzudecken: so ist die Bedeutung des Symbols in der Kunstwelt Georges durchaus zu verstehen. Aber eine zweite Bedeutung ist nicht weniger wichtig: das Symbol ist nicht nur die Offenbarung eines mystischen Allzusammenhangs hinter den Erscheinungen, Ausdruck jenes überall anwesenden Lebens, sondern zugleich Zeichen und Baustein einer Kunst-Welt, die mit der wirklichen Welt nichts gemeinsam hat. Von dorther bestimmt sich das Symbol ebenfalls als Zentrum der L'art-pour-l'art-Welt, und so ist auch Georges Satz zu verstehen: "wesentlich ist die künstlerische umformung eines lebens".[14] Symbole sind die Resultate dieses Umformungsprozesses. Das heißt: in Symbolen spricht sich die eigentliche Wirklichkeit aus, nämlich die Wirklichkeit der Kunst - sie sind nicht nur Äquivalente eines hinter den Erscheinungen verborgenen, aber überall gegenwärtigen Seins, sondern zugleich Ausformungen einer künstlerischen Phantasie, die sich ihre Welt selbst erst geschaffen hat - nicht nur Zeichen eines objektiv vorhandenen Zusammenhanges, einer Lebensgemeinsamkeit, sondern zunächst einmal Ausdruck subjektiver Vorstellungswelten. Dafür spricht die Betonung der Autonomie der Kunst bei Stefan George, zumal sich hier der Einfluß des französischen Symbolismus deutlicher als irgendwo anders abzeichnet. Schon Mallarmé als dem wichtigsten Vertreter des Symbolismus war es in seiner Kunstlehre um die Entwertung der wirklichen und natürlichen Welt gegangen, genauer: um den Versuch, der Welt der Ideen zur Erscheinung zu verhelfen. Auch bei ihm sind Symbole Zeichen der künstlerischen Phantasie und der durch sie geschaffenen Welt.

George hat das Symbol immer wieder als Emanation subjektiver Erfahrungen, Stimmungen, Eindrücke verstanden. Neben dem Hinweis darauf, daß man nicht Erfindung von Geschichten wolle, sondern Wiedergabe von Stimmungen, keine Unterhaltung, sondern Eindruck, findet sich in den *Blättern für die Kunst* auch die Bemerkung: "Die älteren dichter schufen der mehrzahl nach ihre werke oder wollten sie wenigstens angesehen haben als stütze einer meinung: einer weltanschauung - wir sehen in jedem ereignis jedem zeitalter nur ein mittel künstlerischer erregung".[15] "Gedicht ist nicht wiedergabe eines gedankens sondern einer stimmung", heißt es weiter. Auch das zielt darauf ab, daß Dichtung ein Ausdrucksmittel sei, um das, was George vorwiegend als "Stimmung" bezeichnet hat, wiederzugeben. Man darf den Begriff "Stimmung" jedoch nicht oberflächlich verstehen. Innere Erlebnisse sind beim jungen George

---

14 Blätter für die Kunst (wie Anm. 1). Bd. 3. S. 1.
15 Ebd. Bd. 2. S. 34

durchaus nicht im negativen Sinne subjektiv zu deuten, sondern immer auf etwas Eigentliches hinter allem Vordergründigen bezogen, auf eine wirkliche Wirklichkeit. Dahinter steht die Auffassung, daß der Künstler und der Dichter insbesondere nicht auf Erfahrungen von außen angewiesen sei, sondern nur sich selbst zu befragen habe, um produktiv werden zu können. Das Symbol ist dabei das wichtigste Instrument, um innere Erfahrungen reproduzieren zu können. Eben in diesem Sinne ist es Zeichen und Ausdruck subjektiver Erfahrungen. Der Begriff Sinnbild ist wörtlich zu verstehen: im Bild ist der Sinn enthalten und bedarf keiner Explikation. Daß das Symbol innere Vorstellungen beschreibt, zugleich aber auch innerhalb seines Kunstwerkes ein Eigenleben bekommt, widerspricht sich nicht. Bilder haben ihren Selbstwert; gleichzeitig aber wird mit ihnen eine artifizielle Welt aufgebaut, die nur in Worten erscheint. So begründet sich schon die Autonomie der Kunst und die Bedeutung des Symbols bei Mallarmé - und George ist dem deutlich gefolgt. Denn auch für George ist die Kunst eine eigene, autonome Macht; für beide gilt Nietzsches Wort von der Kunst als Metaphysik des Lebens.

Daß das nicht nur Anschauungen Georges, sondern auch die seines Kreises waren, zeigt eine Bemerkung von Karl Wolfskehl in den *Blättern für die Kunst*. Wolfskehl spricht dem Kunstwerk ebenfalls eine Eigenexistenz zu, wenn er sagt: "Dass das kunstwerk - in worten tönen farben - verständlich zu uns redet, eine spiegelung unseres erlebens zu sein scheint, das widerlegt nicht sein dasein in der wahrheit".[16] Das Dasein in der Wahrheit hat nichts mit dem wirklichen Dasein zu tun, die Kunst ist vielmehr eine Existenzweise sui generis, und wie sehr die Schriftsteller der *Blätter für die Kunst* sich gegen die Wirklichkeit abgrenzten, zeigt eine weitere Bemerkung Wolfskehls über das Verhältnis von Kunst und Natur:

> Die gesetze die im kunstwerk die worte, töne, farben zum gebilde vereinen sind freilich keine andern als die wir in der natur wirkend erkennen. Aber nur im kunstwerk finden wir ihr reines ziel und erfolgsicheres gleichsam bewusstes walten. Also dass man eher das naturgeschehen durch die werke der kunst als diese mittels der sogenannten wirklichkeit zu begreifen vermöchte.[17]

Auch dahinter wird die Symboltheorie deutlich: die Dinge sind Symbole, aber nicht in dem Sinne, daß ein Konkretum für ein Abstraktum stünde. Die Bilder, Töne, Farben evozieren eine andere Welt, sie sind Bausteine eines künstlichen Universums, das mit der Wirklichkeit nichts zu schaffen

16 Ebd. Bd. 4. S. 85.
17 Ebd. S. 86.

hat. Für Goethe war Kunst eine andere Natur, für George und seinen Kreis ist Kunst Metaphysik im eigentlichsten Wortsinn. Alle diese Äußerungen legen es nahe, in der Kunst eine zweite höhere Welt zu sehen und im Symbol das wichtigste Element dieser Kunstwelt.

Eine eigene Literaturtheorie haben die *Blätter für die Kunst* nicht entwickelt, im Zentrum stand die "dichterische kunst-schöpfung". Häufig findet sich eine Kampfansage an konkurrierende Strömungen, wenn es etwa heißt: "Wir werden auch fernerhin regeln und schulnamen sein lassen, uns verschliessen gegen das flache und alte sowol als gegen das derbe und niedre des zeitgenössischen schreibewesens aber aller jugend offen stehen die nach dem schönen und neuen sucht".[18] Proklamiert wird "eine kunst frei von jedem dienst: über dem leben nachdem sie das leben durchdrungen hat".[19] Kunst wird zur Religion, der man sich "mit ernst und heiligkeit"[20] zu nahen hat. An die Stelle der Regeln traten die Vorbilder; in den *Blättern für die Kunst* hieß es: "leute von niederer abstammung haben keine überlieferung".[21] Die "grossen vorfahren in der kunst"[22] sollen im Beispiel die Überlieferung sichern. Dabei blieb die Konzentration auf die Kunst selbst das vordringliche Ziel: "Wir suchten die umkehr in der *kunst* einzuleiten und überlassen es andren zu entwickeln wie sie aufs *leben* fortgesezt werden müsse".[23] So ist denn auch von der "grossen und ewigen kunst"[24] die Rede, an die man wieder anbauen wolle - sie kann auch nur in Beispielen vorgestellt werden. Der hermetische Charakter dieser Dichtergruppe und der Kunstbezug als alleiniges Programm wird auch in den folgenden Jahrgängen der *Blätter für die Kunst* betont: "Dies sei uns noch immer anfang und ende: von *der* kunst zu reden: den künsten in ihren beziehungen und ihrem zusammenwirken eine die andre anregend und vor erstarrung bewahrend".[25] Dabei ist der literaturkritische Zug dieser Proklamationen nicht zu übersehen, die Kritik daran, daß die deutsche Literatur "etwas sprunghaftes trümmerhaftes hat". Die Kritik richtet sich aber auch an die "geistige hefe die jezt fast ausschliesslich litterarische meinungen verbreitet"[26] - also gegen eine plebejische Kunst und gegen ein

---

18 Ebd. Bd. 1. S. 130.
19 Ebd. Bd. 3. S. 2.
20 Ebd. S. 33.
21 Ebd. Bd. 3. S. 35.
22 Ebd. S. 97.
23 Ebd. S. 129.
24 Ebd. S. 131.
25 Ebd. Bd. 4. S. 1. Hervorhebung i. O.
26 Ebd. Bd. 5. S. 3.

Literatentum, das als nichtaristokratisch von vornherein abgelehnt wird. Das Loblied auf die geistige Kunst verbindet sich bruchlos mit einer Künstlerapotheose; dem Künstler - und nur ihm - wird zugestanden, "in einem Reiche zu leben wo der Geist das oberste gesetz gibt". Und programmatisch heißt es: "Heut ist wirklich 'die Kunst ein bruch mit der Gesellschaft'".[27] Abgrenzungsversuche gegen andere literarische Richtungen standen nicht im Vordergrund, aber sie finden sich in der Polemik gegen "Dekadente", gegen "Neuromantiker (gegensatz zu naturalisten)", gegen "Ästheten", ohne daß der Gegensatz theoretisch oder kritisch begründet würde.[28]

Es gehört zum Wesen solcher Kunstproklamationen, daß sie sich in Andeutungen erschöpfen und allenfalls kritisch zur Zeit und anderen literarischen Strömungen Stellung nehmen. Das Vorbild der Dichtung ist entscheidend, die Beispiele sind das Gesetzbuch, nach denen die neue Kunst verfährt. Es ging in den *Blättern für die Kunst* um die neue Kunstwelt, und Stefan Georges Zeile "Kein ding sei wo das wort gebricht"[29] charakterisiert die Eigenwertigkeit der neuen Kunst völlig zureichend. George hatte sich schon früh in Sprachschöpfungen versucht, und seine Dichtungen setzen diese Versuche mit anderen Mitteln eigentlich nur fort. Nur in der Sprache war ein gesteigertes Erleben möglich, die Sprache allein war die Welt, in der George sich bewegte, so sehr, daß eigentlich alles Wirkliche an die Sprache gebunden war und alles unwirklich, was nicht auf poetische Weise verbalisierbar wurde. Dabei ging es nicht um den Sprachsinn, sondern eigentlich mehr um "jenes tief erregende in maass und klang wodurch zu allen zeiten die Ursprünglichen die Meister sich von den nachfahren den künstlern zweiter ordnung unterschieden haben",[30] also um ästhetisch-musikalische Werte der Sprache, die gar nicht einmal der Übersetzung ins Bild, ins Symbol bedurften. Die Sprache sollte in einem quasi religiösen Sinne auch Sprachschöpfung sein, und in ihr zeigte sich nicht nur die Exklusivität des Künstlertums, von dem in den *Blättern für die Kunst* immer wieder die Rede ist, sondern auch der artistische Anspruch, eine Welt tatsächlich nur durch Maß und Klang, also durch die arationalen Komponenten der Sprache zu bilden. George hat diese neue Sprachschöpfung gelegentlich als "mache" bezeichnet, der natürlich nichts

---

27 Ebd. Bd. 8. S. 2f.

28 Ebd. Bd. 9. S. 6.

29 Stefan George: Das Wort. In: Ders.: Gesamt-Ausgabe. 9. Bd. Das Neue Reich. Berlin 1928 (Reprint Düsseldorf und München 1964). S. 134.

30 Ebd. Bd. 2. S. 122.

Pejoratives mehr anhaftet. Auch hier boten die *Blätter für die Kunst* selbst das belehrende Material, und George schrieb: "Wir halten es für einen vorteil dass wir nicht mit lehrsätzen beginnen sondern mit werken die unser wollen behellen und an denen man später die regeln ableite".[31] Auch so ist der Begriff der "kunst für die kunst" zu verstehen: der Vorbildcharakter bestehender Kunst für das, was noch geschrieben werden soll.

*

Die Konzentration auf das Symbol als das eigentliche Zentrum einer Dichtung hatte in der dichterischen Praxis wichtige Folgen. George hat schon früh eine Vorliebe für sogenannte "bewegte bilder" gezeigt - offensichtlich unter Mallarmés Einfluß, bei dem die Bilder, ihren Stimmungen entsprechend, sehr oft ineinanderflossen, sobald sie in Erscheinung getreten waren. Es geht bei George aber nicht um eine bloße Verdinglichung von Stimmungen in Bilder oder um eine Verflüchtigung der Sprache in optische oder akustische Eindrücke. Vielmehr werden dichterische Bilder häufig dynamisiert, aus ihrer Starrheit befreit; ein Symbol ist kein feststehendes Zeichen, hat nicht mehr einen unveränderbaren und jedermann einsichtigen Gehalt, zumal metaphysische Gehalte im traditionellen Sinne bei George keine Rolle spielen. Bilder sind oft ins Vorganghafte übersetzt, ihrer Statik entkleidet - und *Das Jahr der Seele* (1897) bietet eine Fülle von Beispielen:

> Im wind ein schaukeln wie von neuen dingen
> Aus grauem himmel brechend milde feuer
> Und rauschen heimatwärts gewandter schwingen
> Entbietet mir ein neues abenteuer [...].[32]

In diesen Versen finden sich gleich mehrere bewegte Bilder, und sie alle stehen für das, was die letzte Zeile nennt: für das neue Abenteuer, das hier dem Dichter "entboten" wird. Der Zeichencharakter der drei Bilder ist gut zu erkennen; aber sie repräsentieren nicht im traditionellen Sinne ein Abstraktum, sondern sind mit dem, was sie evozieren, also mit dem Gefühl des neuen Abenteuers identisch, sind nur die dinglichen Analogien: was "neues abenteuer" heißt, wird in Bildern vergegenwärtigt, die dieses in direkter, ungebrochener und anschaulicher Weise beschreiben; sie sind ly-

---

31 Ebd. Bd. 1. S. 1.
32 George: Sieg des Sommers. In: ebd. Bd. 3. S. 100.

rische Momentaufnahmen, lassen das Bewegt-Momentane einer "Stimmung" erkennen.

Der impressionistische Charakter dieser Gedichte zeigt sich aber auch darin, daß die Bilder, wie schon das Beispiel aus dem *Jahr der Seele* demonstriert, keine Totalitätseindrücke wiedergeben, sondern Segmentcharakter haben: die Bilder sind reduziert auf einzelne Teile, statt von Vögeln ist von ihren Schwingen die Rede. Das ist nicht eine Technik des pars pro toto, sondern Ausdruck eines Genauigkeitsbemühens, das nicht mehr beschreiben will, als von der Sache her gegeben ist. Das Detail ist wichtiger als das gesamte Bild, und das ist nicht nur gegen die konventionelle Bildlichkeit etwa eines Geibel gerichtet, sondern auch Ausdruck jener Bemühungen um eine Kunstwelt, die, nur im Wort existent, mit der wirklichen Welt nichts gemein haben will. So erscheinen denn auch in vielen Gedichten die Bildpartikel neu zusammengesetzt. Aus der Sicht der Alltäglichkeit ist diese Kunstwelt zwar eine verfremdete Welt, aber da sie eine Realität jenseits der Wirklichkeit abbildet, zählt nicht die Differenz zur Realität, sondern der den Bildern inhärente Bedeutungsgehalt. Bilder sind Teile, die in ihrer Summation etwas Ganzes sichtbar machen; die Kunst erscheint als eigener Kosmos. Mit der klassischen Goetheschen Symboldefinition, der zufolge das Besondere das Allgemeine "als lebendig-augenblickliche Offenbarung des Unerforschlichen" repräsentiert, hat Georges Symbolbegriff nichts mehr gemeinsam. Denn es fehlt jeglicher Hinweis auf Transzendentes, das moderne Symbol will nichts Unerforschliches oder Metaphysisches visualisieren. Auch jene andere Goethesche Definition ("Die Symbolik verwandelt die Erscheinung in Idee, die Idee in ein Bild, und so, daß die Idee im Bild immer unendlich wirksam und unerreichbar bleibt und, selbst in allen Sprachen ausgesprochen, doch unaussprechlich bliebe"[33]) hat nichts mit Georges Symbolkonstitution zu tun. Das eigentlich Unerreichbare und Unaussprechliche existiert bei George nicht, da die Kunstwelt sich aus Bildern, Zeichen, Symbolen zusammensetzt. Dabei ist die Doppelfunktion des Symbols eigentlich immer bewahrt: das Symbol ist einerseits Ausdruck innerer Erfahrungen und Stimmungen, dient deren Wiedergabe - und ist doch zugleich Baustein der Dichtung, Partikel einer Kunstwelt aus Einzelbildern. Zwischen diesen beiden Bedeutungsbestimmungen besteht kein Widerspruch: die Bilder können gleichzeitig Emanationen von Stimmungen und Gefühlen

33 Goethe: Maximen und Reflexionen [Nr. 1113]. Nach den Handschriften des Goethe- und Schiller-Archivs hrsg. von Max Hecker. Mit einem Facsimile. Weimar 1907. (= Schriften der Goethe-Gesellschaft. 21. Bd.) S. 231.

sein und sind doch Elemente einer autonomen Kunst, die als Äquivalent jener Stimmungen und Gefühle erscheint, von denen der dichterische Prozeß ausging.

V

Hugo von Hofmannsthal, die Literaturtheorie des Ästhetizismus und die Ding-Philosophie nach 1900

In den Jahren zwischen 1880 und 1920 haben sich systematische Literaturtheorien nirgendwo entwickeln können. Literaturtheoretisches findet sich stattdessen in Manifesten, in Zeitschriften und deren Programm, in Protokollen von Zusammenkünften literarischer Gesellschaften, häufig selbst in Rezensionen. Das gilt auch für Stellungnahmen von Hugo von Hofmannsthal zur Literatur der Zeit, die ersatzweise Literaturtheorien des Ästhetizismus enthalten.

Hofmannsthal gehörte anfangs zum Kreis derer, die an den *Blättern für die Kunst* beteiligt waren. Aber er hat durchaus eigene Positionen bezogen, auch wenn diese in unmittelbarer Nachbarschaft der Äußerungen der *Blätter für die Kunst* angesiedelt waren. Eine erste poetologische Stellungnahme findet sich in der Rezension über *Gedichte von Stefan George* von 1896. Diese ist freilich eher ein Hymnus auf die Georgesche Poesie als eine ernsthafte Besprechung des Georgeschen Frühwerkes, aber gerade deswegen ein deutlicher Gradmesser der dichterischen Wirkung Georges. Bezeichnend ist, daß Hofmannsthal in seiner Würdigung die Eigenständigkeit der Georgeschen Kunstwelt ebenso betont wie die Abhängigkeit des Dargestellten von den inneren Erfahrungen des Dichters. "Es ist ein Hauptmerkmal der schlechten Bücher unserer Zeit", schrieb Hofmannsthal, "daß sie gar keine Entfernung vom Leben haben: eine lächerliche korybantenhafte Hingabe an das Vorderste, Augenblickliche hat sie diktiert. Zuchtlosigkeit ist ihr Antrieb, freudlose Anmaßung ihr merkwürdiges Kennzeichen. - Hier nun redet wieder die hochgezogene Seele eines Dichters".[1] Die dichterische Welt Georges ist für Hofmannsthal etwas

1 Hugo von Hofmannsthal: Gedichte von Stefan George. In: H. v. H.: Gesammelte Werke in zehn Einzelbänden. Reden und Aufsätze I. 1891-1913. Hrsg. von Bernd Schoeller in Beratung mit Rudolf Hirsch. Frankfurt am Main 1979. S. 214-221, hier S. 215.

Neues, ja Einzigartiges, von der Wirklichkeit und dem niederen Leben grundsätzlich Geschiedenes. Über das Buch der *Hirten- und Preisgedichte* Georges urteilt er:

> Als ein Schwankendes ist die Welt gefaßt, das durch Meere und düstere Gegenden auseinandergehalten, durch Schiffe und Gastfreundschaften zusammengeflochten wird. Vielfache Verhältnisse knüpfen sich schnell: mannigfache Gegenden werden durch den Dichter zusammengebunden, denen aber gewisse große Meister und hohe Bestrebungen gemeinsam sind: ein solches loses Ganze erweckt die Idee einer Wanderkultur, ähnlich jener Welt der griechischen Weisheitslehre und Freunde der Schönheit, mit ihren darüber schwebenden gemeinsamen Göttern Homer und Pindar.[2]

Das ist der Versuch einer Beschreibung einer anderen, eigenwilligen Welt, einer Kunst-Welt, die nur im Gedicht existiert. Auffällig an ihr ist nicht so sehr, daß sich in ihr auch Realien finden, sondern vielmehr die überraschende Kombination der Einzelzüge, das "Zusammenbinden" der mannigfachen Gegenden. Hofmannsthal hat damit die Eigengesetzlichkeit der dichterischen Welt Georges sehr deutlich erkannt, aber auch betont, wie stark diese Kunstwelt Emanation einer inneren Stimmung sei. "Die Verse, die ein Mensch schreibt", heißt es ebenfalls in diesem Aufsatz, "sind auf ewig ein unentrinnbares Gefängnis seiner Seele, wie sein lebendiger Leib, wie sein lebendiges Leben. Es ist so ganz unmöglich, von außen Schönheit in ein Gedicht zu bringen, als es unmöglich ist, durch den Willen den Ausdruck seiner Augen schöner zu machen".[3] In den Gedichten sind Stimmung und Gefühl Gestalt geworden; Zustände der Phantasie sind in das dichterische Bild verwandelt, und damit folgt Hofmannsthal genau der Linie, die die *Blätter für die Kunst* vorgezeichnet hatten. Auch für ihn gilt, daß ein Kunstwerk absolute Autonomie besitzt, aber zugleich, daß die im Gedicht sichtbar werdende Kunstwelt von Stimmungen, Gefühlen, inneren Erfahrungen geprägt ist; die Gedichte selbst sind nur Reproduktionen dieser Stimmungen. Für Hofmannsthal ist die starke Betonung der Autonomie in der Kunst ebenfalls eine Reaktion auf die Indienstnahme der Kunst für andere Zwecke: Unterhaltung und Belehrung sind mit der wahren Kunst unvereinbar. Und auch bei Hofmannsthal richtet sich die Betonung des Stimmungshaften und Gefühlsmäßigen in der neuen Kunst gegen eine realistisch-naturalistische Tendenz, auf die George und mit ihm der Kreis der Beiträger zu den *Blättern für die Kunst* mit einer ausgesprochenen Verinnerlichung der Kunst antworten. Darin zeigen sich

---

2 Ebd. S. 217.
3 Ebd. S. 219.

zweifellos reaktive Momente der neuen Kunst, denen freilich die Anverwandlungen Mallarméscher Vorstellungen die Waage halten; daran wird aber auch sichtbar, wie eng Hofmannsthal den Georgeschen Kunstvorstellungen folgt.

Entscheidender noch ist die Übereinstimmung mit Georges Ansichten in der Bewertung des dichterischen Symbols. Hofmannsthal hat sich darüber 1894 in einem kleinen Essay mit dem Titel *Philosophie des Metaphorischen* ausgelassen. Das Wesen der Dichtung besteht auch für Hofmannsthal im dichterischen Bild, im dichterischen Symbol. Welche Bedeutung Metaphern, Symbole, Bilder im dichterischen Prozeß haben, geht aus einer Bemerkung Hofmannsthals hervor:

> Als ich einmal im Vorübergehen an einer Buchhandlung den Titel las: "Philosophie des Metaphorischen", vermutete ich ein anderes Buch, ein ganz anderes. Ich erwartete eine Philosophie der subjektiven Metaphorik; eine Betrachtung des metaphernbildenden Triebes in uns und der unheimlichen Herrschaft, die die von uns erzeugten Metaphern rückwirkend auf unser Denken ausüben, - andererseits der unsäglichen Lust, die wir durch metaphorische Beseelung aus toten Dingen saugen. Eine hellsichtige Darstellung des seltsam vibrierenden Zustandes, in welchem die Metapher zu uns kommt, über uns kommt in Schauer, Blitz und Sturm: dieser plötzlichen blitzartigen Erleuchtung, in der wir einen Augenblick lang den großen Weltzusammenhang ahnen, schauernd die Gegenwart der Idee spüren, dieses ganzen mystischen Vorganges, der uns die Metapher leuchtend und real hinterläßt, wie Götter in den Häusern der Sterblichen funkelnde Geschenke als Pfänder ihrer Gegenwart hinterlassen.[4]

Im Grunde verbietet sich denn auch für Hofmannsthal eine Philosophie über Metaphern: sie können nur angeschaut und erlebt werden.

Hier sind Übereinstimmungen mit den Anschauungen der *Blätter für die Kunst* am sichtbarsten - Hofmannsthal selbst hat für die *Blätter* einige Beiträge geliefert, die diese Nähe verdeutlichen. Er spricht zwar immer nur vom "bildlichen Ausdruck", meint aber damit das gleiche, was in seiner Rezension über das Buch *Philosophie des Metaphorischen* genannt ist.

Auch hier erfolgt, wie bei George, eine deutliche Absage an jegliche Transzendenz und zugleich der Hinweis auf die elementare Bedeutung des dichterischen Bildes als des eigentlich Poetischen. Ein Unterschied zeichnet sich allerdings in der Frage ab, ob das, was in Gedichten in Erscheinung trete, sich auch sonst noch äußern könne. Für George brachte die Vorstellung von der Autarkie der Kunst zwangsläufig mit sich, daß

---

4 Hofmannsthal: Philosophie des Metaphorischen. In: H. v. H.: Reden und Aufsätze I (wie Anm. 1). S. 190-193, hier S. 192.

nur die Kunst etwas Wesentliches aussagen könne. Was für ihn der Bereich der Stimmungen, Gefühle und inneren Erlebnisse war, die sich im Gedicht gestalteten, ist für Hofmannsthal das, was er auch in seinen Gedichten und lyrischen Dramen verherrlicht hat: das Leben. Für Hofmannsthal gilt sehr viel mehr als für George, daß in der Metapher, im Symbol ganze Weltzusammenhänge sichtbar werden können, daß das Symbol mit Leben und mit dem Erleben dieses Lebens geradezu identisch ist. "Was der Dichter in seinen unaufhörlichen Gleichnissen sagt", so heißt es in Hofmannsthals Beitrag für die *Blätter für die Kunst*, "das läßt sich niemals auf irgendeine andere Weise (ohne Gleichnisse) sagen: nur das Leben vermag das gleiche auszudrücken, aber in seinem Stoff, wortlos".[5] Auch bei Hofmannsthal steht die Kunst über dem Leben; aber während "Leben" bei George stets einen etwas abschätzigen Beigeschmack hat, weil es an die profane Wirklichkeit erinnert, ist es für Hofmannsthal ein unbezweifelt höchster Wert. Doch über diesen Unterschieden dürfen die Gemeinsamkeiten nicht übersehen werden; sie liegen darin, daß das dichterische Bild, das Symbol, zum bedeutungsvollsten Element von Dichtung überhaupt erhoben ist. Dichtung ist bei Hofmannsthal und bei George immer nur "konkrete" Poesie aus Bildern, Zeichen, Metaphern, Symbolen. Erst nach 1900 wird sich Hofmannsthal von den Georgeschen Ansichten trennen.

Hofmannsthal hat das Verhältnis von Kunst und Leben noch in zwei weiteren kleinen Beiträgen behandelt, die über seine frühe Literaturtheorie und über die anfängliche Nähe zu George weiteren Aufschluß geben: in *Poesie und Leben* und in *Dichter und Leben*. Der Essay *Poesie und Leben* ist eigentlich Teil eines Vortrags; er wurde zuerst 1896 gedruckt, zwei Jahre nach der *Philosophie des Metaphorischen*. Der Titel ist mißverständlich; die Überschrift darf nicht so verstanden werden, als sei hier wirklich Zusammengehöriges durch die Konjunktion "und" auch äußerlich zusammengekoppelt worden. Ebenso stark wie George macht auch Hofmannsthal Front gegen die niedere Wirklichkeit, gegen "Leben" in einem allzu profanen Sinn, um damit zugleich eine bestimmte Dichtung und Auffassung von Dichtung zu treffen. Der kultur- und zeitkritische Aspekt ist nicht zu übersehen; auch das schafft zwischen George und Hofmannsthal deutliche Gemeinsamkeiten. Das wahre Wissen um Bedeutung und Wesen des Dichters sei verlorengegangen: das ist der gemeinsame Tenor der Aphorismen Georges in den *Blättern für die Kunst* und bei Hofmannsthal. "Mit ernst und heiligkeit der kunst nahen: das war dem ganzen

---

5 Hofmannsthal: Bildlicher Ausdruck. In: ebd. S. 234.

uns vorausgehenden dichtergeschlecht unbekannt", so steht es im dritten Jahrgang der *Blätter für die Kunst*.[6] Dem Sinne nach heißt es gleichlautend in Hofmannsthals Essay:

> Die Zersetzung des Geistigen in der Kunst ist in den letzten Jahrzehnten von den Philologen, den Zeitungschreibern und den Scheindichtern gemeinsam betrieben worden. Daß wir einander heute so gar nicht verstehen, daß ich zu Ihnen minder leicht über einen Dichter Ihrer Zeit und Ihrer Sprache reden kann, als Ihnen ein englischer Reisender über die Gebräuche und die Weltanschauung eines asiatischen Volkes etwas wirklich zur Kenntnis bringen könnte, das kommt von einer großen Schwere und Häßlichkeit, die viele staubfressende Geister in unsere Kultur gebracht haben.[7]

Daraus sprechen ein elitärer Kunstanspruch und Zeitkritik; auch Hofmannsthals Literaturvorstellungen sind in diesem Sinne reaktiv, gegen die herrschende Kulturanschauung gerichtet.

Hofmannsthals Essay handelt eigentlich von dem paradoxen Sachverhalt, daß sich der einzige, der sich über das Verhältnis von Poesie und Leben authentisch aussprechen könne, nämlich der Dichter selbst, in die Unmöglichkeit versetzt sieht, sich darüber seinem Publikum mitteilen zu können. Kunst und das Verständnis von Kunst sind für Hofmannsthal im Grunde genommen nicht kommunikabel. Und der Schluß des Vortrages, der Worte des Anfangs wieder aufgreift, macht aus diesem Paradox kein Hehl: "Sie haben mich kommen lassen", so endet Hofmannsthals Vortrag, "damit ich Ihnen von einem Dichter erzähle. Aber ich kann Ihnen nichts erzählen, was Ihnen seine Gedichte nicht erzählen können, weder über ihn, noch über andere Dichter, noch über Dichtung überhaupt. Was das Meer ist, darum darf man am wenigsten die Fische fragen. Nur höchstens, daß es nicht von Holz ist, erfährt man von ihnen".[8] Kunst ist, mit anderen Worten, nicht anders als durch sich selbst mitteilbar. Das steht in enger Nachbarschaft zu Georges Feststellung: "kunstverständnis ist nur da zu finden wo ein kunstwerk als gebilde (rytmisch) ergreift und ergriffen wird".[9] Die Wurzeln einer solchen Auffassung lassen sich weit zurückverfolgen, nämlich bis in die Zeit der deutschen Klassik hinein. Aus diesen Feststellungen folgt auch, daß Kunst nicht interpretabel ist; für Hofmannsthal ist es nur das "Unwesentliche und Wertlose an den Künsten

6 Blätter für die Kunst (wie Anm. 1/IV). Bd. 3. S. 33.

7 Hofmannsthal: Poesie und Leben. Aus einem Vortrag. In: H. v. H.: Reden und Aufsätze I (wie Anm. 1). S. 13-19, hier S. 15.

8 Ebd. S. 19.

9 Blätter für die Kunst (wie Anm. 1/IV). Bd. 4. S. 3.

[...], was sich der Beredung nicht durch sein stummes Wesen ganz von selber entzieht"; man werde desto schweigsamer, je tiefer man einmal "in die Ingründe der Künste hineingekommen ist".[10] Hofmannsthal erwartete als Dichter, der über Dichtung und das Verhältnis von Poesie und Leben spricht, auch gar nicht, verstanden zu werden, sondern nur, daß seine Meinung dazu, wie er schreibt, "formal und scheinmäßig" zur Kenntnis genommen werde. Denn Mißverständnisse sind mit der Sache selbst gegeben; er ist überzeugt, daß seine Zuschauer nur im übertragenen Sinne begreifen, was er wörtlich gemeint hat, daß Täuschungen unvermeidlich seien. So spricht er denn von der breiten Kluft des Schweigens zwischen denen, die etwas über das Verhältnis von Poesie und dem Leben erfahren wollen, und ihm, der allein Aufschluß darüber geben könnte; nur dünn und schwach könne er über diese breite Kluft des Schweigens hinwegtönen. Und wenig später fällt dann der entscheidende Satz: "Es führt von der Poesie kein direkter Weg ins Leben, aus dem Leben keiner in die Poesie"[11] - der Kernsatz des Hofmannsthalschen Essays. Er ist allerdings doppelsinnig, jedenfalls nicht nur in dem Sinne zu verstehen, daß die niedere Wirklichkeit und die Dichtung unüberbrückbar voneinander getrennt seien. Er besagt zugleich, daß die Welt der Kunst eine eigene, in sich geschlossene Welt darstelle.

Neben der großen Bedeutung des Symbols für die Dichtung ist diese Feststellung eine zweite gemeinsame Brücke zwischen George und dem Kreis der *Blätter für die Kunst* einerseits und Hofmannsthal auf der anderen Seite. Man könnte das im Grunde genommen für eine recht belanglose Übereinkunft halten, die für den Einfluß Georgescher Vorstellungen auf den jungen, von George abhängigen Hofmannsthal spricht - aber daß der George so ungleichartige Hofmannsthal derartige Thesen vertreten hat, läßt sich so allein kaum erklären. Dagegen sprechen Stil und Eigenart der Hofmannsthalschen Essays, die mehr von seiner Individualität verraten als vom übermächtigen Einfluß des Älteren. 1896, zur Zeit der Entstehung des Hofmannsthalschen Essays, lagen Georges Gedichte überdies noch nicht im Druck vor, auch wenn einzelne schon in den *Blättern für die Kunst* veröffentlicht worden waren; einen Überblick konnte Hofmannsthal daraus noch nicht gewonnen haben. Er zitiert zwar in seinem Essay über *Poesie und Leben* einen Aphorismus der *Blätter für die Kunst*: "'den Wert der Dichtung entscheidet nicht der Sinn (sonst wäre sie etwa Weisheit, Gelahrtheit), sondern die Form, das heißt durchaus nichts Äu-

10 Hofmannsthal: Poesie und Leben (wie Anm. 7). S. 13f.
11 Ebd. S. 16.

ßerliches, sondern jenes tief Erregende in Maß und Klang, wodurch zu allen Zeiten die Ursprünglichen, die Meister sich von den Nachfahren, den Künstlern zweiter Ordnung unterschieden haben [...].'"[12] Hofmannsthal schreibt dazu, daß er sich "der Worte" eines ihm unbekannten, "aber wertvollen Verfassers" bediene - der Aphorismus war in den *Blättern für die Kunst* nicht namentlich gezeichnet. Aber er dürfte von George selbst stammen.

Die Übereinstimmung ist um so gewichtiger, als die Bindungen Hofmannsthals an den Kreis um Stefan George letztlich doch nur oberflächlicher Natur waren. Denn in Hofmannsthals Sprache baut sich etwas auf, was den spärlichen Aphorismen der *Blätter für die Kunst* überraschend gleicht. Ein Gedicht sei, so Hofmannsthal in diesem Essay, ein "gewichtloses Gewebe aus Worten [...], die durch ihre Anordnung, ihren Klang und ihren Inhalt, indem sie die Erinnerung an Sichtbares und die Erinnerung an Hörbares mit dem Element der Bewegung verbinden, einen genau umschriebenen, traumhaft deutlichen, flüchtigen Seelenzustand hervorrufen, den wir Stimmung nennen".[13] Das deckt sich vollkommen mit Georges Ansicht, daß Dichtung Wiedergabe von Stimmung und Eindruck zu sein habe. Es gibt auch hier die Vorstellung von einem Element der Bewegung, das sich mit der Erinnerung an etwas Sichtbares und Hörbares verbinde - so, wie das bei George in der Technik der bewegten Bilder und in der Dynamisierung der Symbol- und Bildwelt zum Ausdruck kam. Auch bei Hofmannsthal findet sich diese Grundvorstellung vom impressionistisch-symbolistischen Wesen der Dichtung. Daß Hofmannsthal wie George das *Gedicht* vor allen literarischen Gattungen am höchsten schätzen, versteht sich danach fast von selbst.

Hofmannsthals Bestimmungen klingen sogar so, als handle es sich darum, die Lyrik als Erlebnislyrik zu begründen, zumal die impressionistischen Aspekte eine solche Überlegung nahelegen. Aber eine solche Zuordnung wäre gänzlich verfehlt. Denn in der neuen Lyrik geht es nicht um innere Erlebnisse herkömmlicher Art, sondern um einen Protest gegen eine rationale Fundierung der Lyrik und um einen Versuch, vor jenen für jedermann sprachlich zu artikulierenden Zustand zu geraten. Das Postulat der L'art pour l'art ist jedoch das Wichtigere. George hat wiederholt von der "geistigen kunst" gesprochen und damit deren Autonomiecharakter zum Ausdruck gebracht, und ähnliche Bemerkungen finden sich ebenfalls in Hofmannsthals Essay über *Poesie und Leben*; auch der Satz "Es führt von

12 Ebd.
13 Ebd. S. 15f.

der Poesie kein direkter Weg ins Leben, aus dem Leben keiner in die Poesie" verbietet jeden Gedanken an Erlebnislyrik. "Die Worte sind alles", heißt es vor diesem so bedeutungsvollen Satz, "die Worte, mit denen man Gesehenes und Gehörtes zu einem neuen Dasein hervorrufen und nach inspirierten Gesetzen als ein Bewegtes vorspiegeln kann".[14] Und:

> Das Wort als Träger eines Lebensinhaltes und das traumhafte Bruderwort, welches in einem Gedicht stehen kann, streben auseinander und schweben fremd aneinander vorüber, wie die beiden Eimer eines Brunnens. Kein äußerliches Gesetz verbannt aus der Kunst alles Vernünfteln, alles Hadern mit dem Leben, jeden unmittelbaren Bezug auf das Leben und jede direkte Nachahmung des Lebens, sondern die einfache Unmöglichkeit: diese schweren Dinge können dort ebensowenig leben als eine Kuh in den Wipfeln der Bäume.

Leben und Dichtung werden auch hier noch einmal voneinander geschieden; Hofmannsthal leugnet jede Möglichkeit einer Brücke zwischen Poesie und Wirklichkeit. Bei Hofmannsthal findet sich wenig später die Formulierung vom "Verstehen der geistigen Kunst" - ein ebenfalls deutlicher Hinweis auf Georges Bestimmung. Hofmannsthal postuliert wie jener die Kunst für die Kunst: "Das Element der Dichtkunst", so heißt es in diesem Essay, "ist ein Geistiges, es sind die schwebenden, die unendlich vieldeutigen, die zwischen Gott und Geschöpf hangenden Worte".[15] Im Gedicht, so sein Resümee, findet sich das eigentliche Leben, und dieses Leben ist der literarische Gegentext zum Denken. Unschwer ist zu erkennen, daß hinter diesem Lebensbegriff Nietzsches Einfluß steht, aber Leben allein ist deswegen noch nicht Stoff für ein Gedicht. Vielmehr begreift Hofmannsthal das als die höchste Kunst, in der das Stoffliche, so hat er es formuliert, "bis zur Vergessenheit überwunden ist".[16] Das sei freilich, so meint er, eigentlich nur der Musik möglich. Aber im Idealfall ähnelt ihr die Poesie darin.

*

Es bleibt anzumerken, daß auch Hofmannsthal die Praxis des bewegten Bildes und des Bildausschnitts kennt; ein kleines Gedicht wie *Reiselied* (1897/98) zeigt das in lyrischer Perfektion. Ein Unterschied zeichnet sich allenfalls in der Bedeutung der "Dinge" ab. Die erste Gedichtsammlung

---

14 Ebd. S. 16.
15 Ebd. S. 18f.
16 Ebd. S. 18.

Georges hieß nicht zufällig *Das Jahr der Seele* - innere Erfahrungen werden im Gedicht substantialisiert. In Hofmannsthals Lyrik haben die Realien sehr viel mehr Gewicht, innere Erregungen finden keinen Raum.

Wie verdinglicht die Eindruckswelt Hofmannsthals ist, zeigt das *Reiselied*[17]:

Wasser stürzt, uns zu verschlingen,
Rollt der Fels, uns zu erschlagen,
Kommen schon auf starken Schwingen
Vögel her, uns fortzutragen.

Aber unten liegt ein Land,
Früchte spiegelnd ohne Ende
In den alterslosen Seen.

Marmorstirn und Brunnenrand
Steigt aus blumigem Gelände,
Und die leichten Winde wehn.

Bewegte Bilder und die Vorliebe für dingliches Detail prägen dieses Gedicht. Das stürzende Wasser, der rollende Fels, die herankommenden Vögel, Marmorstirn und Brunnenrand, die aus dem blumigen Gelände steigen, das Wehen der leichten Winde: alles Gesehene ist in Vorgänge aufgelöst. Einbezogen sind selbst die unbewegten Früchte, die sich "ohne Ende" spiegeln. Dabei sind in diesem kleinen Gedicht auf raffinierte Weise zwei Bewegungsvorgänge miteinander synchronisiert: einmal geht die Bewegung tatsächlich von den Dingen aus - das stürzende Wasser, der rollende Fels. Aber auch der Reisende bewegt sich, und damit bekommen selbst die unbewegten Gegenstände Bewegung, wenn Marmorstirn und Brunnenrand aus dem blumigen Gelände steigen. Die Vorliebe für das dingliche Detail ist ebenfalls unverkennbar: Schwingen der Vögel, Marmorstirn, Brunnenrand. Das sind Bildausschnitte, die die Symbolik der Dinge noch unterstützen, denn hinter Marmorstirn und Brunnenrand wird assoziativ eine arkadische, ungeschichtliche, glückliche und göttergleiche Welt sichtbar, eine geradezu mythisch gesehene Antike. Abstraktes fehlt in diesem Gedicht gänzlich; die Teile einer neu gesehenen Welt stehen für das Ganze, das aber gar nicht benannt zu werden braucht, da die Dinge für sich sprechen. Innere Erfahrungen des Reisenden werden im *Reiselied* nicht erwähnt, von Gefühlen ist keine Rede.

---

17 In: Hofmannsthal: Gedichte 1 (wie Anm. 2/III). S. 84.

Hofmannsthal hat sich in den wenigen Aphorismen in *Dichter und Leben*, die 1897 in den *Blättern für die Kunst* erschienen, noch einmal ähnlich ausgesprochen. "Das Wirkliche ist nicht viel mehr als der feurige Rauch", heißt es da, "aus dem die Erscheinungen hervortreten sollen; doch sind die Erscheinungen Kinder dieses Rauches".[18] Das zeigt, welchen Wert Hofmannsthal auf die Erscheinungen legte. Ähnliches läßt sich auch aus einem anderen Aphorismus ablesen:

> Der Dichter begreift alle Dinge als Brüder und Kinder eines Blutes; dies führt ihn aber zu keiner Verwirrung. Er schätzt die Einzigkeit der Begebenheit unendlich hoch. Über alles setzt er das einzelne Wesen, den einzelnen Vorgang, denn in jedem bewundert er den Zusammenlauf von tausend Fäden, die aus den Tiefen der Unendlichkeit herkommen und sich nirgend wieder, niemals völlig so treffen. Hier lernt er, seinem Leben gerecht zu werden.[19]

Die Dinge also interessieren, sie interessieren allein; auch die eigene Existenz ist dem Dasein der Dinge quasi untergeordnet.

Es ist verständlich, daß eine solche Ding-Philosophie mit der Frage an die Sprache zu tun bekommt, ob sie die Dinge und ihr Wesen zureichend präsentieren könne. Die Sprache war im Grunde genommen mit einer doppelten Funktion belastet: einmal der, Symbol zu sein für Stimmungen und Gefühle, oder, wie später bei Hofmannsthal, für die "Dinge"; zum anderen lieferte die Sprache die Bausteine für die Kunstwelten, die in der Literatur zu errichten waren. George hat die sich bei Hofmannsthal anbahnende Sprachproblematik kaum kennengelernt, weil die äußere Wirklichkeit in seine Theorie nicht hineindrang; die Kunstwelt hatte mit der wirklichen Welt insofern nichts zu tun, als die Gefühle, Stimmungen und Eindrücke, die die Sprache verbalisieren sollte, Teile einer inneren Wirklichkeit waren, die sich mit der äußeren nirgendwo berührte. So war die Objektivation von Stimmungen und Gefühlen in die Kunstwelt hinein kein Brückenschlag zwischen zwei sehr verschiedenen Welten, sondern das eine nur die Voraussetzung des anderen, ohne daß die Stimmungen dadurch in Frage gestellt wurden oder die Kunstwelt an innerer Glaubwürdigkeit verloren hätte. Denn auch die Kunstwelt war ja gegen die Wirklichkeit abgeschottet und stand nicht als das ganz Andere im Widerspruch zur inneren Welt der Gefühle. Diese gingen vielmehr in ihrer Objektivation durch die Sprache in die Kunstwelt ein; sie war letztlich

---

18 Hofmannsthal: Dichter und Leben. In: H. v. H.: Reden und Aufsätze I (wie Anm. 1). S. 235.

19 Ebd.

nur zu erbauen mit Hilfe jener Wort gewordenen Gefühle und Stimmungen.

Anders bei Hofmannsthal: im gleichen Maße, in dem er sich von den Stimmungen und Gefühlen abwandte und den Dingen zukehrte, baute sich eine Diskrepanz auf zwischen Dingwelt und Kunstwelt, und die Frage kam auf, ob die Sprache, Teil der Kunstwelt, den Dingen noch gerecht werden könne und umgekehrt: ob die Dinge so verbalisiert werden konnten, daß sie Teile der Kunstwelt würden. Die Sprache war, anders gesagt, dazu angetan, ihre Brüchigkeit zu erweisen, nicht, weil sie nicht weiterhin Teil der Kunstwelt hätte sein können, sondern weil ihre Benennungskraft den "Dingen" gegenüber nicht auszureichen schien. Deutlichstes Zeugnis einer sich verschärfenden Krise, wie sie bei dieser Ausgangssituation eigentlich von vornherein angelegt war, ist jenes literarische Dokument, das unter dem nichtssagenden Titel *Ein Brief* 1901 entstand und 1902 in der Berliner Zeitung *Der Tag* erschien. Der *Brief* ist wie kaum ein Prosastück des jungen Hofmannsthal berühmt geworden, er gilt als Dokument einer "Sprachkrise". Das ist jedoch mit Sicherheit eine unzutreffende Bezeichnung; nicht die Sprache ist in eine Krise gekommen, sondern es ist sehr viel mehr eine Lebenskrise in dem Sinne, daß Hofmannsthal fragwürdig geworden ist, inwieweit das Leben, jener Abgott der Zeit um 1900, aller Sprachmagie zum Trotze überhaupt darstellbar sei.

Die Sprachkrise also als Lebenskrise, die Lebenskrise als Sprachkrise: Hofmannsthal blickt zurück auf eine Epoche, in der es für ihn keine Grenze gab zwischen Leben und Ich, und er beschreibt dabei ohne Zweifel seine eigene "Präexistenz". Die Schilderung seines frühen Lebens läßt die eigentümliche unio mystica erkennen, die ihn mit dem "Leben" verband:

> Mir erschien damals in einer Art von andauernder Trunkenheit das ganze Dasein als eine große Einheit: geistige und körperliche Welt schien mir keinen Gegensatz zu bilden, ebensowenig höfisches und tierisches Wesen, Kunst und Unkunst, Einsamkeit und Gesellschaft; in allem fühlte ich Natur [...]. Das eine war wie das andere; keines gab dem andern weder an traumhafter überirdischer Natur, noch an leiblicher Gewalt nach, und so ging's fort durch die ganze Breite des Lebens, rechter und linker Hand; überall war ich mitten drinnen, wurde nie ein Scheinhaftes gewahr: Oder es ahnte mir, alles wäre Gleichnis und jede Kreatur ein Schlüssel der andern, und ich fühlte mich wohl den, der imstande wäre, eine nach der andern bei der

Krone zu packen und mit ihr so viele der andern aufzusperren, als sie aufsperren könnte.[20]

Es ist die Existenz dessen, der im *Lebenslied* beschrieben wird: ein paganes, grenzenlos offenes Dasein wird hier noch einmal in der Retrospektive gelebt. Hofmannsthal erklärt sich das Ende dieses Zustandes psychologisch: "Es möchte dem, der solchen Gesinnungen zugänglich ist, als der wohlangelegte Plan einer göttlichen Vorsehung erscheinen, daß mein Geist aus einer so aufgeschwollenen Anmaßung in dieses Äußerste von Kleinmut und Kraftlosigkeit zusammensinken mußte, welches nun die bleibende Verfassung meines Innern ist".[21] Die Krise, so Hofmannsthal, drücke sich in der Unfähigkeit aus, "über irgend etwas zusammenhängend zu denken oder zu sprechen". Was Hofmannsthal erfährt, ist die Benennungsohnmacht der Sprache, genauer: die Differenz zwischen Wort und Wirklichkeit. Hofmannsthal hat das der Sprachkrise zum Trotz außerordentlich eloquent beschrieben, wenn er sagt: "Die einzelnen Worte schwammen um mich; sie gerannen zu Augen, die mich anstarrten und in die ich wieder hineinstarren muß: Wirbel sind sie, in die hinabzusehen mich schwindelt, die sich unaufhaltsam drehen und durch die hindurch man ins Leere kommt".[22] Das ist das Ende jener fast chamäleonhaften Fähigkeit des jungen Hofmannsthal, sich in Fremdes hineinzuversetzen, eine Abrechnung mit den Rollenspielen, die der Lyriker gespielt hatte, und seine Gedichte und Dramen zeigen schon von der Überschrift her, worin Hofmannsthal sich hineinversetzen konnte: *Der Schiffskoch, ein Gefangener, singt:*; *Der Kaiser von China spricht:*; *Des alten Mannes Sehnsucht nach dem Sommer*; *Der Juengling in der Landschaft*; *Der Tod des Tizian*; *Der Tor und der Tod*; *Der Kaiser und die Hexe*; *Das Kleine Welttheater*: überall ist Hofmannsthal in fremdes Dasein und fremde Vorstellungswelten hineingeschlüpft, hat fremde Schicksale nicht von außen her beschrieben, sondern in Szene gesetzt. Das alles, diese Fähigkeit zur Amalgamation fremder Daseinsformen, endet in dem problematisch gewordenen Verhältnis zu den "Dingen". Leben war zwar überall nur annäherungsweise wiedergegeben worden: durch Ausnahmesituationen und Darstellungen des Extravaganten, durch Verzerrungen, starke Farbgebungen, schrille Töne, durch Großaufnahmen, Bildmischungen, Überblendungen und ähnliches. Aber

20 Hofmannsthal: Ein Brief. In: H. v. H.: Sämtliche Werke XXXI (wie Anm. 2/III). Erfundene Gespräche und Briefe. Hrsg. von Ellen Ritter. Frankfurt am Main 1991. S. 45-55, hier S. 47f.

21 Ebd. S. 48.

22 Ebd. S. 49.

das alles hatte bei Hofmannsthal zu der Einsicht geführt, daß die Sprache nicht ausreiche, um das darzustellen, was sich dem sprachlichen Zugriff eo ipso von vornherein entzieht. Und so folgert er denn, daß die Sprache letztlich unfähig sei, das zu bezeichnen, festzuhalten und dichterisch zu reproduzieren, was für ihn "Leben" ist. Das schwindende Vertrauen in die Sprache und ihre Bezeichnungsfähigkeit endet in der Erkenntnis, daß die Sprache nicht das Leben und die Welt erschließt, sondern beides verschließt; sie ist eine Sonderform der Lüge, die das wahre Wesen der Dinge verfälscht, da sie eine Scheinwelt aufbaut, die in Wirklichkeit so gar nicht existiert.

Hier wird der eigentliche Gegensatz zu George sichtbar: in den Georgeschen Gedichten war eine Kunstwelt errichtet, die nur aus Sprache existierte und sich im "Wort" realisierte; George hatte den inhärenten Widerspruch seiner Kunstkonzeption (Kunst ein äußerlicher Ausdruck innerer Erfahrungen, andererseits aber eine Kunstwelt für sich) dadurch erst gar nicht aufkommen lassen, daß er die "inneren" Erfahrungen seines Ich verabsolutierte: die Kunstwelt besteht am Ende nur noch aus Projektionen dieser inneren Erlebnisse, Stimmungen und Gefühle. Hofmannsthal reagiert kontrovers: er sieht intuitiv die Gefahren, die die Beschränkung auf das Ich in der Kunst bringt. Hofmannsthals Krisensituation ist auch dadurch gekennzeichnet, daß er die Diskrepanz zwischen Sprache und Sache, zwischen einem Stück Wirklichkeit und dessen verbaler Äquivalenz erkennt und nun auch weiß, daß Metasprachliches ("Leben") nicht zureichend durch Sprachliches reproduziert werden kann. Er erkennt vor allem die Gefahr der Vereinzelung, die sich schon aus der Benennung der Dinge, der sprachlichen Bezeichnung der Wirklichkeit ergibt; und so reagiert er, indem er sich von sich selbst abwendet und mit den Dingen geradezu identifiziert - und damit der L'art-pour-l'art-Welt im Grunde genommen entsagt.

Die Absage an die L'art-pour-l'art-Welt ist eigentlich bedingungslos; Hofmannsthal schreibt:

> Diese Begriffe, ich verstand sie wohl: ich sah ihr wundervolles Verhältnisspiel vor mir aufsteigen wie herrliche Wasserkünste, die mit goldenen Bällen spielen. Ich konnte sie umschweben und sehen, wie sie zueinander spielten; aber sie hatten es nur miteinander zu tun, und das Tiefste, das Persönliche meines Denkens, blieb von ihrem Reigen ausgeschlossen. Es überkam mich unter ihnen das Gefühl furchtbarer Einsamkeit; mir war zumut wie

> einem, der in einem Garten mit lauter augenlosen Statuen eingesperrt wäre; ich flüchtete wieder ins Freie.[23]

Ist das Hofmannsthals Flucht aus dem Kunstgarten Georges? Man muß diese Zeilen wohl so lesen. Die Wahl, vor die Hofmannsthal sich gestellt sah, war die zwischen einer Kunstwelt, die Wirklichkeitsverlust bedeutete - und der Welt der wirklichen Dinge, der er nur verbunden bleiben konnte, wenn er der Kunstwelt und deren "wundervollem Verhältnisspiel" entkam. Es wäre zu einfach, wollte man sagen: George flüchtete in seine Kunstwelt, Hofmannsthal versuchte, dem "Leben" nahezubleiben. Aber die Differenz beginnt bei der Bedeutung, die die Sprache haben wird: sie bleibt bei George Baustein einer Kunstwelt, bei Hofmannsthal soll sie weiterhin "Leben" bezeichnen. Chandos antwortet auf die Krise, indem er sich in die "Dinge" hineinrettet, um der "Leere" zu entkommen. Die Furcht, daß die Worte ihn verlassen könnten, bleibt freilich, und Hofmannsthal schreibt mit der Feder des Lord Chandos seinem Briefpartner:

> Denn es ist ja etwas völlig Unbenanntes und auch wohl kaum Benennbares, das, in solchen Augenblicken, irgendeine Erscheinung meiner alltäglichen Umgebung mit einer überschwellenden Flut höheren Lebens wie ein Gefäß erfüllend, mir sich ankündet. [...] Eine Gießkanne, eine auf dem Felde verlassene Egge, ein Hund in der Sonne, ein ärmlicher Kirchhof, ein Krüppel, ein kleines Bauernhaus, alles dies kann das Gefäß meiner Offenbarung werden. Jeder dieser Gegenstände und die tausend anderen ähnlichen, über die sonst ein Auge mit selbstverständlicher Gleichgültigkeit hinweggleitet, kann für mich plötzlich in irgend einem Moment, den herbeizuführen auf keine Weise in meiner Gewalt steht, ein erhabenes und rührendes Gepräge annehmen, das auszudrücken mir alle Worte zu arm scheinen.[24]

Wir haben es hier mit Erlebnissen zu tun, die tatsächlich nur noch vage beschrieben werden können, die aber - der Brief zeigt es - dennoch beschreibbar sind. Es sind letztlich die stummen "Dinge", die zu Chandos sprechen, freilich auf ihre Art. Chandos sieht, daß die Kommunikation mit der Welt der Dinge immer nur momentan realisiert werden kann, und sie ist auch nur in einem Bereich möglich, der nicht mehr Wortkunst ist. Chandos beschreibt diese mystischen Eingänge in die Welt der Dinge, wenn er sein "ungeheures Anteilnehmen, ein Hinüberfließen in jene Geschöpfe"[25] darstellt. Es ist gerade die "Zusammensetzung von Nichtigkeiten", die ihn mit einer "Gegenwart des Unendlichen durchschauert", und

---

23 Ebd. S. 50.
24 Ebd.
25 Ebd. S. 51.

was er ahnt, ist "ein neues, ahnungsvolles Verhältnis zum ganzen Dasein".[26] Chandos beschreibt diese Momente des Hinüberfließens in andere Geschöpfe: "es gibt unter den gegeneinanderspielenden Materien keine, in die ich nicht hinüberzufließen vermöchte. Es ist mir dann, als bestünde mein Körper aus lauter Chiffern, die mir alles aufschließen. Oder als könnten wir in ein neues, ahnungsvolles Verhältnis zum ganzen Dasein treten".[27] Der Verlust der bisherigen Sprache ist für Chandos letztlich also ein Gewinn: im gleichen Maß, in dem die alte Kunstsprache verbraucht ist, erschließt sich ihm eine "Sprache, in welcher die stummen Dinge zu mir sprechen".[28] Im Vortrag über *Poesie und Leben* vertrat Hofmannsthal noch geradezu hochmütig die Ansicht, daß Poesie und Leben durch eine Unendlichkeit voneinander getrennt seien. Hier, im *Brief* des Lord Chandos, ist davon nicht mehr die Rede: es zählt nur noch die Welt der Dinge, nicht mehr die Welt der Kunst. Niemand aus dem frühen Kreis der Beiträger der *Blätter für die Kunst* hat deutlicher die Grenzen einer unlebendigen Kunstwelt gesprengt.

Hofmannsthal hat 1904 seine literarischen Vorstellungen noch einmal konkretisiert: in einem *Gespräch über Gedichte.* Ausgangspunkt ist Georges *Jahr der Seele.* Aber Georges Gedichte sind nur der Anlaß, die eigenen Vorstellungen über das Wesen der Dichtung und das der Lyrik insbesondere zu umreißen. Erneut wird deutlich, daß Hofmannsthal sich nicht auf sich selbst konfinieren will, sondern die Welt außen, die Welt der Dinge und die der wirklichen Wirklichkeit einzufangen versucht. In Georges Gedichten scheint ihm das (paradoxerweise) gelungen, denn der Kommentar dazu lautet: "Diese Jahreszeiten, diese Landschaften sind nichts als die Träger des *Anderen*".[29] Das Andere also, nicht das Eigene; von einem Rückzug auf das Innere kann nicht dic Rede sein. Wenn Wiedergabe von Stimmungen und Gefühlen, dann nur durch das Medium der Außenwelt, der Dinge, einer benennbaren Wirklichkeit. Zur Erklärung dieser Forderung, das Andere zu beschreiben und nicht das Eigene, heißt es in diesem Gespräch:

> Sind nicht die Gefühle, die Halbgefühle, alle die geheimsten und tiefsten Zustände unseres Inneren in der seltsamsten Weise mit einer Landschaft verflochten, mit einer Jahreszeit, mit einer Beschaffenheit der Luft, mit einem Hauch? [...] Wollen wir uns finden, so dürfen wir nicht in unser In-

---

26 Ebd. S. 51f.
27 Ebd. S. 52.
28 Ebd. S. 54.

> neres hinabsteigen: draußen sind wir zu finden, draußen. Wie der wesenlose Regenbogen spannt sich unsere Seele über den unaufhaltsamen Sturz des Daseins. Wir besitzen unser Selbst nicht: von außen weht es uns an, es flieht uns für lange und kehrt uns mit einem Hauch zurück. [...] Und etwas begegnet sich in uns mit anderem. Wir sind nicht mehr als ein Taubenschlag.[30]

Dahinter steht die Überlegung, daß die menschliche Individualität alles andere als ein Kontinuum sei: was unser Selbst ausmacht, formiert sich alle Augenblicke neu; wir sind identisch mit dem, was der Augenblick heranträgt, und unser Ich ist nur ein ständig wechselndes Bündel von Einflüssen, Eindrücken von außen her. Es wäre falsch, wollte man das als "Verlust des Ich" interpretieren - wir sind, indem die Dinge in unser Selbst eindringen.

Hofmannsthals Antwort auf die Frage, wie dieses Hineindringen der Wirklichkeit poetisch darstellbar sei, ist eine neue Theorie des Symbols, auch wenn sie in Abbreviaturen vorgebracht wird. Die Sprache der Poesie wird als "eine gesteigerte Sprache" definiert: "Sie ist voll von Bildern und Symbolen".[31] Diese Symboltheorie ist allerdings nicht so zu verstehen, wie der dominante Gesprächspartner seinem Gegenüber klarmacht, daß sie "eine Sache für eine andere" setze; die Symboltheorie Hofmannsthals konkretisiert sich in der Feststellung:

> Niemals setzt die Poesie eine Sache für eine andere, denn es ist gerade die Poesie, welche fieberhaft bestrebt ist, die Sache selbst zu setzen, mit einer ganz anderen Energie als die dumpfe Alltagssprache, mit einer ganz anderen Zauberkraft als die schwächliche Terminologie der Wissenschaft. Wenn die Poesie etwas tut, so ist es das: daß sie aus jedem Gebilde der Welt und des Traumes mit durstiger Gier sein Eigenstes, sein Wesenhaftestes herausschlürft, so wie jene Irrlichter in dem Märchen, die überall das Gold herauslecken.[32]

Es ist das Bemühen um eine neue dichterische Direktheit, die aus diesen Sätzen spricht, und es sind die Symbole, die jetzt eine neue Direktheit garantieren: "es gibt nichts als das, nichts anderes", heißt es im *Gespräch über Gedichte*. Das Gegenüber spricht von "Chiffern, welche aufzulösen die Sprache ohnmächtig ist", von Bildern, und es hat seine Bedenken gegen

---

29 Hofmannsthal: Das Gespräch über Gedichte. In: H. v. H.: Erfundene Gespräche und Briefe (wie Anm. 20). S. 74-86, hier S. 76. Hervorhebung i. O.

30 Ebd.

31 Ebd. S. 77.

32 Ebd.

das Wort "Symbol", denn es ist "schal geworden, daß mich's ekelt".[33] Die neue Symboltheorie Hofmannsthals konzentriert sich in den Sätzen: "Darum ist Symbol das Element der Poesie, und darum setzt die Poesie niemals eine Sache für eine andere: sie spricht Worte aus, um der Worte willen, das ist ihre Zauberei. Um der magischen Kraft willen, welche die Worte haben, unseren Leib zu rühren, und uns unaufhörlich zu verwandeln".[34]

In Symbolen spricht nun die Natur, spricht die Wirklichkeit unmittelbar, nicht das eigene Innere; der Sinn liegt in den Bildern selbst, die nicht übersetzt werden können und auch nicht übersetzt werden dürfen. Symbole sind nicht auflösbar - es ist die Magie der Bilder, die die Dichtung schafft. Ein Symbol ist unerklärlich, aber zum Wesen des Symbols gehört, daß es etwas Namenloses auszudrücken vermag. Im *Gespräch über Gedichte* wird andeutungsweise umschrieben, was Poesie vermag:

> Wovon unsere Seele sich nährt, das ist das Gedicht, in welchem, wie im Sommerabendwind, der über die frischgemähten Wiesen streicht, zugleich ein Hauch von Tod und Leben zu uns herschwebt, eine Ahnung des Blühens, ein Schauder des Verwesens, ein Jetzt, ein Hier und zugleich ein Jenseits, ein ungeheueres Jenseits. Jedes vollkommene Gedicht ist Ahnung und Gegenwart, Sehnsucht und Erfüllung zugleich [...]; was niemals zusammen war, jetzt ist es zugleich, ist es beisammen, schmilzt ineinander die Glut, den Glanz und das Leben. [...] Und diese Augenblicke sind die Geburten der vollkommenen Gedichte, und die Möglichkeit vollkommener Gedichte ist ohne Grenzen wie die Möglichkeit solcher Augenblicke.[35]

Dinggedichte sind die Antworten der Jahrhundertwende auf die Frage, wo das wirkliche Leben zu suchen sei; in ihnen bekommt die Realität diese symbolische Präsenz, die Hofmannsthal hier beschreibt. Die Sprache der stummen Dinge ist die eigentlich poetische Sprache, und so sehr sich hier eine Absage an das rationalistische Übersetzen von Bildern in Bedeutungen ausdrückt, so sehr ist die Aussagekraft der Bilder betont. In dieser Dichtungstheorie verbinden sich impressionistische und symbolistische Momente zu einer neuen Einheit, die nichts mehr mit der Formel der "L'art pour l'art" zu tun hat. In den Bildern, die derart Symbole sind, ist das Leben präsent - in Augenblicken, nie in einer zeitlosen Fülle. Im Grunde genommen hat Hofmannsthal durchaus an seiner Lebensphilosophie festgehalten, aber die Absage an eine reine Kunstwelt ist gründlich

---

33 Ebd. S. 80.
34 Ebd. S. 81.
35 Ebd. S. 85f.

und kompromißlos. Unverständlichkeit kann ein Gewinn des Gedichtes sein, Unmittelbarkeit ist eine Forderung, die jedes Gedicht zu erfüllen hat - auf diese Weise hat Hofmannsthal versucht, die Grenze zwischen Sprache und Wirklichkeit zu überwinden, da die Wirklichkeit sich im Symbol direkt abdrückt, die Sprache andererseits nichts anderes ist als bildliches Gefäß jener Wirklichkeit und jenes Lebens, von dem auch im *Gespräch über Gedichte* immer wieder die Rede ist. Man würde der Sache nicht gerecht, sähe man darin das Bekenntnis zu einem poetischen Vitalismus. Die Symboltheorie Hofmannsthals läuft vielmehr auf einen Preis des Irrationalismus hinaus; er verteidigt das Gedicht gegen jede Art eines Engagements ebenso wie gegen ideelle Substrate, er sieht im Gedicht nicht mehr Bausteine einer höheren geistigen Ordnung, sondern weiß im Bild eine mystische Vereinigung von Wirklichkeit und Sprache vollzogen.

VI

Naturalistische Kunsttheorien

Die Kunsttheorien der Moderne profilieren sich nicht zuletzt durch ihre Gegensätzlichkeit. Es scheint auf den ersten Blick keine Verbindungsbrükken zu geben zwischen der Georgeschen Kunstwelt, Hofmannsthals Lebens-Enthusiasmus und den Anschauungen der Naturalisten, Welten scheinen diese "Richtungen" der Jahrhundertwende voneinander zu trennen. Aber bei genauerem Zusehen zeichnen sich doch Gemeinsamkeiten ab, die eigentlich alle Richtungen der "neuen" Kunst miteinander verbinden.

Wichtiger als die Gegensätzlichkeit der heterogenen Strömungen ist das, was sie gegen gemeinsame Gegner eint. Wie George, so hat auch die naturalistische Literatur Front gemacht gegen das Tradierte, und nahezu alle naturalistischen Manifeste richten sich gegen jene Welt, gegen die George und Hofmannsthal ebenso wie der junge Thomas Mann und sein Bruder Heinrich protestierten: gegen die Salonliteratur der Heyse und Geibel, auch gegen die *Gartenlaube*, gegen den Modedichter Adolf von Schack, der in München residierte und den George unverhohlen angegriffen hatte. Schack war ein typischer Vertreter der Epigonenliteratur, und für ihn ist kennzeichnend, was Epigonen immer ausgezeichnet hat: daß sie sich in allen Formen und Gattungen bewegen können. Zwar ist Schack ein bedeutender Übersetzer spanischer und arabischer Literatur gewesen, aber er war vor allem Lyriker, Dramatiker und Erzähler, und die historische Ausrichtung seiner Interessen zeigt die für das 19. Jahrhundert so typische Mischung von Epigonentum und Historismus. Die daraus entsprungene Literatur war nicht nur das Angriffsziel Georges; Heinrich und Julius Hart veröffentlichten 1883 in ihren *Kritischen Waffengängen* einen Artikel *Graf Schack als Dichter*, der eine deutliche Abrechnung mit Schacks Epigonentum enthielt. Es hieß dort:

> Nicht das Publikum, nicht unser Volk und vor allem nicht unsre Jugend ist es, deren Seele stumpf und lau geworden, wohl aber ist der große Haufen unsrer Kritiker und Schriftsteller wie abgestandenes Wasser. Fruchtbarer Boden breitet sich heute wie immer in weiten Strecken aus, wo jedoch ist

> triebkräftiges Korn, wo sind Ackerer, wo ist Egge und Pflug? Die Mittelmäßigkeit schafft und die Mittelmäßigkeit richtet, was ist natürlicher, als daß die Mittelmäßigkeit Orgien feiert und gegen jeden frischen Luftzug Mauern baut! Wir rufen den Kritikern zu: Helft uns kämpfen gegen die Tyrannei der Modedichterlinge und Poesiefabrikanten, denn die spekulative Mache und das Unkraut des Dilettantismus duldet man nicht, schont man nicht, wenn sie überhand nehmen, sondern man vernichtet sie. Wir rufen: Laßt uns einig sein, laßt uns jeden Keim, der zu einem Schößling echt moderner und tief nationaler Dichtung auszuwachsen verspricht, hegen und pflegen, laßt uns nicht müde werden, das wahrhaft Große zu finden und anzupreisen [...].[1]

Die Auseinandersetzung mit Schacks Dichtung verband die Naturalisten mit Stefan George aufs deutlichste. In den *Blättern für die Kunst* hieß es nicht weniger aggressiv als bei den Naturalisten:

> Mit ernst und heiligkeit der kunst nahen: das war dem ganzen uns vorausgehenden dichtergeschlecht unbekannt. keiner der 'Epigonen' - so wenig der hochgeborene Schack wie der bescheidene bürgerliche reimer - ist frei von der abstossenden behäbigen bravheit und diesem rest von barbarentum, den von Goethe bis Nietzsche alle grossen Deutschen getadelt haben.[2]

Dabei enthielt diese Absage an die traditionelle Literatur noch eine spezielle Bosheit: Schack, 1815 geboren, war erst seit 1876 Graf von Schack.

Eine zweite Übereinstimmung zwischen den Mitarbeitern der *Blätter für die Kunst* und den Naturalisten ergab das Schreiben in Gruppen, die Vereinigung mehrerer Schriftsteller oder auch einer ganzen Reihe von Autoren zu literarischen Fronten. Der Kreis um die *Blätter für die Kunst* war ein eindeutiges literarisches Bündnis, das eigentlich als Gegenbündnis gedacht war, da dem herrschenden Geschmack eine eigene dichterische Welt entgegengesetzt werden sollte. Auch die naturalistischen Vereinigungen hatten Bündnischarakter. Der Berliner Kreis um die Brüder Heinrich und Julius Hart, die vor allem Drama und Lyrik zu reformieren gedachten, der Münchner Kreis um Michael Georg Conrad, der sich vor allem für den neuen deutschen Roman interessierte, waren Zusammenschlüsse auf naturalistischer Seite. Ausgesprochenen Gemeinschaftscharakter hatten auch die Publikationen: dem Kreis der *Blätter für die Kunst* entsprachen die Mitarbeitergruppen der naturalistischen Journale. Die *Berliner Monatshefte für Literatur, Kritik und Theater* der Brüder Hart seit 1885, Michael Georg

---

1 Literarische Manifeste des Naturalismus 1880-1892. Hrsg. von Erich Ruprecht. Stuttgart 1962. S. 35f. - Auch im folgenden werden naturalistische Texte nach dieser Sammlung zitiert.

2 Blätter für die Kunst (wie Anm. 1/IV). Bd. 3. S. 33.

Conrads *Die Gesellschaft* mit dem charakteristischen Untertitel *Realistische Wochenschrift für Literatur, Kunst und öffentliches Leben* seit 1895 waren literarische Organe der Zweckbündnisse. Dazu gehörte auch die 1889 in Berlin gegründete *Freie Bühne* mit ihrem Publikationsorgan *Freie Bühne für modernes Leben* seit 1890. Dieser literarischen Vereinigung gehörten in Berlin alle prominenten Vertreter des Naturalismus an: Wilhelm Bölsche, die Brüder Hart, Eugen Wolff, Otto Brahm und Paul Schlenther. Dieser Verein ist insofern theatergeschichtlich bedeutungsvoll, als in ihm zum ersten Mal in geschlossenen Veranstaltungen naturalistische Dramen aufgeführt wurden, Ibsens *Gespenster* und Hauptmanns *Vor Sonnenaufgang*. Die öffentliche Reaktion damals war eindeutig. Im *Reichsboten* hieß es am 25.10.1889:

> Allmählich werden auch denen, welche anfangs dem Unternehmen wohlwollend gegenüber standen, die Augen darüber aufgegangen sein, wohin es mit den Bestrebungen der sogenannten "Freien Bühne" hinaus will. Die eine Hoffnung haben wir, daß sie auf dem eingeschlagenen Weg die Auswüchse des Realismus schneller zur Reife und zur Fäulnis bringen wird, da sie auf Ibsens "Gespenster" das neueste Kunstwerk der realistischen Schule, Gerhart Hauptmanns soziales Drama "Vor Sonnenaufgang" haben folgen lassen. Herrscht in der Wildente Sumpfluft, hier ist der reinste Schmutz, und fußtief waten wir das ganze Stück hindurch darin herum...[3]

Die literarischen Bündnisse waren teilweise Schutzbündnisse, teilweise Versuche, Gleichgesinnte zu gewinnen. Aber sie offenbaren noch etwas anderes. Sie sind auch gegen den Kult des Individuellen gerichtet, der sich im 19. Jahrhundert so unübersehbar ausgebreitet hatte. Dieser Kult des Ich war in der neuen Literatur der Jahrhundertwende problematisch geworden - bei den Epigonen stand er jedoch weiterhin hoch im Kurs. Die Gruppenbildungen scheinen auch darin eine Gegenbewegung anzudeuten, Gemeinschaftserfahrungen zählen jetzt mehr. Der Ich-Kult gehört genuin dem 19. Jahrhundert an, er ist vor allem sichtbar in der erzählenden Literatur mit ihrer Vorliebe für das einzelne ausgezeichnete Individuum, das nicht selten künstlerische Ambitionen hat; der Bildungs- und Entwicklungsroman des 19. Jahrhunderts ist ein Produkt dieser Orientierung. Die hervorgehobene Ausnahme, das Leben eines durch Vorzüge und Eigenschaften auch wirtschaftlicher Art herausgehobenen Menschen, die Sonderexistenz, der Idealfall der bürgerlichen Gesellschaft: das beherrschte

3 Zitiert in: Gerhart Hauptmann. Leben und Werk. Im Auftrag der Deutschen Schillergesellschaft hrsg. von Bernhard Zeller. Stuttgart 1962. [Sonderausstellungen des Schiller-Nationalmuseums. Katalog Nr. 10.] S. 56.

vor allem die Höhenkammliteratur des 19. Jahrhunderts, kontroverse Literaturformen wie der soziale Roman und das soziale Drama stehen in deren Schatten. Die Gemeinschaftserfahrungen der Zweckbündnisse und Dichterzusammenschlüsse scheinen nun eine Abwendung vom Kult des Individuellen einzuleiten, zumal das Gruppenbewußtsein in den Bereichen der neuen Kunst um die *Blätter für die Kunst* und im Naturalismus nicht ein Generationserlebnis ist, sondern auf ein neues Sozialverständnis der Kunst und der Künste hindeutet. Die Neigung zu Gruppierungen wird sich später, in der Zeit des Expressionismus, fortsetzen; wichtigster Ausdruck sind auch dort Zeitschriften als Organe dieser Bündnisse.

Die Gemeinsamkeiten zwischen der "neuen Kunst" und den Naturalisten erscheinen uns heute größer als damals. Aber es gibt auch direkte Zeugnisse, die erkennen lassen, daß der Gegensatz zwischen der Kunstwelt Georges und der der Naturalisten nicht unüberbrückbar war. Natürlich hat George den Naturalismus nicht begrüßt. Doch in den *Blättern für die Kunst* finden sich zwei Bemerkungen, die für Georges Haltung dieser Literatur gegenüber aufschlußreich sind. Eine lautet: "Der 'naturalismus' hat nur verhässlicht wo man früher verschönte aber strenggenommen nie die wirklichkeit wiedergegeben. dem Franzosen ist er das absichtliche zusammentragen von in wahrheit nie sich folgenden begebnissen, dem Norweger ist er das ausschweifendste spiel mit möglichkeiten dem Russen der beständige alpdruck".[4] George macht dem Naturalismus durchaus nicht das zum Vorwurf, was ihm immer wieder vorgehalten worden ist, nämlich die Schilderung einer unpoetischen, minutiös aufgefaßten Wirklichkeit und die Tendenz, die häßlichen, schockierenden Seiten dieser Wirklichkeit und nichts anderes aufzuzeigen. George hat sehr deutlich gesehen, daß der Naturalismus zwar seine eigenen Vorstellungen in die Wirklichkeit hineinträgt; aber er hat das Literarische dieser Bewegung durchaus gewürdigt, nämlich das poetische Spiel mit den unterschiedlichsten Darstellungsmöglichkeiten innerhalb der naturalistischen Kunst. Die naturalistische Literatur läuft auch aus seiner Sicht nicht auf die photographisch getreue Abschilderung einer äußeren Wirklichkeit hinaus. George hat in seinem Aphorismus gleichsam den Kunstcharakter des Naturalismus gewürdigt, und wenn man seine Bemerkungen nicht als kritisch-negative, sondern als neutrale Einschätzung des Naturalismus liest, dann wird dieser literarischen Bewegung hier konzediert, daß sie mit kombinatorischem Kunstverstand, mit künstlerischer Phantasie sich ihre eigene literarische Wirklichkeit erst selbst schafft und daß diese Wirklich-

4 Blätter für die Kunst (wie Anm. 1/IV). Bd. 3. S. 34.

keit ein deutliches Übergewicht vor der blassen Abbildung hat, die gar nicht Sache des Naturalismus war. Damit wäre dem Naturalismus zugestanden, daß er mehr ein Spiel mit Möglichkeiten ist als ein Versuch, Wirkliches getreu abzubilden, eher eine Darstellung erdachter Modelle als bloßer Tatsachenbericht. George macht das dem Naturalismus zwar zum Vorwurf - aber Naturalismus als Spiel mit Möglichkeiten, Wirkliches miteinander zu kombinieren, und nicht als Versuch, das zu bieten, was damals die Daguerreotypie und dann die Photographie besser konnten - das ist die dieser literarischen Stilrichtung entsprechendere Interpretation ihrer Eigenart. Verständlich, daß George, der den Kunstcharakter der Literatur betonte, für den fiktiven Zug dieser literarischen dargestellten Wirklichkeit einen offenen Blick hatte. George scheint hier scharfsichtig etwas vom Wesen des Naturalismus erkannt zu haben, dem man mit der Feststellung, es handele sich nur um minutiöse Wirklichkeitsreproduktion, nicht nahekommt.

Der zweite Aphorismus der *Blätter für die Kunst* ist für das Verhältnis Georges zum Naturalismus nicht weniger aufschlußreich. Er lautet: "Wir sind bereit manche heilsamen einflüsse des 'naturalismus' anzuerkennen vergessen aber einen unberechenbaren schaden nicht: dass er uns daran gewöhnt hat gewisse begleitende bewegungen einer handlung zur vollständigkeit zu fordern, die aber wenn sie vom dichter berücksichtigt werden jedes werk grossen zuges unmöglich machen".[5] Auch das ist natürlich kritisch gemeint. Um so erstaunlicher aber ist das Zugeständnis, daß George und sein Kreis bereit seien, manche heilsamen Einflüsse des Naturalismus anzuerkennen. Die *Blätter für die Kunst* schweigen sich darüber aus, was damit gemeint sein könne. Aber George dürfte an das gedacht haben, was den Naturalismus wie seine eigene Kunst in den Gegensatz zur etablierten Literatur der Geibel, Heyse, Wildenbruch und Schack brachte. Das war der Verzicht auf falsches Pathos und der Angriff auf eine behäbig-bürgerliche Trägheit, auf das, wie George es nannte, Bürgerlich-Pöbelhafte und "belehrende". Auch der Hinweis auf den unberechenbaren Schaden ist kein absolut vernichtendes Urteil über den Naturalismus. Wenn davon die Rede ist, daß der Naturalismus "gewisse begleitende bewegungen" verabsolutiere, die "jedes werk grossen zuges unmöglich machen", ist vermutlich das Minutiöse im Detail, die naturalistische Korrektheit und Genauigkeit der Schilderung gemeint, die George als begleitende Bewegung alles andere zu ersticken schien. Dem symbolistisch-impressionistischen Grundzug der Georgeschen Dichtung mußte dergleichen natürlich fremd und unakzep-

5 Ebd.

tabel erscheinen. Aber der Vorwurf, der Naturalismus trage einen unberechenbaren Schaden in die Literatur, ist ein Vorwurf der künstlerischen Orientierung gegenüber, gerichtet gegen das Kunstprinzip der Naturalisten, das, so meinte George, dem Großen und Genialischen abträglich sei. Daran ist wiederum wichtig, daß George durchaus den Kunstcharakter der naturalistischen Technik sieht, denn er tadelt nicht die Wirklichkeitsbezogenheit der Naturalisten, sondern die Manier, die künstlerische Technik. Im Grunde genommen ist auch das nicht Ausgangspunkt seiner Kritik, sondern vielmehr, daß sie das Werk großen Zuges verhindere: also nicht die Technik der Naturalisten, sondern die Wirkung dieser Technik ist gemeint.

George hat den Naturalismus als Kunst also nicht in Frage gestellt, sondern nur dessen künstlerische Prinzipien, dessen "mache". Das ist, was literarische Beziehungen um 1900 angeht, keine Ausnahme. Denn auch von anderer Seite her ist die Literatur des Naturalismus in gewisse Weise anerkannt worden, und das läßt erkennen, wie künstlich die strenge Trennung zwischen Naturalismus einerseits und "Neuromantik" andererseits etwa ist. In Hofmannsthals früher Prosa finden sich Äußerungen zum Naturalismus, die ebenfalls ihre eigene Sprache sprechen. Man würde dergleichen bei Hofmannsthal eigentlich nicht vermuten; er, der etwas den naturalistischen Forderungen absolut Entgegengesetztes verwirklichen wollte, scheint sich mit den Naturalisten weder im Widerspruch noch in Anerkennung zu berühren. Seine kleinen lyrischen Dramen kennen nichts Naturalistisches, ebensowenig die lyrischen Versuche der frühen Jahre, denn dort ist eine traumhafte, präexistente Welt beschrieben, die alles andere als realistisch oder gar naturalistisch ist - bei Hofmannsthal scheint vielmehr eine magische Scheinwirklichkeit in Bilder umgesetzt zu sein. Es gibt auch keine Essays zum Naturalismus - und das hat das Bild vom Neuromantiker Hofmannsthal mitgeprägt, der nichts mit der Welt der Naturalisten zu tun zu haben schien.

Der Augenschein täuscht. Es gibt einige Äußerungen Hofmannsthals zum Naturalismus - schon der junge Loris veröffentlichte 1893 in der Wiener *Literatur-Zeitung* einen Aufsatz mit dem Titel *Die Menschen in Ibsens Dramen. Eine kritische Studie.* Der Aufsatz befaßt sich also mit einem der wichtigsten ausländischen Vorbilder des deutschen Naturalismus, der in Deutschland sehr viel bekannter war als etwa Björnson, Kielland, Jonas Lie, bekannter selbst noch als Jens Peter Jacobsen und August Strindberg. Ibsens Dramen *Nora* (1879), *Gespenster* (1881), *Die Wildente* (1884) waren damals längst übersetzt worden. Hofmannsthal sieht in den Ibsenschen Dramen nicht nur Ideen, Probleme, Ausblicke, Reflexionen und Stimmungen, sondern viel mehr: "Varianten eines sehr reichen, sehr modernen und sehr scharf geschauten Menschentypus"; er setzt hinzu: "Außerdem Hintergrundsfiguren, flüchtige Farbenflecke für den Kontrast, Explikationsfiguren, die den Haupttypus kritisieren und Details hinzufügen, und Parallelfiguren, in die einzelne Züge der Hauptfigur projiziert sind, die gewissermaßen eine grell beleuchtete Seelenseite des ganzen Menschen darstellen".[6] Hofmannsthal erkennt also in diesen Dramen nichts Geringeres als den modernen Menschen, und damit erkennt er sich selbst: "man geht durch die reiche und schweigende Seele eines wunderbaren Menschen, mit Mondlicht, phantastischen Schatten und wanderndem Wind und schwarzen Seen, stillen Spiegeln, in denen man sich selbst erkennt, gigantisch vergrößert und unheimlich schön verwandelt".[7] Das läßt Rückschlüsse zu auf die Bedeutung des Narzißmotivs bei Hofmannsthal. Aber bedeutsamer ist, daß ein angeblicher Neuromantiker sich in einem der wichtigsten ausländischen Vorbilder des deutschen Naturalismus wiedererkennt.

Fragt man nach den Gründen für die Sympathie Hofmannsthals, die er Ibsen entgegenbringt, so stößt man sehr bald auf die eigentliche Brücke: Hofmannsthal interessiert sich für das Verhältnis zum Leben, das in den Ibsenschen Gestalten deutlich wird. Er schreibt über sie:

> Alle diese Menschen leben ein schattenhaftes Leben; sie erleben fast keine Taten und Dinge, fast ausschließlich Gedanken, Stimmungen und Verstimmungen. Sie wollen wenig, sie tun fast nichts. Sie denken übers Denken, fühlen sich fühlen und treiben Autopsychologie. Sie sind sich selbst ein schönes Deklamationsthema, obwohl sie gewiß oft sehr wirklich unglücklich sind; denn das Reden und Reflektieren ist ihr eigentlicher Beruf: sie sind oft Schriftsteller [...]. Sie ermangeln aller Naivetät, sie haben ihr Leben in der Hand und betasten es ängstlich und wollen ihm einen Stil geben und Sinn hineinlegen; sie möchten im Leben untersinken, sie möchten, daß irgend etwas komme und sie stark forttrage und vergessen mache auf sich selbst. [...] Dieses Rätselhafte, das kommen soll und einen forttragen und dem Leben einen großen Sinn geben und allen Dingen neue Farbe und allen Worten eine Seele, hat vielerlei Namen für diese Menschen [...]. Sie leben in kleinen Verhältnissen, in unerträglichen, peinlichen, verstimmenden, gelbgrauen kleinen Verhältnissen, und sie sehnen sich alle fort. Wenn man ih-

6 Hofmannsthal: Die Menschen in Ibsens Dramen. Eine kritische Studie. In: H. v. H.: Reden und Aufsätze I (wie Anm. 1/V). S. 149-159, hier S. 149.
7 Ebd. S. 158f.

> nen verspricht, sie weit fortzubringen, rufen sie aus: "Nun werde ich doch endlich einmal wirklich leben."[8]

Fast alle diese Sätze ließen sich auf ein Drama Hofmannsthals wie *Der Tor und der Tod* beziehen. Hofmannsthal sieht sich in eine fremde Dramatik hinein, seine Fähigkeit zur Amalgamation stellt sich noch einmal unter Beweis. Hofmannsthal hat Ibsens Dramen durchaus richtig gedeutet: das Leben und die Unmöglichkeit, es aus kleinen und beschränkten Verhältnissen heraus wirklich zu erleben, prägt diese Dramen nahezu ausnahmslos. Das Lebensthema ist das, was Hofmannsthal und die Naturalisten miteinander verbindet - denn vom Leben, diesem Generalthema der Jahrhundertwende, handeln ja auch die Dramen Hauptmanns, oder genauer: von der Unmöglichkeit, das richtige Leben zu leben. Daß es, wie bei Ibsen und Hauptmann, einmal die beengten und beengenden Verhältnisse sind, die ein wirkliches Leben nicht gestatten, daß es bei Hofmannsthal das problematisch gewordene Ich ist, das das Leben mit Reflexionen belastet und überlastet, deutet auf nur graduelle, nicht auf grundsätzliche Unterschiede hin.

Über den Lebensbegriff hinaus lassen sich noch weitere Beziehungen zwischen Hofmannsthal und den Naturalisten feststellen; es gibt direkte Äußerungen von seiten Hofmannsthals zum Naturalismus. 1893 erschien von ihm in der *Deutschen Zeitung* eine Rezension des *Modernen Musenalmanachs auf das Jahr 1893*. Dort publizierten auch Naturalisten, und Hofmannsthal schrieb über einen von ihnen, Karl Henckell, er lebe in Zürich

> und schreibt seit fünf, sechs Jahren sozialistische und erotische, revolutionäre und liebliche Verse, Barrikadenrufe und Tanzlieder, Schmähreime und wundervolle Dithyramben des Lebens. Hie und da ist diese Poesie empörend roh und geschmacklos. [...] Aber das Ganze durchwaltet blühende Kraft, glückliche Kunst der Rhythmik und neben reichlich quellender Beredtheit mitunter hohe, einfache Anmut. [...] Neben dieser orientalischen Pracht stehen reinlich und zierlich, wie lebendig-bunte, nüchtern-poetische Niederländer, die Bildchen des Arno Holz. Da ist keine Farbe, kein Strich zu viel: jeder Strich charakterisiert, begrenzt, schafft plastische, springende Gestalt. Das reine Zustandsbild, ein verträumtes Dorf mit roten Dächern, Spatzen in der Regenrinne, ein Topf Goldlack und Reseda in einem Zigarrenkistchen, oder ein alter Garten, in feuchtkalter Dämmerung, ein schwarzer Tümpel und daneben ein schwarzer Faun, scharf wie ein Schattenbild,

---

8 Ebd. S. 150f.

> flöteblasend, ohne Kopf - das macht ihm keiner nach, keiner in dieser absichtslosen, reinlichen, an die Japaner gemahnenden Manier.[9]

Gelobt wird auch Johannes Schlaf, "vielleicht der tiefere der beiden". Von Distanz oder Kritik Hofmannsthals keine Spur - die Rezension über den *Modernen Musenalmanach* zeigt, wie schon die kritische Studie über Ibsen, warum die junge Literatur für Hofmannsthal so interessant ist. Was ihn mit ihr verbindet, ist das Moderne und das heißt: eine neue Offenheit in Fragen nach zeitgemäßen und adäquaten Darstellungsmitteln der Kunst. Aber die Nähe geht über die Erfahrung einer bloßen Kontemporarität noch entschieden hinaus. Hofmannsthal sucht in diesem *Modernen Musenalmanach* nichts anderes als Antworten auf die Frage, "was Kunst und Leben miteinander zu schaffen haben".[10] Und die Naturalisten, Henckell, Bleibtreu, Arno Holz, Johannes Schlaf, geben ihm, so meint Hofmannsthal, deutliche Antworten. Es ist die Frage nach der Verbindung von Kunst und Leben, die Hofmannsthal sich immer wieder gestellt hat und die auch bei den Naturalisten erscheint - nur daß diese nicht von "Leben" sprechen, sondern von "Natur". Aber das sind zwei Namen für ein und dieselbe Sache. Und so kommt er, was Holz und Schlaf angeht, zu einem überaus positiven Urteil. Hofmannsthal schreibt: "Dieses Talent, mit dem verwandten und ergänzenden des Johannes Schlaf geeint, hat vielleicht die plastischeste kleine Novelle, vielleicht das plastischeste kleinmalende Theaterstück geschaffen, das wir haben: ich meine den Studententod, die Novelle 'Ein Tod', und das Familien-Interieur 'Familie Selicke'".[11] Das sind Kernstücke der naturalistischen Prosa, die hier mit hohem Lob bedacht werden, aber das ist verständlich: Schlafs Frage nach dem Leben ist nur eine Variante der naturalistischen Frage nach der Natur, Hofmannsthals Frage nach der Bedeutung von Kunst und Leben nur eine Modifikation der naturalistischen Frage nach dem Verhältnis von Kunst und Natur, die Arno Holz dann auf die berühmte Formel "Kunst = Natur - x" brachte.

So ergeben sich von George einerseits und Hofmannsthal andererseits her gesehen trotz aller Unterschiede doch Zusammenhänge: wenn sich die Naturalisten von den beiden großen Komplexen "Natur" und "Kunst" für den ersteren interessierten, so George für letzteren, und was die Naturali-

---

9 Hofmannsthal: Moderner Musenalmanach. "Moderner Musenalmanach auf das Jahr 1893". In: H. v. H.: Reden und Aufsätze I (wie Anm. 1/V). S. 169-173, hier S. 171f.

10 Ebd. S. 173.

11 Ebd. S. 172.

sten unter Natur verstanden, war für Hofmannsthal weitgehend identisch mit "Leben". Hier zeichnen sich also dennoch Gemeinsamkeiten ab, auch wenn George sein kritisches Verhältnis zu den Naturalisten beibehielt, während diese bei Hofmannsthal eine fast überschwengliche Anerkennung erfuhren.

Es gibt weitere Verbindungslinien zwischen Hofmannsthal und den Naturalisten. Wenn Hofmannsthal an Arno Holz das Niederländische und das Absichtslose, Reinliche, an die Japaner Gemahnende rühmt, das Zustandsbild, dann macht er im Grunde genommen auf impressionistische Momente in der Kunst der Naturalisten aufmerksam. George hatte Kunst geradezu als Eindruckskunst definiert, und Hofmannsthal war ihm anfangs jedenfalls darin gefolgt. Hier nun ist Impressionistisches in den "Bildchen" des Arno Holz. Es ist klar zu erkennen, warum Hofmannsthal diese Art von Impressionismus so schätzte: er hat damals seinen Chandos-*Brief* noch nicht geschrieben, aber es zeichnet sich bereits hier eine Wendung zu den "Dingen" ab, wie Hofmannsthal das später benennen wird, zum Außen, in dem allein man sich finden könne. Hofmannsthals spätere Ding-Philosophie muß eigentlich unverständlich bleiben, wenn man seine Vorliebe für einen impressionistischen Stil und für impressionistische Darstellungskunst nicht kennt; diese ist gleichsam Voraussetzung für jenes. Hofmannsthal hat dabei durchaus nicht etwas ihm Vertrautes in eine fremde Umgebung und eine ihm sehr fremde Literatur hineingelesen; tatsächlich hat sich der Naturalismus gerade bei seinen exponierten Vertretern eines impressionistischen Stiles bedient. Neben dem großen Komplex des "Lebens" ist "Impressionismus" eine Brücke, die vom Naturalismus zu Hofmannsthal und von Hofmannsthal zum Naturalismus führt.

Hofmannsthal ist nach der Jahrhundertwende von den Positionen der *Blätter für die Kunst* deutlich abgerückt; er hat sich auch gegen die Grenzziehungen des George-Kreises gewehrt. Eine Fortsetzung des Chandos-*Briefes* stellt der 1907 geschriebene Essay *Der Dichter und diese Zeit* dar, und was dort zu lesen ist, steht in eklatantem Gegensatz zu dem früheren Aufsatz über *Poesie und Leben* - wo Hofmannsthal schlechterdings geleugnet hatte, daß ein Nichtdichter einen Dichter verstehen könne. In *Der Dichter und diese Zeit* heißt es nun über den Begriff des Dichters: "Ich selber trage ihn in mir ebenso unausgewickelt, wie ich ihn bei Ihnen voraussetze. Am wenigsten wüßte ich ihn von vorneherein nach unten abzugrenzen, ja diese haarscharfe Absonderung des Dichters vom Nicht-Dichter erscheint mir gar nicht möglich".[12] Wenig später wird Thomas Mann seinerseits den Schriftsteller dem in sich eingeschlossenen Dichter gegenüberstellen. Vor allem aber hat Hofmannsthal sich hier gegen traditionelle Grenzziehungen ausgesprochen, wenn er sagt: "Ich höre des öfteren, man nennt irgendwelche Bücher naturalistische und irgendwelche psychologische und andere symbolistische, und noch andere ebenso nichtssagende Namen. Ich glaube nicht, daß irgend eine dieser Bezeichnungen den leisesten Sinn hat für einen, der zu lesen versteht".[13] Für den Hofmannsthal dieses Aufsatzes ist das Gedicht ein seismographisches Gebilde, das seinen Wert daher bekommt, ob es "die geheimnisvollste Ausgeburt der Zeit"[14] ist oder nicht. In dieser Formel treffen sich noch die heterogensten Strömungen der Jahrhundertwende.

Wie wenig in der Zeit der Jahrhundertwende strikte Grenzen zum Naturalismus gezogen wurden, zeigt sich auch anhand von Äußerungen eines Autors, der zunächst völlig frei vom Verdacht ist, Naturalist zu sein: Thomas Mann. Er gehört, wollte man seine Position lokalisieren, eher der Gegenbewegung der Lebens-Enthusiasten an, die unter dem Einfluß Nietzsches und Schopenhauers den Lebensenthusiasmus kritisierten, weil sie die Fragwürdigkeit des Lebens und die Problematik der Beziehung von Kunst und Leben erkannt hatten. Thomas Mann nun hat sich jedoch wiederholt zum Naturalismus geäußert und in einer Selbstinterpretation zu *Buddenbrooks* festgestellt, daß dieser Roman "eine zum naturalistischen Roman entwickelte städtische Chronik" sei[15] - also gewissermaßen der erste große naturalistische Roman. Erzählerische Akribie, Genauigkeit der Darstellung, das Interesse für Äußeres und Äußerlichkeiten zeigen die Nähe zum Naturalismus. An anderer Stelle hat Thomas Mann *Buddenbrooks* eine Familienchronik genannt, "die unverkennbare Merkmale des Naturalismus trug"[16] - wobei er freilich hinzusetzte, daß diese Familienchronik in ihrer epischen Haltung doch unwillkürlich zugleich hinter den Naturalismus zurück- und über ihn hinausging. Aber das Bekenntnis zu den unverkennbaren Merkmalen des Naturalismus zeigt deutlich genug, wie groß

---

12 Hofmannsthal: Der Dichter und diese Zeit. Ein Vortrag. In: H. v. H.: Reden und Aufsätze I (wie Anm. 1/V). S. 54-81, hier S. 55f.

13 Ebd. S. 80.

14 Ebd. S. 81.

15 Thomas Mann: Gesammelte Werke in dreizehn Bänden (wie Anm. 32/III). Bd. XI. Reden und Aufsätze 3. Zweite, durchgesehene Auflage. Frankfurt am Main 1974. S. 386.

16 Ebd. Bd. IX. Reden und Aufsätze 1. Zweite, durchgesehene Auflage. Frankfurt am Main 1974. S. 806.

die Nähe dieses Romans zu naturalistischen Texten ist und wie wenig sich auch ein Autor vom Range Thomas Manns dem Einfluß des Naturalismus entziehen konnte. Thomas Mann hat später den Naturalismus allerdings in ganz anderem Zusammenhang, als er nämlich von der vollendeten Natürlichkeit des amerikanischen Theaters sprach, einen "Stil"[17] genannt, und Spuren dieses Stils lassen sich nicht nur in seinem ersten Roman finden. Was Thomas Mann mit dem Naturalismus verbindet, ist sein "Exaktheitsdrang", die Vorliebe für das Detail, die minutiös genaue Beschreibung. Und auch für Thomas Mann gilt die Feststellung vom symbolistischen Grundzug der Literatur der Jahrhundertwende. Thomas Mann entspricht dabei nur der allgemeinen Tendenz der Zeit, der Wendung zur Realität, zu den Dingen; auch er hat einen Blick für sie und kennt das gleichsam mikrologische Sehen, das sich bei Naturalisten und Symbolisten, bei den Impressionisten und bei den Vertretern der neuen Kunst findet. Bedenkt man noch, daß die naturalistischen Manifeste in ihrer Frühzeit mehr vom Realismus als vom Naturalismus handeln, wird die Nähe Thomas Manns zur Literaturströmung des Naturalismus noch plausibler und offenkundiger.

Später hat Thomas Mann den Naturalismus allerdings einmal als "die das Leben nur aufnehmende und widerspiegelnde [...] Passivität" definiert, also als eine Haltung, die mit seiner eigenen epischen Haltung nichts mehr gemeinsam hatte. Aber andererseits gibt es auch jenseits des "Exaktheitsdranges", jenseits der epischen Stilmittel, die ihn geradezu zum naturalistischen Roman machen, noch eine andere Verbindungslinie zwischen Naturalismus und dem, was Thomas Mann beschrieb. Das wird in einer Rede Thomas Manns auf Gerhart Hauptmann und dessen Kunst deutlich; Thomas Mann hat in dieser Rede versucht, den Naturalismus nicht als stilistische Qualität, als bestimmte Art darstellerischer Technik oder auch von den impressionistischen Zügen des Naturalismus her zu begreifen, sondern von seiner eigentlichen Thematik, gleichsam vom Zentrum seines Schreibens her. Thomas Mann sagte in jener Rede auf Gerhart Hauptmann:

> als der schönste, der menschlichste, der geistigste Zug jener Kunstschule, die man die 'naturalistische' nennt und auf deren Boden Sie erwuchsen, erschien mir immer die pathologische Neigung dieser Schule, ihre Neigung, das Menschliche in Gestalt der Krankheit zu sehen, sei es sozialer, seelischer oder selbst körperlicher Krankheit. Sie haben, Gerhart Hauptmann, diese

17 Ebd. Bd. XI (wie Anm. 15). S. 185.

> Tendenz des Naturalismus, Wahrheit und Krankheit gleichzusetzen, auf die allerpersönlichste Art und mit der radikalen Kühnheit kultiviert [...].[18]

Thomas Mann hat den Naturalismus Hauptmannscher Prägung also als auf das Konkrete gerichtete und doch dem Geistigen verpflichtete Kunst verstanden, mehr aber noch als Literatur, die Leben und Krankheit in Beziehung setzte und in der Krankheit gleichsam die Wahrheit des Lebens sah. Das war ganz im Sinne Nietzsches gesagt, für den Gesundheit eigentlich nur eine höhere Form der Krankheit war, und damit rückt Hauptmann, rücken die Naturalisten in die Linie derer, die mit dem "Leben" zu tun hatten, sei es in Zustimmung oder auch im Widerspruch dazu. Das war bei Hauptmann durchaus zu einer "geistigen Kunst" geworden. Thomas Mann hat über Hauptmann hinausgehend den Naturalismus nicht so sehr von seiner Wirklichkeitswiedergabe her verstanden, sondern stets auch als "Kunstschule" betrachtet. Zum Einfluß, den Hauptmanns Werk auf seine eigene Erzählkunst gehabt hat, äußerte sich Thomas Mann noch 1952 zu Hauptmanns 90. Geburtstag; er hat vom "sozialen Mitleidsethos" gesprochen, das sich ihm tief eingesenkt habe, seiner "Menschlichkeit" - und seiner "Sprachkunst, der geheimen und offenen", gedacht.[19] Das ist ein erneutes Bekenntnis zum Naturalismus, und auch daraus spricht seine Sympathie für die naturalistische Darstellung des Lebens als eines leidenden. Neuromantisches, so hat er gemeint, sei bei Hauptmann früh ins Realistische eingegangen, und: "da war Wahrheit und Rhythmus, Umsturz und Kunst". Dabei ist das Protestpotential des Naturalismus von Thomas Mann nicht übersehen worden - es äußerte sich für ihn darin, daß in der optimistischen Zeit der Gründerjahre Kranke und Leidende, Anomalitäten, körperliche oder seelische Gebrechen sichtbar wurden und damit jene Hinterhofatmosphäre der sozialen Mißstände, der ungesunden Lebensbedingungen in einer nach außen hin vielfach gepriesenen Moderne, die allerdings nichts mit der Selbstdarstellung des Wilhelminischen Reiches zu tun hatte. Zivilisationskritik konnte sich in der Zeit um 1900 auf zweierlei Weise äußern: einmal in der Verherrlichung des vitalen, des paganen, unproblematischen Daseins bei Hofmannsthal, gegen allen Historismus und gegen alle Zivilisation gerichtet, zum anderen in der Darstellung des gefährdeten Lebens und der permanenten Bedrohung durch Krankheit, Leiden und Tod - bei Hauptmann und Thomas Mann.

---

18 Ebd. Bd. X. Reden und Aufsätze 2. Zweite, durchgesehene Auflage. Frankfurt am Main 1974. S. 217.

19 Ebd. Bd. IX (wie Anm. 16). S. 805.

Es sind die gegensätzlichen zwei Seiten eines Lebensbezuges, der die heterogenen Strömungen der Jahrhundertwende vereint.

*

Die naturalistischen Schriftsteller leiteten vor 1900 am sichtbarsten die Literaturrevolution ein. Aber sie hatten kein exaktes literarisches Programm, sondern nur eine Fülle von Vorstellungen, die sich häufig in manifestartiger Form niederschlugen. Als ein gemeinsamer Nenner schälte sich allerdings schon bald der Begriff "Realismus" heraus. Karl Bleibtreu forderte 1886 in seiner Kampfschrift *Revolution der Litteratur* einen "wahren Realismus" und sprach vom "objektiven Realismus"; vom Realismus handelte auch Wilhelm Bölsche in seiner Schrift *Die naturwissenschaftlichen Grundlagen der Poesie. Prolegomena einer realistischen Ästhetik* von 1887. Conrad Alberti veröffentlichte 1889 in der Zeitschrift *Die Gesellschaft*, Jahrgang 5, *Die zwölf Artikel des Realismus. Ein litterarisches Glaubensbekenntnis*. Eines der aufschlußreichsten Dokumente für das, was der Naturalismus wollte (und das, was er nicht wollte), ist das Protokoll einer Sitzung des literarischen Vereins *Durch* vom 22. April 1887, der gegründet worden war, weil er "einen Sammelplatz vornehmlich für die jungen modernsten Dichter und Schriftsteller bilden" sollte. Daraus wird zunächst einmal deutlich, daß auch "Naturalismus" als Sammelname für eine Reihe künstlerischer Richtungen gebräuchlich war. Er wurde aber nicht zum Leitbegriff der neuen Literaturrichtung. In dem Protokoll finden sich Begriffsbestimmungen, die für das Wesen des Naturalismus außerordentlich kennzeichnend sind. Sie lauten:

1) Idealismus ist eine Richtung der künstlerischen Phantasie, welche die Natur nicht, wie sie *ist*, darstellt, sondern wie sie irgend einem Ideal gemäß sein *sollte*; (Anstandsideale der alten Griechen, des höfischen Rittertums, des modernen Salons).
2) Naturalismus ist die entgegengesetzte Geschmacksrichtung, welche die Natur darstellen will, wie sie *ist*, dabei aber in tendenziöse Färbung verfällt und mit Vorliebe das auswählt, was *nicht* so ist, wie es sein *sollte*, also das aesthetisch und moralisch Beleidigende.
3) Realismus ist diejenige Geschmacksrichtung, welche die Natur darstellen will, wie sie ist, und dabei nicht in Übertreibung verfällt. Der Realist weiß, daß die Wahrheit allein frei macht; sein Ideal ist daher Wahrhaftigkeit in der Darstellung. Durch die objektive Betrachtung der gesellschaftlichen Verhältnisse wird ferner der moderne Realist in eine Gemütsverfassung geraten, welche ihn über die Stoffe seiner Darstellung eine eigentümliche Beleuchtung ausgießen läßt (Gerechtigkeits-

> gefühl und Erbarmen). Der Realismus ist also ideal, aber nicht idealistisch; er stellt ideal dar, aber nicht Ideale.[20]

Das Ziel der neuen Literatur ist nicht der Naturalismus, sondern Realismus, der Übertreibung vermeidet. George sah die Dinge richtig, wenn er dem Naturalismus die Übertreibung als das ihm Charakteristische zuerkannte; er hat aber offenbar nicht gesehen, daß dieser auch von den wichtigeren Theoretikern der neuen Literatur abgelehnt wurde.

Dennoch haben sich die Naturalisten nicht auf gemeinsame Formeln oder Gesetze einigen können, und wenn das einerseits für die Breite der naturalistischen Bewegung spricht, so zeigt sich andererseits darin auch eine gewisse Definitionsohnmacht, das Vorläufige und Experimentelle der literartheoretischen Überlegungen. Es ist bezeichnend, daß Eugen Wolf *Zehn Thesen* vorlegte, Conrad Alberti die *Zwölf Artikel des Realismus*; das deutet auf das Provisorische aller Definitionen hin. Die Kunsttheorien finden sich in Einleitungen und Einführungen, in Erklärungen und in zahlreichen Artikeln vor allem der *Freien Bühne für modernes Leben*, aber auch im *Kunstwart* oder in der *Gesellschaft*. Die Manifeste enthalten Bekenntnisse, aber zugleich Forderungen, sie wollen neue Ziele verkünden, erschöpfen sich jedoch gelegentlich in Kritik und Polemik. Keine Schrift kann den Anspruch erheben, stellvertretend für *den* Naturalismus zu stehen. Einige Arbeiten sind allerdings von heute her gesehen entscheidende Meilensteine auf dem Wege zu einer neuen Kunsttheorie; dazu gehört das Werk von Arno Holz, *Die Kunst. Ihr Wesen und ihre Gesetze*, aus dem Jahre 1891. Es ist die wichtigste theoretische Grundlegung des Naturalismus, Arno Holz selbst gilt als Begründer des "konsequenten Naturalismus".

Holz dringt thematisch am weitesten in den Bereich der Kunsttheorie vor, da er sich nicht bloß mit einer Beschreibung naturalistischer Kunstphänomene begnügt, sondern nach Gesetzen der Kunst sucht, und das bedeutete in diesen von den Naturwissenschaften so außerordentlich stark beeinflußten Jahrzehnten eine Suche nach Formeln, nach einer eher mathematischen als literarischen Bestimmung der Kunst. Dahinter verbirgt sich die Vorstellung, daß Kunst etwas anderes sei als Natur, also eigenen Gesetzen folge und deswegen auch der Natur gegenüber eigens definiert werden müsse. Das nimmt sich wie ein schwacher Abglanz der Tendenz aus, der Kunst einen eigenen Raum zuzubilligen, also des L'art-pour-l'art-

---

20 Literarische Manifeste des Naturalismus (wie Anm. 1). S. 143. Hervorhebungen i. O.

Kunstverständnisses der Jahrhundertwende. Auch der Versuch von Arno Holz, "aus unserm Wissen von der Kunst endlich eine Wissenschaft von der Kunst"[21] zu machen, geht davon aus, daß der Kunst ein eigener Raum und eine besondere Autarkie zukomme; was Holz interessiert, ist die Eigengesetzlichkeit der Kunst. Der Satz: "Die Grenze zwischen dem, was Kunst ist, und dem, was nicht Kunst ist, soll eben noch erst gezogen werden,"[22] steht durchaus in Einklang mit anderen Bemühungen der Jahrhundertwende, Kunst als etwas Autonomes anzusehen, so wie sich das auch in den Äußerungen der *Blätter für die Kunst*, aber nicht weniger in Hofmannsthals Essays abzeichnete. Die Schriftsteller um 1900 waren, durchaus unabhängig von ihren jeweiligen Richtungen, der Meinung, daß es einen Sinn habe, das Wesen des Künstlerischen zu erörtern, auch wenn ein theoretischer Zugang zum Verständnis der Kunst allein nicht ausreiche. Das Ergebnis der Holzschen Bemühungen ist bekannt: es ist das Kunstgesetz schlechthin, das sich in der Formel "Kunst = Natur - x" niederschlug. Holz hat das verbal so umschrieben: "'*Die Kunst hat die Tendenz, wieder die Natur zu sein. Sie wird sie nach Massgabe ihrer jedweiligen Reproductionsbedingungen und deren Handhabung.*'"[23]

Es gehört zu den Begleitumständen dieser Suche nach Kunstgesetzen, daß diejenigen, die sie formulierten, alleinige Gültigkeit dafür beanspruchen - George hat nur seine eigene Kunstauffassung gelten lassen wollen, Holz behauptet, daß nur sein Kunstgesetz rechtens sei, und Hofmannsthal war der Meinung, daß es unmöglich sei, über Kunst vor Nichtkünstlern zu sprechen. Aber allen gemeinsam ist auch, daß es um eine neue Kunstauffassung geht: die Eigentümlichkeiten der Kunst sollen neu bestimmt werden, und die Schärfe der jeweiligen Bestimmung ist ein Indiz dafür, wie sehr es ein Bedürfnis war, das Gebiet der Kunst neu abzustecken. Holz sieht zwar die Kunst nicht im Widerspruch zu den Naturwissenschaften, denn er macht sich ja die Formel, also die naturwissenschaftliche Erkenntnismethode ausdrücklich zunutze. Aber ihn charakterisiert nicht weniger, daß er mit Hilfe dieser naturwissenschaftlichen Methode die Kunst als etwas Eigengesetzliches begreifen will: und darauf zielt seine Formel denn auch vor allem ab. Sie ist, genau besehen, freilich alles andere als revolutionär. Ersetzt man den Begriff der "Natur" durch den des um die Jahrhundertwende so häufig verwendeten "Lebens", dann ordnet sich die Definition von Arno Holz ebenso wie alle anderen Bestimmungen der

21 Ebd. S. 205.
22 Ebd. S. 207.
23 Ebd. S. 210f. Hervorhebung i. O.

Kunst als einer naturbezogenen in den größeren Gegensatz von Kunst und Leben ein, und so gesehen schafft gerade das Kunstgesetz von Arno Holz eine dritte Brücke zwischen den divergenten Strömungen der Jahrhundertwende.

Wenn die Hinwendung zum "Leben" die Literatur zwischen 1880 und 1920 durchgängig bestimmt, so präsentiert Arno Holz die naturalistische Variante dieser Daseinsverherrlichung. Wie immer sie im einzelnen ausformuliert sein mag: die Unterschiede sind gradueller Natur. Arno Holz bezieht sich stärker als andere auf seine eigene Zeit, also auf das gegenwärtige Leben, bei Hofmannsthal speist sich der Lebensbegriff von arkadisch-paganen Vorstellungen her, bei Thomas Mann von Nietzsche und dessen Lebensphilosophie des Vitalismus. Wir haben es überall aber nur mit Spielarten *einer* Bewegung zu tun, und so gesehen enthüllt sich die angebliche Sonderstellung der naturalistischen Kunsttheorie als Versuch, den neuen Lebensbegriff unter naturwissenschaftliche Kategorien zu bringen; "Natur" ist nur die adäquate Entsprechung für den Begriff des Lebens. Gemeinsam ist den herausragenden Vertretern einer neuen Kunst wie Hofmannsthal, Thomas Mann, Rilke, Schnitzler, George und seinem Kreis aber auch die Tendenz, über die Bedeutung der Kunst angesichts dieses neuen Lebensbegriffes nachzudenken. Eine Einheitlichkeit gibt es nicht in den Antworten auf diese Frage; George hat das Reich einer neuen Kunst propagiert, Hofmannsthal die unüberbrückbare Kluft zwischen Leben und Poesie betont und für die Autonomie des Künstlers gesprochen, aber dann, in einer geradezu abrupten Wendung, Leben und Kunst schlechthin miteinander identifiziert; davon zeugte das Eingehen in die Welt der Dinge und das Bekenntnis, daß das, was wir suchen, nur draußen zu finden sei, nicht im eigenen Inneren. Das Eingehen in die Dinge ist ebenso als Gefährdung wie auch als künstlerische Möglichkeit von Rilke gesehen worden; für Thomas Mann ist charakteristisch, daß der Künstler, wie er sich in *Tonio Kröger* darstellt, vom Leben zwar ausgeschlossen bleibt, aber durchaus den Weg ins Leben sucht und ihn auch findet; auch *Königliche Hoheit* bezeugt die erfolgreiche Lebenssuche. Vor diesem Horizont ergibt sich für Arno Holz die Frage nach dem Wesen der Kunst genauso zwangsläufig, wie sie sich für die anderen prominenten Autoren der Zeit gestellt hatte. Seine Antwort ist für die frühen 90er Jahre charakteristisch: er glaubt, daß Natur und Kunst weitgehend in Übereinstimmung zu bringen seien. Am Ende des letzten Jahrzehntes des 19. Jahrhunderts sehen die Antworten freilich anders aus - Hofmannsthal wird seinen Chandos-*Brief* schreiben, die für Holz noch so fraglose Identität von Leben und Kunst, in der nur ein "x" eine unsichere Rolle spielt, ist für Hofmannsthal höchst fragwürdig geworden. Er entscheidet sich für das Leben, so wie George sich für die Kunst entschied; die Einheit von Kunst und Leben, an die Holz noch glaubte, da er die Unsicherheitsfaktoren in dieser Gleichung einfach auf die Reproduktionsbedingungen und deren Handhabung abschob - eben diese mögliche Einheit von Kunst und Leben, Kunst und Natur, die zu den Glaubensvoraussetzungen des Naturalismus gehört, existiert für die führenden Dichter und Theoretiker der neuen Kunst um 1900 durchaus nicht mehr. Anders gesagt: aus der für Holz selbstverständlichen Voraussetzung ist innerhalb eines Jahrzehnts das bedeutendste Problem geworden, dem die neue Kunst sich gegenübersah.

Holz ist damit nur der radikalere Vertreter von Anschauungen, die er mit seinen naturalistischen Zeitgenossen teilte. Die Problematik von Kunst und Leben findet sich auch anderswo, weil sie gleichsam in der Sache selbst liegt. Das zeigt sich in den *Zehn Thesen* von Eugen Wolff, die 1888, drei Jahre vor dem Manifest von Arno Holz, entstanden sind. Damals war die Aufbruchsstimmung noch stark; "die deutsche Literatur", so lautete die erste These von Eugen Wolff, "ist gegenwärtig allen Anzeichen nach an einem Wendepunkt ihrer Entwickelung angelangt, von welchem sich der Blick auf eine eigenartige bedeutsame Epoche eröffnet".[24] Der Hinweis darauf, daß der Dichter der Gegenwart "die bedeutungsvollen und nach Bedeutung ringenden Gewalten des gegenwärtigen Lebens nach ihren Licht- und Schattenseiten poetisch zu gestalten und der Zukunft prophetisch und bahnbrechend vorzukämpfen" habe, zeigt das übergroße Interesse an der Moderne und allem Zeitgenössischen - natürlich auch als Reaktion auf das historische Interesse des 19. Jahrhunderts. Es geht Wolff aber nicht nur um die Proklamation der Moderne aus einer Gegenbewegung zum Historismus heraus, sondern auch um den Einbezug scheinbar außerliterarischer Bereiche (Soziales, Nationales, Religionsphilosophisches) in die Literatur; die Fülle des Daseins soll in ihr erscheinen, in deutlicher Kritik an der Kunstabgeschlossenheit der Klassik, in Kritik auch an deren Kunstideal, das in der Antike, nicht in der Moderne lag (These 6). Die moderne Dichtung, so lautet die Forderung Wolffs, "soll den Menschen mit Fleisch und Blut, mit seinen Leidenschaften in unerbittlicher Wahrheit zeigen, ohne dabei die durch das Kunstwerk sich selbst gezogene Grenze zu überschreiten, vielmehr um durch die Größe der Naturwahrheit die ästhetische Wirkung zu erhöhen".[25] Dieser Satz ist so zu verstehen, daß einerseits die Dichtung das Leben zu zeigen habe,

---

24 Ebd. S. 141.
25 Ebd. S. 142.

aber so, daß das Kunstwerk als solches dabei Bestand haben müsse: von einem Aufgehen der Kunst im Leben ist keine Rede, als eine der "Hauptaufgaben einer modernen Literaturströmung" wird eine "echt künstlerische Produktion" nach dem "modernen Kunstprinzip" gefordert. Daran ist nicht so sehr der Hinweis auf das Moderne interessant als vielmehr das Festhalten an einem "Kunstprinzip". Die Darstellung des Menschen in "unerbittlicher Wahrheit", wie es bei Wolff heißt, verträgt sich nicht nur mit ästhetischen Wirkungen und dem modernen Kunstprinzip, sondern verlangt geradezu danach. Anders gesagt: das Kunstprinzip ist mindestens so wichtig wie die Darstellung des Lebens, und Wolff hat die Notwendigkeit, gegen das Epigonentum seiner Zeit anzugehen, als so stark empfunden, daß er sogar zu einer Vereinigung aller neuen Kräfte aufrief und schrieb: "Zu einer Zeit, in welcher, wie gegenwärtig, jeder neuen, von eigenartigem Geiste erfüllten Poesie eine enggeschlossene Phalanx entgegensteht, ist es notwendig, daß alle gleichstrebenden Geister, fern von Cliquen- oder auch nur Schulenbildung, zu gemeinsamem Kampfe zusammentreten".[26] Der Wunsch sollte sich nicht erfüllen - aber die Gemeinsamkeiten dieses Kampfes gegen eine unglaubwürdig gewordene Tradition sind heute deutlich zu erkennen.

Das künstlerische Programm lautete "Realismus", und ihm ging auch Conrad Alberti in seinen *Zwölf Artikeln des Realismus. Ein litterarisches Glaubensbekenntnis* aus dem Jahre 1889 nach. "Realismus" ist hier zunächst einmal aus dem Gegensatz zum bloßen Formalismus, zur inhaltslosen Kunst der Epigonen verstanden, aber auch aus dem Gegensatz zu aller Metaphysik. Der moderne Realismus ist diesseitsbezogen, ihm fehlt die Dimension der Transzendenz. Um so stärker fordert Alberti den Konnex mit den leiblichen Schwestern der Kunst: mit Politik, Technik, Wissenschaft - alles zusammen ist für ihn Kultur, die Kunst nur ein Sektor daraus. Die Gesetzmäßigkeiten der Kunst sind zwar nur Teil eines allgemeinen Naturgesetzes, aber dennoch ist Kunst zeitgebunden; ihre Wurzeln sind "Nationalität, Demokratie, subjektiver und objektiver Realismus".[27] Nationalität begegnet als Forderung wiederholt in naturalistischen Manifesten, mit "Demokratie" ist freilich kein politisches Programm verbunden, sondern in etwa das gemeint, was Lessing "bürgerlich" genannt haben würde. Mit subjektivem Realismus ist gemeint, daß der Künstler nur das darstellen solle, was er wirklich erlebt habe. Und zu der Bestimmung, daß jedes Kunstwerk objektiv realisiert sein müsse, bemerkt Alberti: "Die

26 Ebd.
27 Ebd. S. 132.

reale Natur ist das einzig Erkennbare, mithin für uns Menschen das einzig Wahre und daher der einzig berechtigte Gegenstand künstlerischer Darstellung, ihr unablässiges Studium die einzige Aufgabe des Künstlers".[28] Ersetzt man auch hier den Begriff der Natur durch den des Lebens, so enthalten diese Sätze ein Programm der Lebensdarstellung um 1900; das verbindet Hauptmann und Hofmannsthal, Thomas Mann und George, die Naturalisten und die sogenannte Neuromantik sehr viel stärker, als daß es sie voneinander trennen würde. Reale Natur, Wirklichkeit, Gegenwelt, Moderne, Leben, Dasein - es sind am Ende verschiedene Namen für ein und dasselbe Phänomen.

Albertis *Zwölf Artikel des Realismus* beschäftigen sich aber nicht nur mit der einen Seite des Naturalismus, also mit der Suche nach der Natur und der Frage nach ihrer Darstellbarkeit; für ihn sind wie für die anderen Theoretiker des Naturalismus die Fragen nach der Eigentümlichkeit und Eigengesetzlichkeit der Kunst ebenso bedeutsam. Was das Wesen der Kunst ausmache, hat Alberti im siebten Artikel seines Manifestes gesagt:

> Alle Kunst ist symbolisch, von aussen individuell, von innen naturgesetzmäßig. Jedes Kunstwerk ist eine Diaphanie: durch die individuellen Formen (Gestalten, Farben, Worte) scheint in jedem Augenblick das Naturgesetz oder scheinen die Gesetze hindurch, welcher oder deren Gegenwirkung das Kunstwerk verkörpern will, doch ist die gegenseitige Durchdringung eine vollständig chemische, so daß es dem Auge unmöglich ist, beides zu trennen: beides erscheint vielmehr in jedem Teile des Kunstwerks, jedem Moment des Genusses als eines einheitlichen Wesens ohne die Spur einer künstlichen Zusammensetzung, eines Widerspruchs zwischen dem ewig-naturgesetzmäßigen Kern und der zufällig-individuellen Schale. Diese Doppelnatur des Kunstwerks, die doch zugleich einen einheitlichen Eindruck hervorruft, ist der Grund des sogenannten ästhetischen Scheins. Sie ist das Wesen der Kunst, unter ihrem Gesichtspunkt erscheint die Natur selbst in ihren Einzelformen als das höchste Kunstwerk [...].[29]

Natürlich ist mit dem Satz "Alle Kunst ist symbolisch" nicht das gemeint, was Goethe darunter verstanden hat, denn an die Stelle des Transzendenten, auf das das Symbol der Klassik verweist, ist hier etwas sehr Diesseitiges getreten, nämlich das Naturgesetz, dem die Kunst zur Erscheinung verhelfen soll. Auffälliger ist die Rechtfertigung des symbolischen Moments in der Kunst überhaupt. Alberti verteidigt hier nichts Geringeres als den Kunstcharakter der Kunst, und wenn er vom "ästhetischen Schein" spricht, so ist deutlich, daß er einen zentralen Begriff der Schillerschen

---

28 Ebd. S. 133.
29 Ebd. S. 131.

Briefe *Über die ästhetische Erziehung des Menschen* zitiert. Eine überzeugendere Verteidigung der Kunst läßt sich kaum denken. Denn die naturalistische Formulierung, daß die Kunst nur eine Form der Natur sei, ist hier nahezu ins Gegenteil verkehrt: selbst die Natur erscheint als höchstes Kunstwerk, weil auch sie, wie das Kunstwerk, ihrem Wesen nach diaphan ist, das heißt: weil die Allgemeingültigkeit der Kunstgesetze in jedem Einzelfall neu demonstriert wird. Aber selbst wenn man nur zugestehen will, daß es Alberti darum geht, die Bedeutsamkeit der Naturgesetze auch für die Kunst festzuhalten, so ist doch nicht zu übersehen, daß überall von ästhetischen Prinzipien die Rede ist, vom Wesen der Kunst, von den ästhetischen Begriffen, von der Frage, wie künstlerische Schönheit zu bestimmen sei, vom Zweck der Kunst, von der Wurzel der Kunst, von der Bedeutung des Häßlichen in der Kunst. Alles das sind Hinweise genug darauf, daß es den naturalistischen Theoretikern vordringlich um die Frage der Kunst geht, genauer: darum, wie die Berechtigung einer Kunstwelt auch in der Zeit der Entdeckung und schrankenlosen Anerkennung der Naturgesetze nachzuweisen ist. Die Kunstwelt ist vom naturgesetzlichen Denken nicht verschont; aber sie erhält von dorther jetzt eine neue Bedeutung und Existenzberechtigung.

Verteidigungen der Kunst als Kunst auch anderswo: In der Begriffsbestimmung des Realismus von Heinrich Hart (*Die realistische Bewegung. Ihr Ursprung, ihr Wesen, ihr Ziel*) ist ebenfalls vom "ästhetischen Prinzip" des objektiven Realismus die Rede, den auch Alberti forderte. Bei Hart heißt es:

> Je bedeutender er [der Dichter] selbst [...] ist, desto bedeutender werden seine Gestalten sein, je mehr er es versteht, Wesen zu schaffen, die ein selbständiges, eigenartiges Leben führen, Wesen von Fleisch und Blut, nicht blos Phonographie, welche Ansichten nachsprechen, deren sich der Dichter gerade entledigen will, desto tiefer und reicher wird die Wirkung sein, die er erzielt.[30]

Die Kunst wird nirgendwo als selbständiger Bereich in Frage gestellt; es geht nur um die rechte Darstellung, also um ein "*objektiv technisches* Verfahren".

Die Frage des rechten Stoffes ist für Naturalisten im Grunde genommen zweitrangig - er sollte die Natur, die Wirklichkeit, oder, in Hofmannsthals Sprache, das Leben enthalten. Das verbot von vornherein eine Eingrenzung auf bestimmte Bereiche. Es ist ein schon damals nicht ausrottbares Vorurteil, daß der Naturalismus immer nur das Niedrige, Ärmli-

30 Ebd. S. 149f. Hervorhebung i. O.

che, Sozial-Deklassierte habe darstellen wollen - es ging ihm um Lebensechtheit. Daß diese eher im Bürgertum oder im Vorstadtmilieu zu finden sei, hängt mit der Ansicht vieler Naturalisten zusammen, daß das Hof- oder Adelsleben völlig in Formeln, Konventionen, leeren Nichtigkeiten erstarrt sei. Die Unmittelbarkeit des Lebens war außerhalb dieses Bereiches jedoch überall zu finden, und so sah sich der Naturalismus durchaus nicht auf irgendeinen bestimmten Stoff, irgendeine soziale Schicht grundsätzlich beschränkt. Naturalismus ist, mit anderen Worten, eine Frage der Darstellungsart und der Technik, nicht eine Frage der Stoffwahl. Zum Leben und zur Wirklichkeit gehört auch Psychisches, und Psychisches soll, nach Albertis Worten, so dargestellt werden wie "Leben" überhaupt, nämlich "objektiv-realistisch". Die realistische Darstellung auch psychischer Details läßt sich an Holz' *Papa Hamlet* studieren - aber ebenso, daß dieser auf den ersten Blick hin so minutiöse Dokumentarbericht Stilisierungstendenzen zeigt und damit ein Bemühen um eine künstlerische Wiedergabe des "Stoffes" mit Hilfe literarischer Techniken.

Diese lassen erstaunliche Übereinstimmung mit Techniken erkennen, wie sie bei George und Hofmannsthal begegnen. Die Novelle *Papa Hamlet* aus dem Jahr 1889 von Arno Holz und Johannes Schlaf dokumentiert das Bemühen um einen "objektiven Realismus"; es ist zunächst einmal die weitgehende Dialogisierung der zu beschreibenden Vorgänge und die Art der Dialogisierung, die dieser Forderung gerecht zu werden versucht. Wichtiger jedoch ist die gleichsam szenische Struktur der Erzählung: der hier beschriebene Niedergang wird nicht kontinuierlich erzählt, sondern in mehreren aufeinander folgenden Querschnitten dargestellt. Der Aufgliederung der Erzählung in einzelne Handlungsabschnitte, in Szenen entspricht im Kleinen die Aufgliederung in minutiös beobachtete und dargestellte Einzelheiten. Auch hier gilt: Partikulares ist wichtiger als das Ganze, die Beschreibung eines Blickausschnittes bedeutsamer als ein Panoramablick. Der Vorliebe für das räumliche Detail entspricht die für die kleinste Einheit der Zeit, wie sie sich im "Sekundenstil" darstellt. Ausschnitte sind überdeutlich und übergroß dargestellt, Zusammenhänge werden nur andeutungs- und ahnungsweise sichtbar. Eben diese Darstellungsmittel schienen Schlaf und Holz ein Höchstmaß an objektiver Realität zu gewährleisten, so schien die Natur durch Kunst adäquat wiedergegeben zu sein. Aber von der Naturtreue her lassen sich die Texte nicht lesen. So sehr die Autoren sich bemühen, das Leben einzufangen, so wie es sich ihnen darstellt, so sehr ist dieser Text - wie viele andere Texte des Naturalismus - literarisch durchgeformt; auch die "Natur" ist literarisiert. Das zeigt sich an zwei weiteren Charakteristika: der gleichermaßen impressionistischen wie symbolistischen Orientierung des Textes. Symbolistisch ist die Konzentration auf den Moment, auf das Detail, und der "Sekundenstil" verleiht dem Text einen geradezu pointillistischen Charakter. Zwar ordnen sich die Details zu einem wohldurchdachten Ganzen. Aber der Eigenwert der Ausschnitte bleibt durchaus erhalten, und in dieser impressionistischen Konzentration auf das Detail ist ein Stilcharakteristikum sichtbar, das auch in Georgeschen Gedichten und in der Lyrik von Hofmannsthal begegnet. Es kommt hinzu, daß Holz und Schlaf ebenso Stimmungen vermitteln wollten wie George und Hofmannsthal, auch wenn der Begriff der Stimmung bei George anders definiert war.

Noch deutlicher ist die Konzentration auf Symbole. Eine flackernde Lampe, Farben, zwölf Glockenschläge, die untergehende Sonne haben in diesem Text eindeutig zeichenhaften Charakter: sie weisen auf Tod und Untergang, diese kündigen sich in ihnen an und sind mit ihnen schon präsent. Dabei ist die Art des symbolischen Bezuges sehr viel traditioneller als etwa bei George und Hofmannsthal, denn die verweisenden Zeichen sind kaum verrätselt. Um so deutlicher treten sie in Erscheinung. Impressionistische wie auch symbolistische Momente bestätigen erneut, wie sehr die Literatur um 1900 von durchgängigen Gemeinsamkeiten bestimmt ist.

Eine wirklich überzeugende literarische Theorie haben die Naturalisten freilich nicht zuwege gebracht. Wilhelm Bölsche hat ein geradezu treuherziges Bekenntnis abgelegt, als er sagte: "Der realistische Dichter soll das Leben schildern, wie es ist".[31] Damit war die Frage: "Was ist der wahre künstlerische Naturalismus, was ist sein eigentliches Wesen und innerster Kern?", die Eugen Wolff gestellt hatte,[32] insofern gar nicht beantwortet, als Bölsche nichts über die Art der Lebensschilderung gesagt hatte, also über den künstlerischen Umformungsprozeß, auf den der Naturalismus immer Wert gelegt hat. Aus der Naturdarstellung, aus der Lebensnähe wurde kein Programm. Gelegentlich nahm man die Zuflucht zu Zolas Definition, der den Naturalismus als Kunst beschrieben hatte, die die Natur zeige, gesehen durch ein Temperament. Maximilian Harden veröffentlichte eine Arbeit mit dem Titel *Die Wahrheit auf der Bühne* 1887/88 im ersten Jahrgang des *Kunstwart* und schrieb dort: "Was will der Naturalismus? Er fordert Abwendung von aller Konvention, Umkehr zur rücksichtslosesten Wahrheit ohne jedes [sic] Kompromiss, er will ein Stückchen Natur schildern, wie es sich in seinem Temperament zeigt,

31 Ebd. S. 96.
32 Ebd. S. 107.

ohne das Bild mit dem Firniss der Schönheitsfärberei zu überpinseln".[33] Darin war der Subjektivität ein Raum zugestanden, den andere ihr nicht zubilligen wollten. Die Antwort auf diese Feststellung kam in der *Gesellschaft* 1888 in einem Aufsatz von Conrad Alberti über *Karl Frenzel und der Realismus*, wo es hieß, "daß *dieselben Naturgesetze, welche die Vorgänge in der mechanischen Welt regeln, auch die geistige regieren und speziell das künstlerische Schaffen, die Entstehung des Kunstwerks und die Wandlungen des allgemeinen Geschmacks und den Entwicklungsgang aller Künste bestimmen*".[34] Da war einer subjektiven Mitwirkung im künstlerischen Darstellungsprozeß nicht der geringste Raum gelassen. Alberti hat freilich auch immer wieder festgestellt: "Mithin erscheint jedes ästhetische Gesetz nur dann gerechtfertigt, wenn es sich als die Anwendung eines allgemeinen Naturgesetzes auf die besonderen Bedingungen der Kunst darstellt".[35] Wenn es freilich heißt, daß das "unablässige Studium die einzige Aufgabe des Künstlers" sei, so könnte dieser Satz durchaus in einem Goetheschen Aufsatz stehen - aber auch das spricht eher für die Definitionsohnmacht der Naturalisten als für ihre Bestimmungsstärke. Was völlig ungeklärt blieb, war das Verhältnis von "objektiv" und "subjektiv". Alberti hatte zwar betont: "Jedes Kunstwerk sei objektiv realistisch",[36] hat dann aber doch vom subjektiven Realismus gesprochen. Dagegen schrieb Heinrich Hart 1889 in *Die realistische Bewegung. Ihr Ursprung, ihr Wesen, ihr Ziel*: "Auch die Literatur muß sich von der subjektiven Willkür befreien",[37] und er beschwor den "Geist der absoluten Objektivität, der zugleich die Hingabe an die Allgemeinheit, das *Zurückdrängen* des *Subjekts* bedeutet". Das rückt sehr in die Nähe der Philosophie Hofmannsthals und in die Nähe der Ablehnung alles Subjektiven bei George. Was den Naturalisten von jenen unterscheidet, ist die Suche nach einem "objektiv-technischen Verfahren", wie Hart das forderte. Die Suche nach einem solchen objektiv-technischen Verfahren ist freilich eine theoretische Forderung geblieben, die nicht näher spezifiziert wurde. Was Hart 1889 wollte, ist dann allerdings 1891 in gewissem Sinne von Arno Holz in *Die Kunst. Ihr Wesen und ihre Gesetze* verwirklicht worden, nämlich durch sein naturalistisches Grundgesetz. Eine Theorie war das freilich auch nicht. Es blieb bei einer Formel für Verfahrenstechnik, und darin zeichnete sich sowohl der Höhepunkt wie

---

33 Ebd. S. 108.
34 Ebd. S. 127. Hervorhebung i. O.
35 Ebd. S. 130.
36 Ebd. S. 133.
37 Ebd. S. 149. Hervorhebung i. O.

auch das Ende der Kunsttheorie des deutschen Naturalismus ab. Die Definitionsohnmacht wurde nicht zuletzt auch daran deutlich, daß Arno Holz keine Gegenthese zur These Zolas entwarf, sondern diese im Grunde genommen nur übersteigerte und damit vereinseitigte. Verständlich, daß die Theorie von Arno Holz nicht fruchtbar werden konnte.

Im Grunde genommen endete die naturalistische Literaturtheorie mit der Formel von Arno Holz, und was sich um 1880 noch als Beginn einer neuen gewaltigen Literaturbewegung angekündigt hatte, verstummte zehn Jahre später. Die Naturalisten haben das selbst am ehesten gemerkt. Wilhelm Bölsche schrieb 1890 in der *Freien Bühne für modernes Leben* einen kurzen Artikel mit der Überschrift *Hinaus über den Realismus*, in dem sich der Verfallsprozeß der naturalistischen Literaturtheorie schon deutlich ankündigte. Im Grunde fehlte es an einer einheitlichen Definition des Realismusbegriffs. Bölsche schrieb:

> Die Einen denken an Zola. Die Andern an Tolstoi. Noch Andere an die Schweden, an die Norweger. Dieser an Romane, dieser an Schauspiele. Jeder hat einen Lieblingsdichter, für den er geschwärmt hat, in dem sich ihm die realistische Methode verkörpert hat, dessen Methode er vielleicht selbst nachgeahmt hat - und dessen Schwächen er allmählich genau eingesehen hat. Und jeder schafft seinen Realismus nach diesem Einen.[38]

Aus den vielen vorläufigen Definitionsversuchen und Selbstbestimmungen war nichts Endgültiges geworden. Im Grunde genommen waren die literarischen Selbstbestimmungen über die Diskussion von Begriffen nicht hinausgekommen, aus der Definitionsvielfalt kristallisierte sich keine überzeugende Anschauung heraus. Bölsche hat das auch gesehen und von den sehr unterschiedlichen "Realismen" gesprochen, die jeweils vorgestellt worden seien. Es wurde nie ganz geklärt, ob ein Naturalist Äußerliches oder Innerliches beschreiben solle, ob eine Szenerie zu schildern sei oder eine seelische Situation.

Von 1891 an sind die Auflösungserscheinungen innerhalb der naturalistischen Theorie unverkennbar, und sie zeichnen sich selbst dort ab, wo man sie leugnet. "Der Realismus ist noch nicht überlebt", heißt es in einem Aufsatz von Falk Schupp in der *Gesellschaft*, und unter die Gründe wird gezählt, daß er sich "als Kunst der Naturwissenschaft" niemals überleben könne. Aber damit ist der Realismusbegriff noch zweideutiger geworden, als er das ohnehin schon war. Es heißt in diesem Aufsatz auch: "Er kann wohl von einem Pole zum anderen umschlagen, so z. B. vom Naturalismus zur symbolistischen Romantik, aber er wird innerhalb des

38 Ebd. S. 221.

Rahmens bleiben müssen, den ihm die *moderne Naturwissenschaft* ein für alle Mal gesteckt".[39] Aber ist "symbolistische Romantik" noch "Realismus"? Diese Begriffserweiterung führte nicht zur Klärung, sondern zur Verwässerung des Realismusbegriffs. 1891 hat auch Leo Berg den Untergang der naturalistischen Theorie erkannt und in seinem Aufsatz *Isten, Asten und Janer*, der in den *Modernen Blättern* erschien, dem Naturalismus bescheinigt: "Wir stehen jetzt vor dem Auflösungsprozeß des Naturalismus".[40] Es kam hinzu, daß der Naturalismus alles andere als publikumswirksam war, jedenfalls in der Zeit von 1880 bis 1890 - der enormen publizistischen Tätigkeit und dem außerordentlich großen literarischen Betrieb stand eine minimale Resonanz gegenüber, eine Breitenwirkung fehlte völlig. Der Auflösungsprozeß wurde von Leo Berg vielleicht am deutlichsten gesehen, der in *Isten, Asten und Janer* auch schrieb:

> Wer zählt die Ismen, nennt die Namen?! Die Real-Idealisten, Symbolisten, Instrumentalisten, Impressionisten, Mystizisten, Lyristen, Neu-Idealisten, Neu-Romantiker, Nationalisten, Humoristen, Modernisten, Decadents, Fin-de-siècListen, Gesundheitsbeamten und Tugendwächter der neuen Litteratur. [...] Der Eine tut's mit der Gesundheit, der andere mit der Naturwissenschaft, Jener kuriert mit dem Humor, und der tuts wieder mit dem Neu-Idealismus, und wieder ein Anderer heilt alle Wunden mit der Historie und der Philosoph unter den Kurpfuschern macht es mit Rembrandt. Kurz Jeder treibt Proselyten auf eigene Faust. Das ist die Zeit der kleinen Sektenbildung.[41]

Berg sprach sogar von einer "Contre-Revolution gegen den Naturalismus",[42] die im besten Gange sei. Gelegentlich suchte man dem Auflösungsprozeß des Naturalismus dadurch gegenzusteuern, daß man die Verbindung mit anderen literarischen Strömungen der Gegenwart suchte. So schrieb Hermann Bahr in seinem Buch *Zur Kritik der Moderne* bezeichnenderweise: "Die Synthese von Naturalismus und Romantik ist die gegenwärtige Aufgabe der Litteratur".[43] Aber zwischen diesen beiden Strömungen gab es keine Gemeinsamkeiten. Richard Dehmel sprach 1892 von der "Tragödie des Naturalismus" und fragte: "Was soll diese Nachäffung der Wirklichkeit, wenn ihr doch spürt, daß sie *an sich* nichts sagt, wenn die abstrakten Vermutungen der Wissenschaft zu konkret persönlichen

39 Ebd. S. 226. Hervorhebung i. O.
40 Ebd. S. 227.
41 Ebd. S. 228f.
42 Ebd. S. 230.
43 Ebd. S. 231.

Schicksalsgesetzen aufgebauscht werden müssen?"[44] Der hinter Dehmels Überlegungen verborgene Vorwurf ist gravierend, denn er besagt, daß gerade das Neue, nämlich die naturwissenschaftliche Orientierung, sich als Hindernis erwies: die damit geforderte Allgemeinheit der Darstellung verhinderte, so Dehmel, jegliches Individuelle und damit das Leben und die Darstellung des Lebens selbst. 1891 schrieb Hermann Bahr auch: "Zeichen waren lange da, seltsame Boten und Warnungen, daß die Litteratur an eine Wende rücke, neuen Trieben entgegen, vom Naturalismus, der alterte, weg".[45] Auch bei Michael Georg Conrad heißt es 1892: "der gemeine Naturalismus ist überwunden. Eine Mode von gestern".[46]

Die Gründe für das Scheitern der naturalistischen Theorie liegen hier selbst. Die Hinweise auf das Nationale, auf Schopenhauer zeigen, daß hier traditionelle und neue Momente ein Konglomerat eingegangen waren, das eine wirkliche neue Theorie verhinderte. Es kam hinzu, daß die naturalistische Theorie eminent praxisfern war, deswegen auch über das Theoretisieren über Grundbegriffe wie Realismus und Naturalismus nicht recht hinausreichte. Die naturwissenschaftliche Orientierung tat ein übriges; die grundsätzlichen Unterschiede zwischen naturwissenschaftlichem Denken und dem an Individuellem orientierten literarischen Prozeß waren unüberbrückbar. Bezeichnend ist, daß auch die Formel von Arno Holz das Entscheidende, nämlich den Anteil des Individuellen, nur mit einem "x" bezeichnen konnte. Schließlich zeigte sich, daß gerade die große Zahl an theoretischen Definitionsversuchen die Konturen eines gemeinsamen Standpunktes unscharf werden ließ. Und so wenig das Verhältnis von Realismus und Subjektivismus geklärt war, so wenig auch das von Realismus und Idealismus. Wenn bei Bölsche vom "realistischen Ideal" die Rede war und das Protokoll des Literatenvereins *Durch* definierte: "Der Realismus ist also ideal, aber nicht idealistisch; er stellt ideal dar, aber nicht Ideale",[47] so lassen diese Äußerungen erkennen, daß die Relation zwischen beiden Begriffen unbestimmt blieb. Wenn in der naturalistischen Literatur gelegentlich zwischen einem "radikalen Naturalismus" und einem gemäßigten Naturalismus unterschieden wurde, so macht das auch nur noch einmal sichtbar, wie groß die Unschärfe der Begriffe war. Und: so sehr die Subjektivität auf der einen Seite ausgerottet werden sollte, so hieß es auf der anderen Seite doch in einem Aufsatz von Karl Bleibtreu mit dem Titel

---

44 Ebd. S. 235. Hervorhebung i. O.
45 Ebd. S. 242.
46 Ebd. S. 256.
47 Ebd. S. 143.

Andere Zeiten, andere Lieder!, der 1885 in der *Gesellschaft* erschien: "In allererster Linie muß die *Subjektivität* entfesselt werden, um die Erstarrung in konventioneller Schablone zu brechen".[48] Und außerdem: "Das eigentlich Charakteristische der meisten Produktionen unserer neuesten Literatur ist der Mangel eines bestimmten individuellen Gepräges".[49] Alberti sprach sich gegen die Beachtung des Temperaments in der Kunsttheorie aus; Otto Julius Bierbaum, der Albertis *Zwölf Artikel des Realismus* kritisierte, zitierte zustimmend Zola:

> Jedes Kunstwerk schließt nach meiner Ansicht zwei Elemente in sich, das allgemeine Element, d. h. die Natur, und das individuelle Element, d. h. den Schöpfer (Menschen). Das allgemeine Element, die Natur, ist unveränderlich, immer dasselbe [...]. Das individuelle Element, der Mensch, ist im Gegensatz zu ersterem mannigfaltig und veränderlich bis ins Unendliche. Soviele Werke, soviele verschiedene Geister. Wenn das Temperament nicht existierte, so wären notwendigerweise alle Bilder einfache Photographien.[50]

Subjektivität stand neben Objektivität, Individuelles neben Allgemeinem, Kunst neben Naturgesetzlichkeit, ohne daß es gelungen wäre, die verschiedenen Komponenten, die in den Überlegungen eine so große Rolle spielten, zu einer tragfähigen Synthese zu vereinen. Am Ende gab es nur vielfache Antworten auf die gleichen Fragen.

Man war sich über das, was kommen würde, freilich ebenso uneinig wie darüber, was der Naturalismus gewesen war. Hermann Bahr schrieb 1890 in *Zur Kritik der Moderne*:

> In einem Punkte sind Alle einig, die Alten und alle Gruppen der Jugend. In einem Punkte ist kein Zweifel: daß der Naturalismus schon wieder vorbei ist und daß die Mühe, die Qual der Jugend ein Neues, Fremdes, Unbekanntes sucht, das keiner noch gefunden hat. Sie schwanken, ob es neuer Idealismus, eine Synthese von Idealismus und Realismus, ob es symbolisch oder sensitiv sein wird. Aber sie wissen, daß es nicht naturalistisch sein kann.[51]

Bahr sprach auch noch an anderen Stellen von den seltsamen Boten und Warnungen vor den neuen Trieben: "Es keimt überall wie ein Frühling einer neuen Romantik".[52] Andererseits war die Tendenz zur Wirklichkeit unverkennbar. Hermann Bahr hat das auch einmal nur "die Psychologie" genannt - "Die Bilder der äußeren Welt zu verlassen um lieber die Rätsel

---

48 Ebd. S. 53. Hervorhebung i. O.
49 Ebd. S. 51.
50 Ebd. S. 137.
51 Ebd. S. 242.
52 Ebd. S. 245.

der einsamen Seele aufzusuchen - dieses wurde die Losung: Man forschte nach den letzten Geheimnissen, welche im Grunde des Menschen schlummerten".[53] Gelegentlich hat man die neue Kunst, die erwartet wurde, "Nervenkunst" genannt; Bahr hat auch diese prophezeit, wenn er schrieb: "Ich glaube also, daß der Naturalismus überwunden werden wird durch eine nervöse Romantik; noch lieber möchte ich sagen: durch eine Mystik der Nerven".[54]

Diese nachträglichen Bestandsaufnahmen dessen, was den Naturalismus ausgemacht hatte, sind unbefriedigend. Man wird ihm sicherlich gerechter, wenn man in der Vielfalt der naturalistischen Überlegungen auch das Experimentelle sieht, denn Experimentelles prägt schließlich auch die Texte der Naturalisten selbst. Es gibt im Bereich des Naturalismus keine kanonisierten oder kanonisierenden Selbstbestimmungen. Um so deutlicher sind die Beziehungen zu den anderen literarischen Strömungen um 1900.

---

53 Ebd. S. 249f.
54 Ebd. S. 251.

VII

Literaturtheorien des Expressionismus

Auch der Expressionismus ist eine Gruppenliteratur: die Bewegung ist freilich ungleich breiter als die der Naturalisten und sehr viel unübersichtlicher als etwa die des Kreises um die *Blätter für die Kunst*. Mit dem Naturalismus hat der Expressionismus gemeinsam, daß es an einer klaren und verbindlichen Standortbestimmung der neuen Richtung sowohl zu Beginn wie während der Zeit des Expressionismus fehlt. Wie im Naturalismus gibt es andererseits zahlreiche Versuche, die eigene Position zu bestimmen, und viele Definitionen, die das Erscheinungsbild dieser literarischen Bewegung völlig unübersichtlich machen. In dem Band *Lyrik des expressionistischen Jahrzehnts. Von den Wegbereitern bis zum Dada*, der mit einer Einleitung von Gottfried Benn 1955 erschien, findet sich der Satz: "Aber: Expressiv - was ist nun das und was ist der Expressionismus? Gab es ihn überhaupt?"[1] Die Frage ist um so sonderbarer, als sie jemand stellt, der selbst der expressionistischen Lyrik und Prosa zugerechnet wird - und der hier nahezu leugnet, daß es dergleichen überhaupt gegeben habe.

Benns Frage ist freilich nicht so sonderbar, versucht man, das Phänomen des Expressionismus von den daran Beteiligten her einzugrenzen. Die Frage, wer zu den Expressionisten zählt, ist alles andere als eindeutig zu beantworten. In der profiliertesten Lyrikanthologie des Expressionismus, der von Kurt Pinthus herausgegebenen *Menschheitsdämmerung*, finden sich 23 Namen, die, so hat Pinthus in seiner Einleitung selbst vermerkt, nur eine sehr kleine Auswahl darstellen. Aber schon unter dieser relativ geringen Zahl sind Autoren genannt, die man heute kaum dem Expressionismus zurechnen kann: etwa Else Lasker-Schüler und Theodor Däubler. Und: ist René Schickele ein Expressionist gewesen, war Franz Werfel einer, kann er so dicht neben Gottfried Benn, Walter Hasenclever, Georg Heym, August Stramm und Georg Trakl genannt werden? Andererseits

---

1 Lyrik des expressionistischen Jahrzehnts. Von den Wegbereitern bis zum Dada. Eingeleitet von Gottfried Benn. Wiesbaden [5]1974. S. 6.

gibt es Gedichte von Rudolf Borchardt, die durchaus expressionistisch wirken. In anderen Anthologien werden zu den Expressionisten Autoren gezählt, deren Zuordnung noch fragwürdiger sein mag: Rilke, Weinheber, Gertrud von le Fort, Erich Kästner, Bertolt Brecht. Gute Gründe sprechen sowohl für die Zuordnung wie auch für den Ausschluß dieser Namen - und was für die Lyrik gilt, gilt gleicherweise für Drama und Roman. Zum Naturalismus gehören immerhin einige unbezweifelbar hinzu: die Brüder Hart, Bölsche, Holz und Schlaf, Maximilian Harden, Leo Berg, Eugen Wolff, Karl Bleibtreu, Conrad Alberti, Karl Henckell. Diese Namen lassen sich auch mit bestimmten Phasen der naturalistischen Literaturtheorie verbinden: die Brüder Hart prägten vor allem in der Phase der Ortsbestimmung, also etwa von 1880 bis 1887/88, die naturalistische Theorie, während Bölsche am Wendepunkt zur Phase der Definitionsversuche steht (1887) und Arno Holz mit seiner resoluten Begriffsbestimmung erst später auftritt. Eine solche Gliederung ist beim Expressionismus nicht möglich, nicht nur, weil der Kreis der Expressionisten viel zu groß ist, sondern auch, weil sich mit den wenigen Namen, die unbezweifelbar dazuzurechnen sind, derartige Entwicklungsstadien nicht verbinden lassen - es sei denn, die Betreffenden wären früh gestorben wie Georg Trakl oder August Stramm. Die Schwierigkeiten werden noch größer, wenn man andere Künste und Wissenschaften hinzurechnet. Martin Buber, Franz Marc, Wassily Kandinsky, Karl Schmidt-Rottluff lassen sich dem Expressionismus ebenso zuordnen - wie Hermann Bahr, Hermann Kasack, Franz Blei, Frank Thiess, Rudolf Pannwitz, Rudolf G. Binding, Ivan Goll. Eine Anthologie bezieht die Namen Hermann Hesse, Alfred Kerr, Walter von Molo, Friedrich Gundolf mit ein. Es gibt, anders gesagt, kaum irgendeinen Namen von Rang in der Literatur zwischen 1910 und 1925, der nicht in irgendeinem Zusammenhang mit dem Expressionismus genannt worden wäre. Auch das scheidet diese Strömung scharf vom Naturalismus.

Verständlich also, daß es an einer exakten Bezeichnung dessen fehlt, was "Expressionismus" war. Es gibt auch kaum Ersatzlösungen. So hat man versucht, den expressionistischen "Stil" zu bestimmen, aber die Aneinanderreihung von Merkmalen, die für die meisten expressionistischen Gedichte gelten, endet in der Regel in der Beschreibung des Phänomens, nicht in einer Definition.

Was die Literatur des Expressionismus mit der des Naturalismus, auch mit der der *Blätter für die Kunst* verbindet, ist die Oppositionshaltung zum Vorangegangenen. Häufig verbindet sich die literarische Auseinandersetzung mit der Tradition mit einem Generationskonflikt (wie in Hasenclevers Drama *Der Sohn*). Die expressionistische Generation hat mehrfach protestiert: gegen die Literatur der Jahrhundertwende, gegen den Naturalismus mit seinem als naiv bezeichneten Glauben an die Übertragbarkeit naturwissenschaftlicher Kategorien, gegen den Impressionismus, gegen die Neuromantik und gegen die wirklichkeitsferne Kunstdoktrin Georges. Opposition ist innerhalb des Expressionismus wiederholt zur Sprache gebracht worden. Proteste aber gab es nicht nur gegen die vorangegangene Literatur, sondern ebenfalls gegen die "Errungenschaften" der Moderne, gegen die technisierte und damit beherrschbar gewordene Welt der Jahrhundertwende und gegen deren Optimismus. Auf den ersten Blick unterscheidet sich der Expressionismus auch in zwei wichtigen Stilkomponenten von der Jahrhundertwende: der Protest richtet sich gegen die mikrologische Darstellung des Naturalismus, gegen die Detailschilderung, die Neigung zur Kleinmalerei und zur Wiedergabe bloßer Ausschnitte. Was Naturalismus und Impressionismus also eng miteinander verbindet, wird hier bekämpft. Auch die Dingbezogenheit wird kritisiert - dagegen tritt ein sich humanistisch verstehender Expressionismus an, dem Totalität mehr gilt als das Detail, das Ganze mehr als das Einzelne. Gegen die Mode gewordene Mikrologie stellt sich der Titel *Menschheitsdämmerung*. Im Expressionismus ist alles auf den Menschen bezogen, nicht auf eine naturwissenschaftliche Gesetzlichkeit. Das *Ganze* und das *Eigentliche* wird gegen das Kleine, Dingliche, gegen die Beschreibung von Minimalzuständen ins Feld geführt.

Zwei weitere Auffälligkeiten unterscheiden die literartheoretischen Überlegungen des Expressionismus von denen der Naturalisten. Die expressionistischen Äußerungen der Literatur stehen nicht, wie im Naturalismus, isoliert, sondern in engem Kontext der expressionistischen Dichtung. Die Theorie geht also der Praxis nicht, wie im Naturalismus, voran, noch, wie häufig im 18. Jahrhundert, die Praxis der Theorie; in der Zeit des Expressionismus bilden sich Dichtung und literarische Theorie gleichzeitig aus. Dabei kommt den theoretischen Äußerungen des Expressionismus oft die Rolle eines Kommentars zu, einer Zusammenfassung oder einer das Dichterische noch ergänzenden Ausdeutung, die aber nicht über der Dichtung steht, sondern die dichterische Aussage gewissermaßen auf gleicher Ebene verdeutlicht. So tritt an die Stelle von Ortsbestimmungen die Explikation: der geht es nicht um scharfe Grenzziehungen, sondern um den theoretischen Nachvollzug dessen, was Dichtung selbst sehr viel direkter sagt. Ein gutes Beispiel eines derart explikativen Kommentars, der gleichzeitig Literaturtheorie ist, bietet die Einleitung von Kurt Pinthus in seine *Menschheitsdämmerung*:

> Dies Buch nennt sich nicht nur 'eine Sammlung'. Es *ist* Sammlung!: Sammlung der Erschütterungen und Leidenschaften, Sammlung von Sehnsucht, Glück und Qual einer Epoche - unserer Epoche. Es ist gesammelte Projektion menschlicher Bewegung aus der Zeit in die Zeit. Es soll nicht Skelette von Dichtern zeigen, sondern die schäumende, chaotische, berstende Totalität unserer Zeit. [...] Man horche in die Dichtung unserer Zeit..., man horche quer durch, man blicke rund herum, ...nicht vertikal, nicht nacheinander, sondern horizontal; man scheide nicht das Aufeinanderfolgende auseinander, sondern man höre zusammen, zugleich, simultan. Man höre den Zusammenklang dichtender Stimmen: man höre symphonisch. Es ertönt die Musik unserer Zeit, das dröhnende unisono der Herzen und Gehirne.[2]

Definiert wird hier freilich nichts; es sind Leseempfehlungen, eine vage Einstimmung auf das hin, was in den Gedichten selbst sehr viel konziser zur Sprache kommt. Derart "öffentliche" Äußerungen werden ergänzt durch Tagebuchaufzeichnungen, Briefe, schriftlich fixierte Gespräche: sie gehören ebenso zur Literaturtheorie. Anders gesagt: es gibt keine eindeutigen literarischen Formen mehr, in denen sich die Theorie präsentieren würde - alles kann zum Vehikel theoretischer Äußerungen werden, auch wenn diese den Charakter der Vorläufigkeit haben.

Das Bild wird noch unübersichtlicher durch Äußerungen von Malern wie Max Beckmann, Lovis Korinth, Wassiliy Kandinsky, August Macke und Franz Marc, um nur die wichtigsten zu nennen. Synästhetisches zeigt sich dort, wo sich in den theoretischen Äußerungen malerische Vergleiche finden und in der Dichtung starke malerische Effekte; angesichts der expressiven Wirkung, die erreicht werden soll, sind die Mittel im Grunde genommen gleichrangig und beliebig verfügbar. Die traditionellen Trennlinien zwischen den Künsten, schon um 1900 sehr durchlässig geworden, sind vollkommen gefallen, und das gilt auch für das Manifest, das nicht auf die Literatur beschränkt ist; Bilder können ebenfalls Manifeste sein und zum Inbegriff von Aussagen werden - etwa in Tierbildern von Franz Marc. Andererseits sind die Grenzen zu Philosophie und Religion fließend geworden und stellenweise völlig aufgehoben. So gibt es etwa von Paul Baudisch *Fragmente einer religiösen Ästhetik* und von Carl Einstein Kunstbemerkungen unter der Überschrift *Totalität*, in denen die Eigenwertigkeit ästhetischer Kategorien überhaupt geleugnet wird. Wie die Grenzen der Kunst zur Philosophie oder Religion durchlässig werden, so auch die zur Psychologie, Soziologie, Physik, Mathematik, Chemie hin. Anders gesagt: eine feste Grenzziehung zwischen künstlerischen und außerkünstlerischen

---

2 Menschheitsdämmerung. Symphonie jüngster Dichtung. Hrsg. von Kurt Pinthus. Berlin 1920. S. Vf. Hervorhebung i. O.

Bereichen ist unmöglich, die Grenzüberschreitung der Künste zu den angrenzenden Bereichen gewissermaßen Programm des Expressionismus. Grenzen werden auch nach innen hin gesprengt - die Bewegung splittert sich auf in verschiedene Ismen: Futurismus, Kubismus, Aktivismus, Dadaismus, Suprematismus, Purismus. Die Frage, ob es sich hier nur um Untergruppen des Expressionismus handelte, ist insofern müßig, als Expressionismus selbst letztlich eine Sammelbezeichnung ist.

Das Wort ist seit 1901 in Frankreich nachweisbar, bezeichnet aber dort die Fauvisten, "Les Fauves"; der Fauvismus versteht sich als Gegenbewegung zum Impressionismus, der dadurch überwunden werden soll. In Deutschland ist der Name Expressionismus von Anfang an eher eine Sammelbezeichnung für Fauvisten und Kubisten gewesen; so wurde er 1911 aus Anlaß einer Ausstellung der Berliner Sezession gebraucht. 1911 finden sich auch die ersten etwas genaueren Eingrenzungen in Äußerungen zur Malerei. Als Sammelbezeichnung bedeutet "Expressionismus" nur "Gegenbewegung zum Impressionismus". Nähere Bestimmungen begegnen bei Wassily Kandinsky in seinem Buch *Über das Geistige in der Kunst, insbesondere in der Malerei* (1912); dort ist gefordert, "die Natur nicht als äußerliche Erscheinung darzustellen, sondern überwiegend das Element der *inneren Impression*, die kürzlich *Expression* genannt wurde".[3] Das läßt zwar immer noch den alten Gegensatz zum Impressionismus erkennen, ist aber insofern ein erster Versuch einer Neubestimmung, als alles auf den inneren Bereich bezogen ist, der nach Darstellung verlange und als das "Eigentliche" gilt. Ein weiterer Beleg findet sich in einem Aufsatz von Wilhelm Worringer mit dem Titel *Zur Entwicklungsgeschichte der modernen Malerei*, 1911 in der Zeitschrift *Der Sturm* erschienen, dem führenden Publikationsorgan des Expressionismus. Expressionisten sind in Worringers Beitrag zwar gleichgesetzt mit den Pariser Synthetisten, einer anderen französischen Malerrichtung, aber dennoch ist Entscheidendes zur Bestimmung der modernen Kunst genannt: ihre Wurzel sei die "Ueberwindung des Subjektiv-Willkürlichen und nur Individuell-Bedingten",[4] ihr Vorbild die Kunst der Primitiven, ihr Ziel die Emanzipation von dem in Europa üblich gewordenen "Rationalismus des Sehens" und der Versuch, wieder die "Suggestionskraft der Kunst" zu erreichen. Hier kommt bereits das Kulturkritische, Kulturfeindliche der neuen expressionistischen Male-

---

3 Wassily Kandinsky: Über das Geistige in der Kunst [1912]. 10. Auflage, mit einer Einführung von Max Bill. Bern 1952. S. 96. Anm. 1. Hervorhebungen i. O.

4 Wilhelm Worringer: Zur Entwicklungsgeschichte der modernen Malerei. In: Der Sturm. II. 1911. Nr. 75. S. 597f., hier S. 597.

rei ebenso zum Ausdruck wie der Wunsch, über die Rationalität hinaus wieder das Primitive einer ursprünglichen Kunst zu erreichen. Näher wird der Begriff allerdings nicht bestimmt, jedenfalls nicht in den Jahren vor dem Ersten Weltkrieg, zumal er immer nur im Gegensatz zum Impressionismus gebraucht wird und mehr eine Sammelbezeichnung bzw. eine Bezeichnung unter anderen bleibt - so in einem Aufsatz von Paul Ferdinand Schmidt von 1911, *Über die Expressionisten*, in *Rheinlande*. Ab 1912 gibt es Ausstellungen zu deutschen Impressionisten, unter anderem in Köln vom Sonderbund rheinischer Künstler - aber sie ersetzen nicht Begriffsbestimmungen, zumal die Gegner der neuen Malerei den Begriff "Expressionismus" sofort in diffamierender und pejorativer Bedeutung gebrauchten. Dennoch kann man dem Aufsatz von Worringer die beiden entscheidenden Tendenzen des Expressionismus entnehmen: es sind die Bemühungen um eine neue Totalität (Worringer spricht von "Objektivität") und der Versuch, das Arationale, Suggestive des Lebens künstlerisch einzufangen, das, so meint Worringer, seit Renaissance und dem "Illusionismus" verlorengegangen sei.

Kandinskys und Worringers Bemerkungen zum Expressionismus waren freilich alles andere als programmatisch gedacht - Ausgangspunkt blieb immer die Antithese zum Impressionismus. Vielleicht ist der Begriff Expressionismus auch nur aus einer schlagfertigen Antwort heraus entstanden; Paul Cassirer, Jurymitglied einer Berliner Malervereinigung, soll bei einem Bild von Max Pechstein auf die Frage "Ist das denn überhaupt noch Impressionismus?" geantwortet haben: "Nein, Expressionismus!"[5] Aber das ist zunächst nur eine Anekdote - von hier führt noch kein direkter Weg in den literarischen Expressionismus - Aussagen wie die von Worringer machen aber deutlich, wie breit die neue Bewegung des Expressionismus von vornherein war. "Expressionismus" ist in der Literatur ähnlich wie in der Malerei als Begriff anfangs unbestimmt und selten gebraucht. Frühexpressionisten wie Heym, van Hoddis, Alfred Lichtenstein, Trakl kennen den Begriff nicht; nur Ernst Stadler verwendet ihn einmal beiläufig in einer Rezension. Wer das Wort in literarischer Beziehung in Deutschland zum ersten Mal benutzte, ist umstritten; Kurt Hiller gebraucht "Expressionismus" in einem Artikel in *Die Aktion* 1912, um Ferdinand Hardekopf zu charakterisieren, "den Verfasser der kondensiertesten deutschen Prosa, den Expressionisten, den Michelangelo des

---

5 Paul Pörtner: Literatur-Revolution 1910-1925. Dokumente, Manifeste, Programme. Bd. II: Zur Begriffsbestimmung der Ismen. Neuwied 1961. S. 14.

'kleinen Formats'".[6] Möglicherweise hatte auch Herwarth Walden, der Begründer der Zeitschrift *Der Sturm*, das Wort 1912 in Deutschland eingeführt. An anderer Stelle wird freilich auch auf das Jahr 1911 hingewiesen, was das Erstbenennungsdatum betrifft.[7] Barlach verwendet den Begriff 1911 in einem Brief an Reinhard Piper. Kurt Hiller bezeichnet 1911 in einem Aufsatz in der *Heidelberger Zeitung* die Dichtung von Ernst Blass und Georg Heym als "Expressionismus" und schreibt dort:

> Wenigstens erschienen uns jene Ästheten, die nur zu reagieren verstehen, die nur Wachsplatten für Eindrücke sind und exakt nuancensam arbeitende Deskribiermaschinen ... als ehrlich inferior. Wir sind Expressionisten. Es kommt uns wieder auf den Gehalt, das Wollen, das Ethos an.[8]

Kurt Pinthus stellt 1912 zu Heyms Gedichten fest, sie seien das, was man in der Malerei als Expressionismus bezeichnet habe. Definitionen enthalten alle diese Belege nicht.

Eine erste brauchbare Eingrenzung findet sich erst 1913 in einem Artikel von Leonore Ripke-Kühn, *Expressionismus und Plastik*, der in *Die weißen Blätter* erschien, einer von René Schickele herausgegebenen expressionistischen Zeitschrift (von 1913-1915 ist jedoch noch Erik-Ernst Schwabach Redakteur und Herausgeber). Der Aufsatz stellt in gewissem Sinne ein Gegenstück zu Worringers Abhandlung dar, da hier die neue Literatur ähnlich charakterisiert wird, wie Worringer die neue Malerei beschrieben hatte. Der Artikel ist noch auf "Plastik" bezogen, bezieht sich aber im wesentlichen auf die Literatur. Dort heißt es:

> Der Name Expressionismus, zu Anfang fast leichtfertig als Antithese zum Impressionismus hingeworfen, hat sich zu einer umfassenden und bedeutsamen Formel für das neue Zeitideal und Weltgefühl entwickelt. Konzentration, Knappheit, Wucht, festgefügte Gestalt, das Pathos starker Leidenschaft sind die Kennzeichen, da wo sein echtes Wesen sich offenbart. Vorbei die Zeit der Halbtöne und feinhörigen Nuancen, der glimmenden Lichter in Wort und Ton und Farbe, des zärtlichen Hingegebenseins und umschlingenden Verschmelzens von Erscheinungen und Stimmungen. [...] Diese Art der Lyrik im weitesten Sinne ist tot - ich glaube, wir bekommen wieder Dramatiker. In der Tat, es sind kräftigere Gestalten am Werk, die von Innerlichkeit schwer beladen, mit einer fast explosiven Geste sich darstellen, oft roh, wahllos im Mittel, oft fast lächerlich ungeschlacht, aber bei

6 Kurt Hiller: Ferdinand Hardekopf. Drei Worte zu Oppenheimer's Porträt. In: Die Aktion. II. Berlin 1912. Nr. 47. Sp. 1484ff., hier Sp. 1485.

7 Ausführlicher dazu Karl Ludwig Schneider: Zerbrochene Formen. Wort und Bild im Expressionismus. Hamburg 1967.

8 Ebd. S. 9.

> denen, die nicht von Mode, sondern von Notwendigkeit getrieben sind, ein Versuch, den Menschen wieder in seinen Ausdruck ganz hineinzuschmieden.[9]

"Starke Leidenschaft" und ein neues Weltgefühl: damit finden sich die für den malerischen Expressionismus charakteristischen Tendenzen, nämlich Suggestivkraft und Totalität, hier ebenfalls. Gemeinsam ist sogar ein Drittes: der Hinweis auf das Primitive und die Kunst der Primitiven. Bei Worringer sind das Kennzeichen des malerischen Expressionismus, hier wird das Rohe, oft Wahllose, Ungeschlachte propagiert, und beide Male gibt es ein gleiches Ziel: durch Primitivität zum Ursprünglichen zu kommen.
Für die Literaturtheorie des Expressionismus ist charakteristisch, daß die neuen Phänomene nicht analysiert, sondern nur beschrieben werden. Auch die Hinweise von Worringer und Kühn wollen nicht als definitorische Äußerungen verstanden sein, sondern als Bestimmungen, die ihrerseits bereits zur Beschreibung tendieren, wenngleich die beiden entscheidenden Grundtendenzen der neuen malerischen literarischen Bewegung darin deutlich sichtbar werden. Auch andere frühere Äußerungen beschreiben das Phänomen des Expressionismus, definieren es aber nicht, haben also ebenfalls den Charakter von explikativen Kommentaren, wie sich das bei den ersten Versuchen einer Formbestimmung schon angedeutet hatte. Einer dieser frühen Kommentare ist eine Skizze mit dem Titel *Die Masken* von August Macke, in *Der Blaue Reiter* erschienen, einem Almanach, der von Kandinsky und Franz Marc 1912 herausgegeben wurde. Hier ist die Grenze zwischen theoretischer Bestimmung und explikativer Darstellung ebenso verwischt wie bei anderen Bestimmungen. Es heißt bei Macke:

> Ein sonniger Tag, ein trüber Tag, ein Perserspeer, ein Weihgefäß, ein Heidenidol und ein Immortellenkranz, eine gotische Kirche und eine chinesische Dschunke, der Bug eines Piratenschiffes, das Wort Pirat und das Wort heilig, Dunkelheit, Nacht, Frühling, die Zimbeln und ihr Klang und das Schießen der Panzerschiffe, die ägyptische Sphinx und das Schönheitspflaster auf dem Bäckchen der Pariser Kokotte.
> Das Lampenlicht bei Ibsen und Maeterlinck, die Dorfstraßen [...], eine Landschaft von van Gogh und ein Stilleben von Cézanne, das Surren der Propeller und das Wiehern der Pferde, das Hurrageschrei eines Reiterangriffs und der Kriegsschmuck der Indianer, das Cello und die Glocke, die schrille Pfeife der Lokomotive und das Domartige des Buchenwaldes [...].
> Unfaßbare Ideen äußern sich in faßbaren Formen. Faßbar durch unsere Sinne als Stern, Donner, Blume, als Form.

---

9 Abgedruckt bei Pörtner: Literatur-Revolution. Bd. II (wie Anm. 5). S. 163.

> Die Form ist uns Geheimnis, weil sie der Ausdruck von geheimnisvollen Kräften ist. Nur durch sie ahnen wir die geheimen Kräfte, den "unsichtbaren Gott".
> Die Sinne sind uns die Brücke vom Unfaßbaren zum Faßbaren. Schauen der Pflanzen und Tiere ist: Ihr Geheimnis fühlen.
> Hören des Donners ist: Sein Geheimnis fühlen. Die Sprache der Formen verstehen heißt: Dem Geheimnis näher sein, leben. [...]
> Formen sind starke Äußerungen starken Lebens. [...]
> Die Freuden, die Leiden des Menschen, der Völker stehen hinter den Inschriften, den Bildern, den Tempeln, den Domen und Masken, hinter den musikalischen Werken, den Schaustücken und Tänzen. Wo sie nicht dahinterstehen, wo Formen leer, grundlos gemacht werden, da ist auch nicht Kunst.[10]

Die Bildfülle des Artikels könnte das Material für ein expressionistisches Gedicht abgeben, aber so unpräzise die Aussagen auch sind, sie enthalten doch Entscheidendes der expressionistischen Kunsttheorie. Nicht die Assoziation ist das verbindende Element der Bilder, die Welt erscheint in ihnen vielmehr atomisiert und neu zusammengeordnet. Hier zeigt sich jene Tendenz zum Pointillismus, wie sie sich auch im Naturalismus findet und nicht weniger stark in den ästhetischen Theorien von Hofmannsthal und George. Auch hier ist die Welt so dargestellt, wie Hofmannsthal sie in seiner Rezension über *Gedichte von Stefan George* 1896 beschrieben hatte. Wenn bei ihm davon die Rede war, daß die Welt als "ein Schwankendes" gefaßt sei, daß "mannigfache Gegenden" durch den Dichter "zusammengebunden" werden,[11] dann ist Mackes Text nichts anderes als eine Illustration dessen, was Hofmannsthal vorschwebte. Die Übereinstimmung geht aber noch weiter. Denn es sind auch bei Macke nur Details, die zusammenkomponiert werden, Dinglich-Reales, Ausschnitthaftes, Segmentartiges. Es ist vom "Surren der Propeller" und nicht vom Flugzeug, von dem "Bug eines Piratenschiffes" und nicht von diesem selbst, von einem "Immortellenkranz" und nicht von einem Garten oder Friedhof, vom "Schönheitspflaster auf den Bäckchen der Pariser Kokotte" und nicht von dieser selbst, vom "schrillen Pfeifen der Lokomotive" und nicht von ihr die Rede. Das ist die Technik der Bildausschnitte, die bei George und Hofmannsthal so deutlich zu beobachten war: die Konzentration auf das Dingliche, der Widerstand gegen Abstraktionen, Verallgemeinerungen.

---

10 Ebd. Bd. I: Zur Aesthetik und Poetik. Neuwied 1960. S. 121ff.
11 Hofmannsthal: Gedichte von Stefan George (wie Anm. 1/V). S. 217.

Zugleich wird aber noch eine andere Gemeinsamkeit zwischen den Strömungen der Literatur um 1900 und dem Expressionismus sichtbar: hinter den Formen und Details steht das, was Macke als "Geheimnis" bezeichnet; er sagt dafür auch "Leben". Damit ist der Schlüsselbegriff der Literatur um 1900 genannt, und so sehr die Form hier betont wird, sie ist doch immer nur Ausdruck eines Allgemeineren, Ganzen, Unendlichen, Inneren, also einer Macht, die hinter den Dingen steht. Was Macke hier beschwört, ist "Leben" in seiner unmittelbaren, fast arationalen Macht. Von hier aus wird auch verständlich, warum die Erklärungen ihren eigentümlich explikativen Charakter haben: Leben läßt sich nicht definieren, sondern nur andeutungsweise umkreisen. Die Frage, ob das, was hier beschrieben ist, "Expressionismus" sei, wird gar nicht erst gestellt, und sie wäre auch überflüssig, weil es um die Ursprünglichkeit eines Daseins geht, das nicht einmal begrifflich gefaßt werden kann. Die Formen, von denen Macke hier spricht, haben dabei keinen Eigenwert, sie sind ebenfalls explikativ. Der entscheidende Satz bei Macke lautet: "Das Äußere der Kunstform ist ihr Inneres". In der Form materialisieren sich zwar "unsichtbare Ideen", aber diese Ideen gehören nicht einem rationalen Bereich an, sondern sind Ausdruck des Inneren. Macke formuliert es auch so: "Der Mensch äußert sein Leben in Formen. Jede Kunstform ist Äußerung seines inneren Lebens".[12]

Wenn Kunst und Literatur "Leben" vermitteln sollen, so heißt das nicht nur, daß Arationales darzustellen ist, sondern auch "Totalität". Nur scheinbar baut sich hier ein Gegensatz auf zum Naturalismus mit seiner Detailgenauigkeit und seinem Pointillismus, nur scheinbar auch ein Gegensatz zur Ding-Philosophie Rilkes und Hofmannsthals: was diese Strömungen über alles Trennende hinweg verbindet, ist eine inhärente Lebensphilosophie, die man dem Expressionismus weniger noch als allen anderen Strömungen absprechen kann. August Mackes *Masken*-Aufsatz ist keine Ausnahme, sondern ein Dokument unter vielen ähnlichen. Ein Gegenstück stammt von Stefan Zweig, auch wenn dieser nur unter Vorbehalt den Expressionisten zugerechnet werden kann; er war allerdings mit einigen Expressionisten befreundet. 1913 erschien von Zweig ein Aufsatz mit dem Titel *Das neue Pathos* als Leitaufsatz in der gleichnamigen frühexpressionistischen Zeitschrift, die von Paul Zech herausgegeben wurde. Der Artikel war zwar schon 1909 geschrieben und in *Das literarische Echo* veröffentlicht worden, und zwar als Vorabdruck aus Zweigs *Emil Verhaeren* (Leipzig 1910); aber daß er 1913 auszugsweise noch einmal erschien, zeigt,

12 Pörtner: Literatur-Revolution. Bd. I (wie Anm. 10). S. 122.

daß er offenbar für programmatisch gehalten wurde. Zweig beschwört das "Urgedicht":

> Das Urgedicht, jenes, das längst entstand vor Schrift und Druck, war nichts als ein modulierter, kaum Sprache gewordener Schrei, aus Lust oder Schmerz, aus Trauer oder Verzagung, aus Erinnerung oder Beschwörung gewonnen, aber immer aus dem Überschwang einer Empfindung. Es war pathetisch, weil es aus Leidenschaft entstanden war, pathetisch, weil es Leidenschaft erzeugen wollte. Das Gedicht jener Großen und Fernen, die zuerst aus dem aufspringenden Schrei des Gefühls Wort und Rede fanden, war eine Ansprache an die Menge, eine Mahnung, eine Anfeuerung, eine Ekstatik, eine direkte elektrische Entladung von Gefühl zu Gefühl.[13]

Es handelt sich hier natürlich nicht um eine historische Charakteristik, sondern um ein expressionistisches Wunsch- und Idealbild, in dem sich die beiden für den Expressionismus wichtigsten Züge bereits zu Anfang der Bewegung finden: der Wunsch, die von der Wirklichkeit, dem Leben trennende Barriere des Verstandes zu überspringen, und der, über alles Vereinzelte hinauszukommen zum Erleben eines Allgemeinen, einer "Totalität". Dabei geht es nicht um eine Allsympathie mit der Natur, um einen Einklang mit den Dingen oder um eine Ding-Mystik im Sinne Rilkes. Zweig revoziert einen Urzustand, der in der Moderne verloren wurde: "Diesen innigen, glühenden Kontakt mit der Masse haben die Dichter seit der Schrift verloren. [...] Langsam wurde das Publikum für die Dichter etwas Imaginäres. Wenn sie sprachen, hörten sie eigentlich nur sich selbst zu, ihr Gedicht wurde immer mehr einsame Zwiesprache".[14] Alle Ursprünglichkeit, so meinte Zweig, sei verlorengegangen - doch in der Gegenwart scheine sich eine Rückkehr zu diesem "ursprünglichen, innigen Kontakt zwischen dem Dichter und dem Hörer vorzubereiten", ein "neues Pathos" sei im Entstehen, "Leidenschaften" kämen wieder hoch.

Das alles bezieht sich auf die pathetische Sprache und Bildlichkeit des Expressionismus, nicht weniger aber auf den Massenenthusiasmus, wie er sich in der expressionistischen Dramatik ausprägte. Aber "Masse" bezeichnet nicht das moderne Phänomen, das Großstadtproletariat oder die Verstädterung; "Masse" meint ein archaisches Phänomen, etwas Magisch-Urtümliches, dem das von Zweig beschworene Urgedicht zuzuordnen ist. Wo Massen auftauchen, ist das ein Versuch, in der Dichtung etwas zu restituieren, was im Verlauf einer langen kulturellen Entwicklung längst ver-

---

13 Zitiert nach: Expressionismus. Der Kampf um eine literarische Bewegung. Hrsg. von Paul Raabe. München 1965. S. 15.
14 Ebd. S. 15f.

lorengegangen war. Mit Masse ist also ein prärationaler Zustand gemeint, Vorzeitliches, etwas, dem die pagane Welt bei Hofmannsthal entspricht und der vorhistorische Zustand bei Nietzsche. Die Sphäre der Rationalität soll gleichsam nach rückwärts hin durchstoßen werden, um etwas Ursprünglicheres zu erreichen: der "Umweg des Nachdenkens" soll ausgeschlossen sein, die Bilder sind nicht als Gleichnisse zu verstehen; die Gedichte geben Visionen, sprechen in "Bildern", "die nicht nur das Gefühl treffen, sondern es sofort tödlich treffen müssen. Sie müssen grell sein, weil sie in einer blitzschnellen Sekunde die ganze Empfindung im Ausdruck zwingen müssen".[15] Wenn Hofmannsthal eine pagane Landschaft beschwor, so ist hier die Rückkehr zum Archaischen gefordert. Individuelles soll überwunden werden, um zu einem Allgemeineren zu kommen, und Ekstase und Pathos sind die poetischen Möglichkeiten, dieses zu erreichen.

Wie die anderen literarischen Strömungen um 1900 war der Expressionismus von erheblicher Traditionsfeindlichkeit geprägt. Sie galt nicht nur früheren Zeiten, sondern auch der unmittelbaren Vorvergangenheit: die Opposition gegen die Jahrhundertwende war deutlich ausgesprochen. Eduard Korrodi zitiert in seinem Aufsatz *Die Jüngsten der deutschen Literatur*, der 1914 in der *Neuen Zürcher Zeitung* erschien, aus einem Artikel der *Weißen Blätter*, wo davon die Rede ist, "*daß 'wir heute nach dreißig Jahren vor der Tatsache vieler Bücher, aber keines Werkes stehen. Wie schnell ist das alles historisch geworden, da es nichts als zeitlich war.*'"[16] Und es heißt bei ihm nicht ohne ironischen Kommentar:

> Lächelndem Mitleid begegnet der Tor, der noch an Hauptmann, an Stefan George, an Schnitzler, an Liliencron, an Rilke, an Wassermann sich klammern will, der ein paar Bücher aus diesem Trümmerhaufen - 'Die Buddenbrooks', 'Kaspar Hauser', 'Peter Camenzind', 'Jesse und Maria' triumphierend gen Himmel hebt! Der noch an Dehmel oder Spitteler glaubt und zu dieser Meinung steht. So steh' er denn - in alle Ewigkeit!

Auch ein "moderner" Dichter wie Thomas Mann wird voll ironischer Verachtung abgelehnt:

> Oder seht euch den dreiundzwanzigjährigen Thomas Mann an! Er schildert drei Jahre lang, während rings um ihn deutsches Wirtschafts- und Geistesleben im Optimismus deutscher Kraft aufstrebt, den Zerfall dreier Generationen des 19. Jahrhunderts: die Dekadenz des Gesellschaftskörpers im kleinen. Ein junger Schriftsteller, den er zeichnet, sieht "müde" aus, nervös

---

15 Ebd. S. 20.
16 Ebd. S. 35. Hervorhebung i. O.

> und überarbeitet, er verachtet Temperament, oder setzt das seine wenigstens auf Eis, schaut degagiert in das Welttreiben, in dem selber ein tätiger Zähler zu sein, er dankend ablehnt. Zarte Nervenbündel werden die auserkorenen Helden der Romane, überfeinerte Nils Lyhne, gefährliche Kopien Oscar Wildes![17]

Das Bewußtsein der eigenen Andersartigkeit war also hochentwickelt - aber gerade darin treffen sich expressionistische Autoren mit denen der Jahrhundertwende. Käthe Brodnitz hat 1914 in einer Rede über *Die futuristische Geistesrichtung in Deutschland* über die expressionistischen Autoren bemerkt:

> Charakteristisch [...] ist ihr Stil. Während sie kraftvolle Bilder aus bisher unentdeckten Reichen heranziehen, verwerfen sie alle abgenutzten Vergleiche und die blumige Sprache der älteren Lyrik. Sie werden keine Romane von fünfhundert Seiten oder mehr schreiben. Ihre angestrengteste Arbeit besteht darin, den knappsten, prägnantesten, individuellsten Ausdruck für jeden Gedanken zu schaffen. Sie wollen ein literarisches Kunstwerk hervorbringen, das konzentrierte Arbeit repräsentiert, dessen Struktur aus einfachen, klaren Linien besteht. Vielrederei ist Sache der Schwätzer und unkünstlerisch.[18]

Auch hier ein Mangel an Definitionen und Theorien - der explikative Kommentar bleibt die Form der literaturtheoretischen Aussage. Das gilt besonders für die Zeit bis etwa 1914: mit Beginn des Ersten Weltkrieges beginnt jedoch eine neue Phase, die sich nicht nur in einem veränderten Verhältnis von Literaturtheorie und Dichtung äußert, sondern auch in einer veränderten Literaturtheorie selbst.

Übersieht man die Entwicklung der Literaturtheorie von etwa 1880, von den naturalistischen Anfängen an, über die Zeit der *Blätter für die Kunst* und die Äußerungen des jungen Hofmannsthal bis hin zum Frühexpressionismus, dann muß man feststellen, daß sich die Zahl der Äußerungen erheblich vermehrt hat, die Theorie aber immer weniger konzise wurde. Die Naturalisten waren an exakten Definitionen interessiert, sie haben, wie das Protokoll des literarischen Vereins "Durch" zeigte, diese auch erbracht. Die frühen Bestimmungen der *Blätter für die Kunst* waren ebenfalls konturenscharf. Doch schon mit der Sprachkrise Hofmannsthals, wie sie sich im Chandos-*Brief* dokumentierte, wurden aus den Definitionen Umschreibungen, und die explikativen Kommentare der Expressionisten setzten diese Tendenz noch fort. Bezeichnend ist, daß auch nach

---

17 Ebd. S. 37f.

18 Ebd. S. 43. [Erstdruck]

1914 Fragen nach dem eigentlichen Standort der neuen Literatur aufkamen, obwohl sie ja doch schon längst auf dem Markt war. Otto Flake verfaßte einen Artikel *Von der jüngsten Literatur. 1915* in der *Deutschen Rundschau*; er selbst war eigentlich kein Expressionist, aber die expressionistischen Standortbestimmungen kamen ohnehin häufiger von außen her. Flake schrieb:

> Die Frage "Wo steht unsere Literatur?" soll keine Mahnung, kein Vorwurf und kein Schreckschuß sein, sondern einfach - eine Frage. Sie ist nicht durch den Krieg veranlaßt, sondern durch die Tatsache, daß eine Reihe jüngerer Autoren immer deutlicher zur Gruppenbildung schreitet. Man stellt fest, daß gewissen Dichtern und ihrem Wirken, wie es sich in Werken, Aufsätzen, Auftreten und vielleicht auch Lebensführung äußert, etwas Neues gemeinsam ist, und fragt daher: Was ist das Neue?[19]

Daß diese Frage überhaupt gestellt wurde, läßt deutlich erkennen, daß es an einer überzeugenden Grundposition der expressionistischen Schriftsteller auch nach 1914 durchaus fehlte. Flakes Antwort ist von verblüffender Einfachheit und auch alles andere als neu; er stellt fest: "Das Neue ist die Opposition gegen das Alte. Was aber ist das Alte? Das, was vor einem oder zwei Jahrzehnten selbst einmal jung gewesen ist". Aber natürlich läßt sich der Expressionismus nicht auf den Generationsgegensatz zum Tradierten reduzieren. Flakes Aufsatz ist so aufschlußreich, weil es sich um einen ersten Versuch handelt, das Phänomen der neuen Literatur behutsam historisch zu sehen, das heißt: in Abgrenzung gegen den Naturalismus und in nochmaliger Abgrenzung gegen den Impressionismus. Gegen den Impressionismus hatten sich auch andere gewandt, überzeugt vom grundsätzlichen Gegensatz zu dessen Wirklichkeits- und Kunstbegriff, also gleichsam aus typologischen Gründen. Neu ist die Dimension der Zeit, des Historischen, die sich bis dahin in expressionistischen Stellungnahmen kaum fand. "Expressionismus" ist jetzt nicht mehr eine gegen-impressionistische Kunst, sondern eine nach-impressionistische - und diese Akzentverschiebung in der Bewertung ist für die neue Standortbestimmung des Expressionismus bezeichnend. Für Flake ist der Expressionismus an die Stelle des endgültig vergangenen Impressionismus getreten, er erscheint als Überwindung des Vorangegangenen. Zu den Charakteristika des Expressionismus zählt er die neuen "Totalitätserregungen", die "Großstadterregungen"; das sei der Ausgangspunkt für den Gegensatz zum Impressionismus: "er unterscheidet sich vom Impressionismus durch den Drang der totalen Erregung, durch gesteigerte 'Geistigkeit', das heißt Zu-

19 Ebd. S. 53.

sammenfassung, und durch größere Genialität, das heißt zentralere und tiefergelegene Erregung".[20] Sachlich bringt diese Bestimmung nichts Neues: Totalität und Arationalität waren von vornherein Kennzeichen des Expressionismus gewesen. Neu ist der Versuch einer historischen Fixierung. Wie sehr diese Flake beschäftigte, zeigt auch am Ende des Aufsatzes der Hinweis auf eine Schule von Nachahmern, die sich jetzt schon gebildet habe - "die schematisch und sentimentalisch arbeiten, ganz wie in der Malerei". Da ist der Expressionismus schon zu einer epigonalen Strömung geworden, "Ästhetizismus statt gesteigertes Leben".[21]

Auch für Kurt Pinthus zeichnet sich 1915 bereits die Geschichte des Expressionismus ab - er schreibt darüber eine Betrachtung mit dem Titel *Zur jüngsten Dichtung*, die in den *Weißen Blättern* erschien, die 1916 aber auch in den *Almanach neuer Dichtung, Vom jüngsten Tag*, aufgenommen wurde. Pinthus skizziert mit diesem Aufsatz eine erste kurze Geschichte des Expressionismus: Wedekind, Heinrich Mann, Karl Sternheim, Else Lasker-Schüler, Oskar Loerke, Heym, Hasenclever, Trakl, Schickele gehören zur jüngsten Dichtung, sind die Repräsentanten der expressionistischen Literatur. Aber Pinthus spricht auch von Grundzügen der neuen Literatur: es ist "Totalität" und das, was Pinthus "Erschütterungen der Seele" nennt, "Gefühl", das "Chaos, jenseits unseres geistigen Willens", also wiederum das Vorzivilisatorische, Arationale und Ursprüngliche.

Als eine Antwort auf den Artikel von Kurt Pinthus erschien im *Hochland* 1915/16 ein Aufsatz von Franz Herwig, *Vom literarischen Expressionismus*. Auch für ihn ist das, was um 1910 noch gar nicht recht existierte, eine große literarische Strömung geworden; er spricht von der "zweifellos großen Macht", die sie [die expressionistische Gruppe] bereits in der Presse gewonnen habe. In einem Aufsatz von Gerhard Heine mit dem Titel *Vom 'jüngsten Tag' deutscher Dichtung*, der 1916 erschien, ist der Expressionismus ebenfalls eine breite Front, und zu denen, "die in die Zukunft weisen", rechnet er Trakl, Heym, Johannes R. Becher, Schickele, Max Brod, Ernst Stadler, Franz Werfel, Kafka, Karl Sternheim - herausragende Figuren einer großen Bewegung. 1917 war aus dem Expressionismus bereits eine literarische Strömung geworden, über die man im Modus des Imperfekts sprechen konnte - so Kasimir Edschmid in einer Rede über *Expressionismus in der Dichtung*. Edschmid nimmt dort auch noch einmal Stellung zum vorangegangenen Impressionismus und schreibt:

---

20 Ebd. S. 62.
21 Ebd. S. 65.

> Der Expressionismus, ein Schlagwort von zweifelhafter Formulierung, hat mit dem Impressionistischen nichts zu tun. Er kam nicht aus ihm. Er hat keinen inneren Kontakt, nicht einmal den des neuen, der den alten erschlägt. Es sei denn, daß dies die beiden Bewegungen verbände, daß die eine die andere vorbereitete nach einem dunklen immanenten und unlogischen Gesetz des Triebes, der Steigerung der Idee und der Kraft.[22]

Aus seiner Sicht war der Impressionismus ein Gegensatz zum herrschenden Expressionismus, "nur Stückwerk", der die große Welt in Ausschnitte parzellierte: "In unzählige kleine Teile zerlegte er die Welt". Daß sich aus den Mosaik-Teilchen der Wirklichkeit ein neues Ganzes ergab, sah Edschmid nicht - verständlicherweise. Der Versuch einer Ortsbestimmung des Expressionismus 1917 gibt aber wiederum keine Definitionen, sondern endet in einem Gemälde der "Künstler der neuen Bewegung",[23] das allerdings alles enthält, was dem Expressionismus zuzurechnen war:

> Sie gaben nicht mehr die leichte Erregung. Sie gaben nicht mehr die nackte Tatsache. Ihnen war der Moment, die Sekunde der impressionistischen Schöpfung nur ein taubes Korn in der mahlenden Zeit. Sie waren nicht mehr unterworfen den Ideen, Nöten und persönlichen Tragödien bürgerlichen und kapitalistischen Denkens.
> Ihnen entfaltete das *Gefühl* sich maßlos.
> Sie sahen nicht.
> Sie schauten.
> Sie photographierten nicht.
> Sie hatten Gesichte.
> Statt der Rakete schufen sie die dauernde Erregung. Statt dem Moment die Wirkung in die Zeit. Sie wiesen nicht die glänzende Parade eines Zirkus. Sie wollten das Erlebnis, das anhält.
> Vor allem gab es gegen das Atomische, Verstückte der Impressionisten nun ein großes umspannendes *Weltgefühl*. In ihm stand die Erde, das Dasein als eine große Vision. [...]
> So wird der ganze Raum des expressionistischen Künstlers Vision. Er sieht nicht, er schaut. Er schildert nicht, er erlebt. Er gibt nicht wieder, er gestaltet. Er nimmt nicht, er sucht. Nun gibt es nicht mehr die Kette der Tatsachen: Fabriken, Häuser, Krankheit, Huren, Geschrei und Hunger. Nun gibt es die Vision davon. Die Tatsachen haben Bedeutung nur soweit, als durch sie hindurchgreifend die Hand des Künstlers nach dem faßt, was hinter ihnen steht.[24]

---

22 Ebd. S. 94f.
23 Ebd. S. 95. Hervorhebungen i. O.
24 Ebd. S. 95f. Hervorhebung i. O.

Es gibt kaum eine bessere Darstellung der expressionistischen Dichtung als diese, und in ihr ist auch implizite die expressionistische Literaturtheorie enthalten: im Zentrum der expressionistischen Dichtung steht die Vision, in der sich das Arationale mit dem "Weltgefühl" verbindet, die Totalität der Darstellung mit der Empfindung. Hier wird eine archaisch-primitive Welt evoziert, und zugleich wird deutlich, wie wenig sich die expressionistische Vorstellungswelt in eine Theorie fassen läßt. Für den gesamten Expressionismus ist eine latente Definitionsfeindlichkeit charakteristisch; verständlich, weil das Arationale so hoch bewertet wird.

Es ist die gewollte Vagheit der Äußerungen zum Expressionismus, die dazu führte, daß der Begriff Expressionismus um 1914 zu einem Schlagwort, ja, wie Ernst Stadler sagte, zu einem "viel mißbrauchten Wort"[25] wurde. Leonhard Frank meinte 1914 anläßlich des Erscheinens seiner *Räuberbande*: "In den Literaturzeitschriften und den Literaturabteilungen der Presse wurde spekuliert, ob 'die Räuberbande' naturalistisch, neuromantisch oder expressionistisch sei, ein Begriff der in diesen Besprechungen zum erstenmal auftauchte."[26] Das ist chronologisch gesehen unrichtig - aber nach 1914 wurde der Begriff zum Modewort und zu einem der wichtigsten Begriffe, um die neue Kunst zu bezeichnen, während man bis dahin sehr viel häufiger vom "neuen Pathos" gesprochen hatte oder von der "jüngsten Dichtung", von den Fauvisten, den Kubisten oder auch von den "Anarchisten". Der allgemeine Wortgebrauch hatte allerdings zur Folge, daß der Begriff völlig verwässert wurde.

Die Begriffsbestimmungen sind in der Regel weiträumig, wenn auch nicht alle so weit gehen wie Arthur Kronfeld, der in *Die Argonauten*, 1914, schrieb: "alle Kunst Espression".[27] Diejenigen, die den Begriff Expressionismus verwandten und ihn näher zu bestimmen suchten, waren sich der Unzulänglichkeit ihrer Definitionen häufig von vornherein bewußt - verständlicherweise, denn zum einen war das Phänomen längst vor der begrifflichen Fixierung vorhanden, zum anderen entzogen sich die Tendenzen dieser Bewegung (der Zug zum Antirationalen und zum Allgemeinen, zur "Totalität") nun einmal jeder strengen Definition. Für das Vage der Äußerungen ist charakteristisch, was Ivan Goll zum Expressionismus sagte: "Expressionismus liegt in der Luft unserer Zeit, wie Romantik und Impressionismus die einzige Lebensmöglichkeit früherer Generationen waren. - Expressionismus entfernt sich streng von ihnen. Er ver-

---

25 Ebd. S. 21.

26 Zitiert bei Pörtner: Literatur-Revolution. Bd. II (wie Anm. 5). S. 21f.

27 Ebd. S. 172.

leugnet jene Kunstgattungen der l'art pour l'art, denn er ist weniger eine Kunst, als eine Erlebnisform". "Im Goetheschen Sinn", hatte Goll noch hinzugesetzt.[28] "Erlebnisform": das bezog sich auf Ekstase und Pathos als Erlebnis- und Darstellungsmodalitäten des Expressionismus. Diese ließen sich allenfalls andeutungsweise beschreiben. So heißt es bei Hermann Bahr: "Zeichen des Unbekannten in uns, dem wir zutrauen, daß es uns erretten soll, Zeichen des gefangenen Geistes, der aus dem Kerker brechen will, Zeichen des Alarms aller banger Seelen gibt der Expressionismus".[29] Ähnlich hat Friedrich Markus Huebner in einem Aufsatz *Expressionismus und nichts anderes* geschrieben, der 1917 in *Die Schaubühne* erschien: "Der Expressionismus indes bricht aus dem Menschen; es ist die Ungeduld und die Verwahrung gegen das bloße Können der Schulung und gegen die Übereinkunft einer Technik. Er fordert, daß der ganze Mensch sich daran gebe und sich dazu überwinde, nur im Werke namenlos weiterzuschwingen".[30]

Das sind alles andere als klare Begriffsbestimmungen. Sie waren in dieser Zeit offenbar nirgendwo möglich. Die wachsende Zahl der Definitionen und die wachsende Vagheit der Bestimmungen scheinen sogar in einem reziproken Verhältnis zueinander zu stehen: mit der zunehmenden Zahl der Fixierungen nimmt ihre Schärfe ab. Charakteristisch für das Unbestimmte der Bestimmungen sind auch die Feststellungen Theodor Däublers, der sich von 1916 an in verschiedenen Essays und Büchern mit dem Expressionismus beschäftigte. Sein *Expressionismus*-Aufsatz findet sich 1916 in der *Neuen Rundschau*, und dort ist zu lesen:

> Der Volksmund sagt: wenn einer gehängt wird, so erlebt er im letzten Augenblick sein ganzes Leben nochmals. Das kann nur Expressionismus sein! - Schnelligkeit, Simultanität, höchste Anspannung um die Ineinandergehörigkeiten des Geschauten sind Vorbedingung für den Stil. Er selbst ist Ausdruck der Idee. - Eine Vision will sich in letzter Knappheit im Bezirk verstiegener Vereinfachung kundgeben: das ist Expressionismus in jedem Stil. Farbe ohne Bezeichnung, Zeichnung und kein Erklären, im Rhythmus festgesetztes Hauptwort ohne Attribut: wir erorbern unsern Expressionismus![31]

Auch diese Bestimmungen gehören noch zum Typus des explikativen Kommentars, der nachzuzeichnen versucht, was das expressionistische

---

28 Ebd. S. 177.
29 Ebd. S. 193.
30 Ebd. S. 200f.
31 Ebd. S. 210f.

Kunstwerk selbst viel deutlicher ausspricht. Nicht weniger prekär sind Einzeldefinitionen wie sie Däubler zu "Stil" bringt:

> wir bringen, ebenso wie die Blumen, der Welt ihre Buntheit. Unsre Seelenfalter blühen, sternen empor in ihr blaues Freiheitssein. Rasche Goldströme verwolken sich in Werken. Wir beschenken Mensch und Wald mit roter Schönheit. Wir wissen von weißer Einfalt. Ausfälle aus Heftiggelb langen in blaue Unabwendlichkeiten. Ihre Farbe wird schöpferisch. Auf sich allein gestellt beblauen sie sich hoffnungsbunt. Sie glauben an lila Quallen, an schwarze Flugzüge durch Klarblau. Grüne Andacht staunt, wie sich die Seele holdrot in sich selbst emporraketet [...]. So ist der Expressionismus![32]

Immerhin zeigen diese Sätze, wie sehr sich auch noch von 1916 der literarische Expressionismus von der Malerei ableitete. Ein weiterer Aufsatz von 1916 in den *Weißen Blättern*, bestätigt diesen Eindruck noch. Simultaneität forderte übrigens auch der Futurismus, der sich vor allem in Italien entwickelte und dessen Kennzeichen ein fast hemmungsloser Antitraditionalismus war. Als einer der ersten nahm Däubler futuristische Ideen auf, darin allerdings eher eine Ausnahme und kein Prototyp. Auffälliger ist die fast schrankenlose Ausdehnung des Expressionistischen auf nahezu alles, auf das Leben schlechthin. Aufschlußreich dafür ist auch das, was Paul Hatvani 1917 in der Zeitschrift *Die Aktion* schrieb:

> Der Expressionismus ist eine Revolution: damit will ich nun keine Definition gesagt haben, sondern bloß ein Argument zu seiner Geschichte. [...] Im Impressionismus hatten sich Welt und Ich, Innen und Außen zu einem Gleichklang verbunden. Im *Expressionismus überflutet das Ich die Welt* [...]: der Expressionist verwirklicht die Kunst auf eine bisher unerwartete Weise. [...] Nach dieser ungeheuerlichen Verinnerlichung hat die Kunst keine Voraussetzung mehr, so wird sie *elementar*. Der Expressionismus war vor allem die *Revolution zum Elementaren*.[33]

Das Imperfekt scheint anzudeuten, daß man sich des enormen Spielraums des Phänomens Expressionismus erst im nachhinein recht bewußt wurde.

Geblieben freilich sind die elementaren Kennzeichen des Expressionismus. Paul Hatvani bestimmte ihn in allgemeinster Form als "*Revolution zum Elementaren*" und schrieb in seinem *Versuch über den Expressionismus*: "Der Expressionismus zwingt uns, alle Voraussetzungen unserer bisherigen Daseinswelt aufzugeben".[34] Das zeigt, daß aus einer neuen Kunstbestimmung nichts weniger als eine neue Weltsicht geworden war;

---

32 Ebd. S. 212.
33 Ebd. S. 214f. Hervorhebungen i. O.
34 Ebd. S. 218. Hervorhebung i. O.

es geht Hatvani nicht nur um Kunstgesetze, sondern um expressionistische Weltprinzipien, und das einzige dafür schlechthin Entscheidende war nicht eine Kunstformel, sondern etwas überall Gültiges: Hatvani nennt es "Bewegung". "Bewegung": darauf kommt es an. Der Expressionismus hat die Bewegung entdeckt und weiß, daß auch die Ruhe und das Gleichgewicht und die ungeheure Trägheit der Welt und des Schicksals nur Bewegungen sind. Und es ist letzten Endes lediglich die Erkenntnis seiner ursprünglichen Form, wenn er von seiner Welt sagt: "Im Anfang war Bewegung. Denn auch das Wort ist Bewegung, und im Anfang war das Wort!"[35]

Expressionismus als Weltprinzip, als Welterneuerungsprinzip - bis hierher weiteten sich um 1917/18 die Definitionen aus, und sie konnten sich so weit ausweiten, weil sie vorher so wenig festgelegt und eingegrenzt worden waren. Unter Expressionismus verstand man schließlich alles; vor allem den "expressionistischen Menschen" beschwor man immer wieder. Ein *Bericht über die Verlagsjahre 1917/19* des expressionistischen Felix Stiemer Verlages in Dresden beginnt bezeichnenderweise mit dem Satz: "Im September 1917 begann ein Kreis expressionistischer Künstler und Menschen Abende zu veranstalten, die als Selbstzweck Gemeinschaftsbildung für neue Kunst propagierten".[36] Hier ist expressis verbis vom expressionistischen Menschen die Rede, aber dieser Beleg für ein geradezu universales Verständnis von "Expressionismus" ist kein Einzelbeleg. Bezeichnend für die Schrankenlosigkeit der expressionistischen Denkweise und des expressionistischen Selbstverständnisses ist auch ein Aufsatz von Karl Otten mit dem Titel *Adam*, der 1918 in den *Neuen Blättern für Kunst und Dichtung* erschien. Der Titel ist als Gleichnis für den neuen Menschen zu verstehen, den der Expressionismus schaffen wollte. Es heißt programmatisch:

> Nicht die Neue Kunst, die Neue Dichtung, der Neue Geist, sondern der *Neue Mensch*! - Er ist nicht größer und nicht kleiner, nicht anders und nicht gleich, er ist weder kommensurabel noch undefinierbar, soweit ein Mensch Maßen unterworfen werden kann. Er wird nur wieder Mensch sein! - Er wird dem Menschen lassen, was ihm zukommt, dem Ding geben, was des Dinges, dem Tier, was des Tieres ist. [...] Er wird alles Lebende bei sich selber und gleich in der Hand Gottes sein.[37]

---

35 Ebd. S. 219.
36 Ebd. S. 281.
37 Ebd. S. 231f. Hervorhebung i. O.

In einem Artikel von Rudolf Kayser, *Das neue Drama* (in: *Das Junge Deutschland*, 1918), in dem er die neue Dramatik zum Expressionismus bespricht, findet sich der Satz: "Das sind die neuen Dramen und Menschen".[38] Bei Frantz Clement heißt es in einem Aufsatz über *Die Dichtung der neuen Generation* (in: *Das literarische Echo*, 1918):

> Wir dürfen nicht mehr daran zweifeln, daß seit dem Beginn des zwanzigsten Jahrhunderts eine Neuorientierung in Leben und Dichtung vollzogen wird. Diese Neuorientierung ist eine Angelegenheit des Blutes [...]. Es ist [...] eine neue Generation vor uns hingetreten, eine Generation, die durch gemeinsame Erlebnisse, Enttäuschungen und Sehnsüchte gezwungen wurde, das zu tun, was jede junge Generation der älteren gegenüber tun muß: in aktiver und reaktiver Äußerung eine Ergänzung, wenn nicht eine totale Überwindung der Haltung und Leistung der ältern zu sein.[39]

Auch hier dominiert der Lebens- und Menschheits-Aspekt über den literarischen. Alfred Wolfenstein schreibt in seinem Aufsatz *Das Neue*, dessen Titel gleichermaßen für das Universale der neuen Bestrebungen wie auch für das zwangsläufig wenig Konkrete darin bezeichnend ist (der Aufsatz erschien 1919 in *Die Erhebung. Jahrbuch für neue Dichtung und Wertung*): "Wenn die Welt anders ist als zuvor, so muß es bedeuten, daß unser Menschentum sich verändert hat. Denn aus uns kommt sie, vor dem Menschen schwebende, immer neu schwingende Welt. Was Wirklichkeit genannt wird, ist schon ihre Erstarrung, die Ruhe schon, zu der er sich setzt".[40] Es heißt dort auch: "Das Nahen der neuen Lebendigkeit, die auf den Flügeln des Menschlichen die Welt in der Schwebe sein läßt, kündigt sich an in der neuen Kunst". Solche Bestimmungen finden sich in geradezu monotoner Einmütigkeit immer wieder, so wie sich auch immer noch Kampfaufrufe gegen den Impressionismus finden. Insofern rückt die expressionistische Dichtungs- und Lebensauffassung nicht weiter, sondern bleibt eigentümlich auf der Stelle stehen, im Gegensatz zu der allerorts geforderten Bewegung. Aber so stellt sich der Expressionismus um 1917/18 dar: der Ausweitung vom Künstlerischen auf das Menschliche entspricht eine noch größere Vagheit der Definition, die um so deutlicher wird, als es an Bestimmungen nicht mangelt. Gemessen an den spärlichen Anfängen bei Worringer, Kandinsky, Ripke-Kühn ist deren Zahl geradezu Legion.

---

38 Ebd. S. 238.
39 Ebd. S. 241.
40 Ebd. S. 287.

In den Überlegungen zum Phänomen des Expressionismus finden sich immer wieder Hinweise auf die "kosmozentrische Gestaltungsweise", wie es in dem Aufsatz von Frantz Clement in *Das literarische Echo* 1918 hieß.[41] Dabei läßt sich ein Phänomen beobachten, das auch für die Literatur der Jahrhundertwende charakteristisch war: eine Tendenz zur Entgrenzung. Diese Entgrenzung vollzieht sich zwar nicht in die Dinge hinein wie bei Hofmannsthal, aber gemeinsam ist die Grenzüberschreitung des Individuellen hin zu einem Allgemeineren, Größeren. Es heißt in dem Aufsatz von Clement auch:

> Die neue Kunstdoktrin sucht im Ich nicht mehr das Maß der Dinge, sondern sie verlegt die ethisch-ästhetische Norm in den Kosmos, dem das schöpferische Ich höchste Dienstleistungen schuldig sei. Sie will daher eine kosmisch-individuelle Kunst, einen Pandynamismus, der durch die individuelle Zielstrebigkeit die zerbrochene Harmonie zwischen Welt und Ich wiederherstellt. - Diese Eroberung der Welt soll nichts Verstandesmäßiges haben, sonst wäre es ja keine künstlerische Eroberung; sie soll aus mysteriöser, mystischer Hingerissenheit werden, aus einer durch die Sinne hindurchgehenden Erschütterung des Willens, die einigermaßen dem religiösen Erleben gleichzusetzen sei.[42]

Das blumige Vokabular darf nicht darüber hinwegtäuschen, daß hier wieder von "Totalität" die Rede ist, nicht weniger deutlich von der Arationalität der expressionistischen Kunst. Bei Clement findet sich auch der Satz: "Diese Eroberung der Welt soll nichts Verstandesmäßiges haben, sonst wäre es ja keine künstlerische Erörterung".[43] In den literarischen Manifesten hat sich dieses Moment des Irrationalen eher verstärkt als gemildert, wobei man die Irrationalität nicht mit Geistfeindlichkeit gleichsetzen darf; die Wendung zum Irrationalen ist eher ein sacrificium intellectus, aber es gehört zum Phänomen des Totalitätsbezuges bei den Expressionisten, daß letztlich auch der Verstand miteingebunden ist. Nicht Geistfeindlichkeit ist das Programm des Expressionismus, sondern die Entgrenzung in ein Höheres, Ursprünglicheres.

Von daher versteht sich auch die Abneigung gegen jegliche eingrenzende Definition des Expressionismus. Karl Schmidt-Rottluff hatte 1914 in einer Umfrage zum "neuen Programm" festgestellt:

> Ich kenne kein "neues Kunstprogramm". Ich weiß auch absolut nicht, was das sein könnte. Wenn man überhaupt von etwas derartigem wie einem "Kunstprogramm" sprechen könnte, so ist das meiner Meinung nach uralt

41 Ebd. S. 243.
42 Ebd.

> und ewig dasselbe. Nur daß Kunst sich immer wieder in neuen Formen manifestiert [...]. Möglich, daß ich mich täusche. [...] Ich weiß nur noch, daß das Dinge sind, denen ich mit dem Mittel der Kunst nahe kommen kann, aber weder gedanklich noch durch das Wort. Im Stillen und ganz privatim bin ich sogar der Meinung, daß sich über Kunst überhaupt nichts "sagen" läßt. Bestenfalls ist alles Gesagte nur wieder eine Umschreibung, eine Umdichtung - ja - und das Dichten überlasse ich den Berufenen.[44]

Diese Feststellung deckt sich mit Beobachtungen zur Definitionsfeindlichkeit des Expressionismus, und sie entspricht auch der Stellungnahme von René Schickele, der seinerzeit als Antwort auf den Artikel von Otto Flake über die "jüngste Literatur" geschrieben hatte: "Der Expressionismus ist ebensoviel und ebensowenig wert, wie jedes Schlagwort. Es gab expressionistische Dichtungen, expressionistische Gemälde, bevor es einen 'Expressionismus' gab. Vielfach nennen wir heute expressionistisch, was früher romantisch hieß".[45]

Das ist keine Definition, sondern eine Flucht vor der Definition, und es liegt auf der Linie dessen, was Hermann Bahr 1914 sagte, als er feststellte, daß Expressionismus "noch nichts als eine Gebärde" sei; das entspricht einer Bemerkung von Friedrich Markus Huebner von 1917, daß expressionistischer Geist überall sei, "wo eine Äußerung des Geistes ausschließlich sich selber will", und daß man den Zauber eines expressionistischen Kunstwerkes zwar "umschreiben, aber nicht erklären" könne.[46] Paul Hatvani hat festgestellt: "Bewegung als Bewußtseinsinhalt ist so eminent neu, daß wir gar keine Begriffe dafür haben".[47] Dem entspricht auch eine Feststellung Hermann Hesses von 1918:

> Und auch ich sehe "Expressionismus" überall da, wo Kunst mich tief und groß anruft. Denn für mich, in meiner ganz privaten Theologie und Mythologie, nenne ich Expressionismus das Erklingen des Kosmischen, die Erinnerung an Urheimat, das zeitlose Weltgefühl, das lyrische Reden des einzelnen mit der Welt, das Sichselbstbekennen und Sichselbsterleben in beliebigem Gleichnis.[48]

Eine Entwicklung in dieser Definitionsunlust und Definitionsohnmacht gibt es eigentlich nicht, denn was Hesse hier als Antwort auf eine Rede von Kasimir Edschmid schreibt, entspricht dem, was Stefan Zweig schon

---

43 Ebd.
44 Ebd. S. 170.
45 Ebd. S. 189.
46 Ebd. S. 201f.
47 Ebd. S. 217.
48 Ebd. S. 256

in seinem Aufsatz über *Das neue Pathos* zu Anfang der expressionistischen Bewegung gesagt hatte, als er über das Urgedicht sprach, die "Auftürmung der ganzen Unendlichkeit"[49] in einem Gedicht von Verhaeren. Hier deutet sich an, was bereits am Anfang sichtbar war: nämlich das Unbehagen an Definitionen überhaupt. Auch Schmidt-Rottluff leugnete jedes Programm, er beschränkte sich darauf zu sagen, er habe "nur die unerklärliche Sehnsucht, das zu fassen, was ich sehe und fühle, und dafür den reinsten Ausdruck zu finden".[50] In der Goethe-Zeit hätte man das "Pantheismus" genannt; im Expressionismus ist es die Suche nach dem Primitiven als der eigentlichen Ursprünglichkeit.

*

Als literarisches Phänomen entzog sich der Expressionismus allen Definitionsversuchen, oder umgekehrt: es hat eine eigene, in sich konsistente und überzeugende Theorie der expressionistischen Literatur nicht gegeben. Das "Leben", um das es auch dem Expressionismus ging, widersetzte sich allen Theorien. Die Werke selbst waren, um es paradox zu formulieren, die Definition, die Definition lag in den Werken. Wo immer über den Expressionismus etwas geschrieben wird, werden anstelle eines Programms die führenden Expressionisten genannt, und an die Stelle des Versuchs, das Phänomen grundsätzlich zu bestimmen, treten schon früh historische Übersichten: Hilfslösungen allesamt, die aber nur noch deutlicher machen, daß Expressionismus sich als unbestimmbar erwies.

Nur wenige expressionistische Theoretiker haben versucht, das Phänomen dennoch zu problematisieren. Das geschah überall dort, wo über die Funktion dessen nachgedacht wurde, was eigentlich der Inbegriff des Expressionismus war, nämlich über die Aufgabe der Kunst. Die Kunst war bis dahin in vielen Manifesten mit dem Irrationalen, mit dem Totalen, mit "Leben" gleichgesetzt worden, aber das war keine Antwort auf die Formprobleme, die sich stellten, und dahinter stand die alte Frage, wie die Wirklichkeit (wie immer sie auch zu definieren sei) dargestellt werden könne. Es ist die Frage auch schon der *Blätter für die Kunst* und die des jungen Hofmannsthal. Mit "Entgrenzung" war der Theorie nicht Genüge getan; auch einige expressionistische Theoretiker verstanden die Kunst als

49 Expressionismus. Der Kampf um eine literarische Bewegung (wie Anm. 13). S. 20.

50 Pörtner: Literatur-Revolution. Bd. II (wie Anm. 5). S. 170.

das der Wirklichkeit schließlich doch Entgegengesetzte, das seine eigenen Formprobleme entwickelte.

Kurt Pinthus hat das Problem der Kunst bereits 1915 in seinem Aufsatz *Zur jüngsten Dichtung* gesehen, der in *Die weißen Blätter* erschien und 1916 in den Almanach *Vom jüngsten Tag* des Kurt Wolff-Verlages aufgenommen wurde. Pinthus wies auf die "Totalität"[51] der neuen Kunst hin, im Gegensatz zur Detailbesessenheit der Vorläufer, auch auf das "Weltgefühl",[52] also auf das Prärationale der neuen Kunst. Aber er hat dann als einer der ersten schon die Frage nach dem Kunstcharakter der expressionistischen Werke gestellt, und seine Überlegungen verdienen es, ausführlicher zitiert zu werden. Er schrieb:

> Mit aufkeimender Einsicht: Wirklichkeit und Kunst seien nicht ein Abhängiges, Bedingtes, sondern (um es schärfstens zu formulieren) sie schlössen sich aus, beginnt die Epoche der jüngsten Kunst. Die Wirklichkeit, die starr und wild, mild und sanft uns umgibt, jene Wirklichkeit, die unsere Sinne lockt, ätzt, quält, entzückt, jene Wirklichkeit, von der wir nicht wissen, was eigentlich an sich sie ist, jenes uns ganz Fremde, das außer uns, ohne uns ist, Chaos, jenseits unseres geistigen Willens, in das mühsam wir Gesetze hineininterpretieren, - und jene Kunst, die ganz und gar aus uns selbst strömt, die ganz in der Idee, in der von uns gegebenen Form lebt, also ganz und immer Schöpfung und Werk unseres Gefühls, Geistes und Willens ist ... was eigentlich haben sie miteinander gemein? ... Was anderes, als daß wir der Kunst Ausdrucksmöglichkeiten, Requisiten wie eine Haut abnehmen von den Erscheinungen, welche die Wirklichkeit unseren Sinnen darbietet, - um das der Wirklichkeit Fremdeste: Geist, Fühlen, Wollen einander sichtbar zu machen.[53]

Hier ist das Totalitätsstreben, sind Entgrenzungsbemühungen des Expressionismus problematisiert; Pinthus hat deutlich erkannt, daß es nicht damit getan ist, in der vielfarbigen und vielgestaltigen Wirklichkeit aufgehen zu wollen. Das genügte auch nicht bei Rilke, Hofmannsthal und George. Der Entgrenzung wirkte ein ausgesprochener Kunstwille entgegen, wobei Kunst nicht Aufnahme der Wirklichkeit bedeute, sondern, so meint Pinthus, von "Gefühl, Geist und Willen" geformt sei. Die Antwort, die er gibt, ist ein Bekenntnis zum Kunstcharakter der expressionistischen Dichtung:

---

51 Expressionismus. Der Kampf um eine literarische Bewegung (wie Anm. 13). S. 72.

52 Ebd. S. 69.

53 Ebd. S. 70.

> Die Wirklichkeit vom Umriß ihrer Erscheinung zu befreien, uns selbst von ihr zu befreien, sie zu überwinden nicht mit ihren eigenen Mitteln, nicht indem wir ihr entfliehen, sondern, sie um so inbrünstiger umfassend, durch des Geists Bohrkraft, Beweglichkeit, Klärungssehnsucht, durch des Gefühls Intensität und Explosivkraft sie besiegen und beherrschen, ... das ist der gemeinsamste Wille der jüngsten Dichtung.[54]

Die Problematik der expressionistischen Kunst wird hier fast überdeutlich sichtbar, auch wenn Pinthus' Antwort nicht überzeugen will. Immerhin macht er auf das entscheidende Problem der expressionistischen Dichtung wenigstens aufmerksam. Dort sollte nicht das Gefühl dominieren, eine neue Direktheit zur Wirklichkeit wurde gesucht, der neuromantische Wirklichkeitsbezug wurde als unwahr und illusionär abgetan - aber andererseits eine Auslieferung an die Wirklichkeit wie im Naturalismus bekämpft. So blieb es denn bei einem zugleich engen und distanzierten Wirklichkeitsverhältnis, und die sensibleren Interpreten des Expressionismus haben das auch gesehen. Sätze wie die von Kurt Pinthus zeigen allerdings auch, wie wenig diese Schwierigkeiten zu lösen waren. Denn die Dichtung sollte der Wirklichkeit ja nicht entfliehen; diese sollte aber auch nicht ungebrochen zu Worte kommen. So spricht Pinthus denn von einem Beherrschen der Wirklichkeit - eine dünne und brüchige Formel für das, was sich nicht so ohne weiteres zusammenbringen ließ.

Es gibt denn auch immer nur Versuche, diese Kluft zwischen dem Anspruch der Wirklichkeit und den Ansprüchen der "Intensität", der "Explosivkraft" des Gefühls experimentell zu schließen, Annäherungen, die das Problem der Differenz von Kunst und Wirklichkeit zu lösen versuchen. Eine ganz von der Wirklichkeit isolierte Kunst, eine reine Expressionskunst, das, was Pinthus zufolge "also ganz und immer Schöpfung und Werk unseres Gefühls, Geistes und Willens ist", hätte sich letztlich in subjektiven Äußerungen verfangen müssen, in einer imaginären Welt, die die Welt eines einzelnen gewesen wäre; damit wäre ein individuelles, separatistisches Moment in eine Kunstanschauung hineingekommen, in der das Subjektiv-Individuelle gerade überwunden werden sollte. Andererseits hätte eine nur der Wirklichkeit verpflichtete Kunst, jener Wirklichkeit, wie Pinthus schreibt, "von der wir nicht wissen, was eigentlich an sich sie ist", kaum Formelemente entwickeln können, an denen dem Expressionismus gelegen war, denn sie hätte nicht das Geistige in der Kunst zum Ausdruck bringen können, wie Kandinsky forderte, und sie wäre, wie Naturalismus und Impressionismus, in dem aufgegangen, was für Hof-

54 Ebd.

mannsthal die Welt der Dinge war. Aber der Expressionismus (das macht der Aufsatz von Pinthus deutlich) wollte keines von beiden, oder vielmehr: nur beides zusammen. Doch damit stellt sich die Frage, wie Wirklichkeitsaneignung und künstlerische Expression übereinstimmen können. Im Grunde schloß sich beides aus; Pinthus versuchte auf halsbrecherische Weise eine Synthese zwischen den beiden Komponenten zu finden, die eigentlich nicht zu finden war. Was Leben allein vor Augen führen konnte, hinderte zugleich am Leben: in der Dichtung sollte Leben verdeutlicht werden, aber die Dichtung stellte sich wie eine trennende Schicht vor die Wirklichkeit.

Pinthus führt eine Reihe von Beispielen dafür an, daß die Kunst doch die Darstellung der Wirklichkeit bewältigen könne. Bei Wedekind ist ihm "das drohende Gesetz der determinierenden Wirklichkeit" aufgelöst durch "den wild emporstoßenden Trieb ursprünglicher Menschen",[55] die Wirklichkeit also überdeckt von den in der Kunst neu faßbar gewordenen Archaismen; bei Heinrich Mann findet Pinthus den Aufstand gegen die Wirklichkeit (in *Professor Unrat*) und den Sieg der Wirklichkeit über den aufständischen Unrat. Das Erleben der Wirklichkeit und die Gefahr, von ihr überwältigt zu werden, sind für Pinthus sogar allgemeine Kennzeichen dieser expressionistischen Dichtergeneration:

> Aus diesem Bürgertum aller Stände aufwachsend irrt der junge Dichter in der neuen Wirklichkeit umher. Entzückt, verwirrt und begeistert erlebt er den prachtvollen Mechanismus der großen Staaten, großen Städte, großen technischen und wirtschaftlichen Möglichkeiten ... Durch Abenteuer der Leichenfeld und des Geistes will er ihn ergründen, sich, alle Möglichkeiten des Seins durchlebend, durch den Genuß der Realität erhöhen - und erkennt, daß er in die Macht der malmenden Turbine gezerrt wird, deren lenkende Beherrschung das Menschengeschlecht verlor, sobald es sich Probleme, Sorgen, Strebungen von den Erscheinungen der imaginären Wirklichkeit und ihren Beziehungen diktieren ließ.[56]

Die Aufnahme der Wirklichkeit und der Versuch, sie in der Kunst, in der neuen Form zu bewältigen, suchen nach einer Lösung: Pinthus sieht dieses Problem als für ihn entscheidendes Problem überall - so auch bei Georg Heym, "der die Fruchtbarkeit und brodelnde Sinnlichkeit der überall andringenden Realität als eine ungeheuer drohende Vision zuerst empfand" und der sie dann zerschlug, um sie "zu verschlingen und dann auszuspeien, so daß sie wiederum zum furchtbar aufgezackten Moment düsterbunter

55 Ebd. S. 71.
56 Ebd. S. 73.

Farben über Zusammensturz und Leichenfeld sich auftürmte".[57] Darin sieht Pinthus seine Theorie bestätigt, daß Expressionismus sich von der eindringenden Wirklichkeit befreite, indem er sie "durch des Gefühls Intensität und Explosivkraft"[58] neu ausgedrückt habe. Und bei Musil, Leonhard Frank, Kafka und Arnold Zweig sieht Pinthus ebenfalls "die Beherrschung und Umgebärung im Geist" und damit den erfolgreichen Kampf gegen eine von außen oktroyierte Wirklichkeit. Bei René Schickele wird die Wirklichkeit umgeformt; die Umwelt "schwindet hier sichtlich in eine höhere, in der die Gesetze der Realität nicht gelten, das Sinnliche schwillt ins Phantastische, die bürgerliche Empfindung wächst zu überirdischer Intensität, die Handlung schwindet, und gewaltig steigt die Verknüpfung mit dem Absoluten, dem Typischen empor". Das Chaotische der Realität werde "durch den Filter des Geists ausgeschieden"[59]: darin freilich erschöpft sich auch die Verteidigung der neuen Kunst. Die Wirklichkeit also als etwas zu Überwindendes: die Kunst muß ein "jenseits aller Realität schwebendes Reich"[60] sein, die Realität wird geradezu neu geschaffen durch "inbrünstigere Erfassung der Totalität". Allerdings: auch damit ist die Kunst nur unzulänglich begründet, über ihre gestalterischen Möglichkeiten und Grenzen noch nichts gesagt. Die Wirklichkeit, nur soviel ist sicher, wird nicht ungefiltert wiedergegeben; Pinthus spricht vom "Kampf mit der Wirklichkeit"[61] und macht damit noch einmal auf die Notwendigkeit weniger eines Aneignungs- als vielmehr eines Umformungsprozesses aufmerksam.

Die Frage nach dem Kunstcharakter der expressionistischen Dichtung hat auch andere beschäftigt, wenngleich sie sich nicht so in den Vordergrund schob wie etwa bei den Naturalisten. Ein weiterer Beleg ist jene Rede, die Kasimir Edschmid 1917 hielt und die als *Expressionismus in der Dichtung* 1918 im Druck erschien. Edschmid hatte das Visionäre des Expressionismus betont, die maßlose Entfaltung des "Gefühls",[62] also das Transrationale der Bewegung; aber er hat auch zum Formproblem des Expressionismus Stellung genommen, und es war ihm bewußt, daß der Wirklichkeitsbezug, auch wenn die Wirklichkeit eine innere war, nach ei-

57 Ebd. S. 74.
58 Ebd. S. 70.
59 Ebd. S. 76.
60 Ebd. S. 77.
61 Ebd. S. 78.
62 Ebd. S. 95.

nem Ausdruck verlangte, der eben nicht, wie beim Naturalismus, fotografischer Natur sein durfte. Edschmid schrieb:

> Man konnte nach George nicht mehr vergessen, daß eine große Form unumgänglich sei für das Kunstwerk. Man konnte nicht mehr nur durch Kraßheit, Photographieren der Wirklichkeit, nicht mehr mit flauen Sentiments nach dichterischen Zielen greifen. Das strenge Gesetz Georges brach über den Rand des Geheimbunds, kam in Lyrik und Essay, in Drama und Roman und half erziehen. - So kam zum Blick für die Tatsachen der Sinn für die Form.[63]

Diese Feststellung ist nicht unwichtig, denn sie zeigt, daß zur L'art-pour-l'art-Auffassung der *Blätter für die Kunst* doch eine Brücke bestand, aller äußeren Abwehr zum Trotz.

Edschmid betont die künstlerische Seite des Expressionismus entschieden stärker als dessen Wirklichkeitsgebundenheit; wenn Pinthus die Wirklichkeit noch vom Umriß ihrer Erscheinung befreit wissen wollte, um sie zu beherrschen und durch das Gefühl "Intensität" und "Explosivkraft" zu zeigen, so ist sie gewissermaßen nur noch von innen her erschaffbar und hat mit einer äußeren Wirklichkeit nichts mehr gemeinsam. Edschmid wendet sich gegen die äußere Wirklichkeit - für ihn gilt nur die vom expressionistischen Dichter oder Maler selbst geschaffene Realität, die fast schon eine Antiwirklichkeit zur Welt der äußeren Erscheinungen ist. Wenn Edschmid über den expressionistischen Künstler schreibt, daß dieser die einzelne Erscheinung in das Große hineinwirke, das die Welt ausmache, das "tiefere Bild des Gegenstands"[64] gebe, dann handelt es sich nicht um eine Welt- und Wirklichkeitsflucht, sondern um eine artistische Welt, die für Edschmid wichtiger ist als die Beziehung zur Realität. Das ließ sich auch von Hofmannsthal und von George sagen - erneut werden hier Beziehungen zu den vorangegangenen Literaturströmungen der Jahrhundertwende sichtbar. Aber die Parallelität resultiert nicht aus einer Abhängigkeit von der Tradition, sondern aus dem Wirklichkeitsverhältnis des Expressionismus. Bei Edschmid sind aus der Tendenz zur Totalität und zur Transrationalität Absagen an die äußere Wirklichkeit geworden, die dem, was der Expressionismus zeigen möchte, in keiner Hinsicht genügen. Es geht nicht darum, irgendeine Wirklichkeit neu auszudrücken, sondern darum, die Wirklichkeit zu ersetzen durch das, was ihr abgeht. Deswegen ist bei Edschmid wiederholt von der "Sehnsucht nach Vollkommenerem" die Rede, von "Schöpfung", von der "gesiebten, geläuterten

---

63 Ebd. S. 93.
64 Ebd. S. 96.

Form". Expressionismus ist denn auch nicht etwas Zeitgebundenes, sondern, wie Edschmid formulierte: "Es gab Expressionismus in jeder Zeit". Er hat hinzugefügt: "Assyrer, Perser, die Gotik, Ägypten, die Primitiven, altdeutsche Maler hatten ihn. [...] Er war in der dramatischsten Ekstase bei Grünewald, lyrisch in den Jesuliedern der Nonne, bewegt bei Shakespeare, unerbittlich in der Weichheit bei den Märchen der Chinesen, in der Starre bei Strindberg. Nun ergreift er eine ganze Generation".[65] Für sie gilt, was Edschmid dann auch als Fazit nach seiner Übersicht über die expressionistischen Dichter seiner Zeit sagt: "Sie alle suchen das Ende, das Absolute. Ihnen diktiert kein Gesetz außer der innerlichen Kraft. Keine Historie bedingt sie. [...] Sie diktieren der Außenwelt den ewigeren Rhythmus ihres bewegten Geistes".[66] Von einem Umschmelzen in die Außenwelt ist hier nicht mehr die Rede. Das, was Wirklichkeit ist, wird vom expressionistischen Ich geschaffen, und von daher erklärt sich die Kunstform expressionistischer Aussagen allein.

In ähnlichen Überlegungen bewegen sich Äußerungen von Wilhelm Hausenstein, der unter der verräterischen Überschrift *Was ist Expressionismus?* nach dem Verhältnis von Kunst und Expressionismus fragte. Der Aufsatz erschien erstmals 1919 in *Der Neue Merkur*, später auch in dem Buch *Die Kunst in diesem Augenblick* (München 1920). Die Überschrift hat insofern Signalcharakter, als die Frage, was Expressionismus denn nun sei, offenbar auch 1919 noch nicht zu beantworten war, und Hausenstein läßt daran auch keinen Zweifel, denn er beginnt seinen Aufsatz mit den Worten:

> Was ist Expressionismus? Wer ist Expressionist? - Daß keiner Expressionist ist, ließe sich etwa so gut behaupten wie dies, daß alle es seien oder einige: weil es nicht feststeht, was Expressionismus ist. Es gibt etwas wie einen Schnörkel, vielleicht ein Schema des Expressionismus. Man könnte es ungefähr so definieren: Form aus der Deformation. Dies ist negativ gesprochen. Positiv könnte man sagen: Form aus der Imagination. Offenbar, allzu offenbar Gemeinsamkeit (oder Gemeinsamkeiten) der Tendenz nach diesen Seiten. Offenbar auch das Bedeutsame des Vorgangs. Offenbar, allzu offenbar aber auch das auf die Dauer Vage; das nunmehr, nach zwei Lustren, entsetzlich Vage und allgemach, für manchen längst tief Unbefriedigende. Woher kommt es?[67]

65 Ebd. S. 101ff.
66 Ebd. S. 105.
67 Pörtner: Literatur-Revolution. Bd. II (wie Anm. 5). S. 306f.

Die Aussagen Hausensteins sind bezeichnend für die Lage des Expressionismus am Ende des zweiten Jahrzehnts; auch er kann nur von einer Tendenz sprechen und ist sich nicht einmal darüber im klaren, wohin der Expressionismus tendiert. Aber er hat, was den Kunstcharakter angeht, eine sehr wichtige Formel gefunden: "Form aus der Deformation". Damit ist die Zerstörung der Wirklichkeit gemeint, die aber neu in der Kunst zusammengesetzt wird - vergleichbar dem, was auch die Naturalisten wollten. "Form aus der Imagination" ist die noch treffendere Bezeichnung, weil sie das Visionäre des Expressionismus berücksichtigt, das dann in die Kunstform eingeht. Form aus der Deformation: auch Mackes Aufsatz wollte nichts anderes besagen. "Form aus der Imagination" - das entspricht dem, was Edschmid über das in der Kunst darzustellende "tiefere Bild des Gegenstands" gesagt hatte.

*

Hausenstein hat sicher eine wichtige Formel gefunden, die ersatzweise so etwas wie ein spät nachgeliefertes Programm der expressionistischen Dichtung ist. Aber Hausensteins Aufsatz ist auch schon beinahe ein Grabgesang dieser Epoche, wenn er feststellte:

> Es bleibt uns nicht erspart, gerade uns, die einmal alles von ihm erwartet haben, als zu bekennen, daß wir nach einer furchtbaren Anstrengung in einen Bankrott zurücksinken. Wir haben vor zwei oder drei Jahrfünften, je nach der Geographie auch früher, den Bankrott des Impressionismus mit Recht festgestellt. Es bleibt uns heute nichts übrig, als nach einer leidenschaftlich aufgespannten Strapaze den Zusammenbruch des Expressionismus zu konstatieren. Wir sind von einem Ende ins andere gekommen.[68]

Die Gründe dafür liegen für Hausenstein in der Unbestimmtheit des Expressionismus selbst. Er schrieb auch: "Er umarmte das Universum. Er wollte Gott und die Himmel umarmen. Er wollte mehr, als er vermochte". Die kritische Variante dieser Feststellung folgt: "Daher die Vielfältigkeit des Versuchs; die Unfaßbarkeit des Begriffs; die maßlose Spannweite zwischen Picasso und Nolde, Kandinsky und Rousseau, Klee und Meidner, Seewald und Kokoschka. Der Nenner entschwindet ...".[69]

Hier zeigt sich deutlich, daß das Scheitern des Expressionismus gleichsam in der Sache selbst angelegt war. Denn die Tendenz zum Totalen und Universalen führte nicht nur dazu, daß man mehr wollte, als man ver-

68 Ebd. S. 307.
69 Ebd. S. 308.

mochte, sondern auch dazu, daß die Bewegung in eine Breite geriet, die ihr in doppelter Weise, so meinte Hausenstein, abträglich war: einmal dadurch, daß sich am Ende kein gemeinsamer Nenner mehr fand, der die vielfältigen Bemühungen um das Universale noch umfaßt hätte, zum anderen, indem er zu einem expressionistischen Epigonentum führte, das aus dem Expressionismus schließlich ein Kunstgewerbetum entstehen ließ. "Kein Zigarettenplakat", meinte Hausenstein, "keine Bar kommt heute ohne Expressionismus aus. Es ist ekelhaft".[70] Expressionismus war zur Mode geworden, gerade weil er nicht definiert war; die Breite der Bewegung hatte zu ihrer wachsenden Mittelmäßigkeit geführt, und einen Ausweg aus diesem Zirkel gab es nicht. Unbestimmtheit, der Hang zum Totalen und Absoluten einerseits und die breite Mittelmäßigkeit der Bewegung andererseits hängen dabei offenbar miteinander zusammen und haben, so meint auch Hausenstein, Ende und Verfall der expressionistischen Bewegung wenn nicht allein verursacht, so doch mehr oder weniger entscheidend mitbewirkt. Hausenstein hat aber noch schärfer hingesehen, als er sagte: "Eine Epoche, die ihre Künste dem All gegenüberstellt, hat mehr Wege denn die Christenheit nach Rom. Mehr - und abermals mehr: denn es wurde der Epoche nicht deutlich, was und wie das All nun eigentlich ist".[71] Ungeklärte Probleme und Verhältnisse also durch ein ganzes Jahrzehnt, durch eine ganze Generation hindurch. Schon am Anfang hatte eine ungeklärte Beziehung zwischen Subjekt und Objekt bestanden, auch wenn Pinthus noch versucht hatte, das Verhältnis von Wirklichkeit und Kunst so zu definieren, daß es nicht um gegenseitige Abhängigkeiten ging, sondern um Bereiche, die sich ausschlössen - das sah er als Beginn der jüngsten Kunst. Pinthus war damals noch optimistisch genug, eine Lösung zwischen der Wirklichkeit als dem uns ganz Fremden und dem expressionistischen Dichter zu sehen, der die Wirklichkeit vom Umriß ihrer Erscheinung befreien wollte, um sie "durch des Gefühls Intensität und Explosivkraft" zu besiegen und zu beherrschen. Auch Edschmid erkannte aber die Schwierigkeiten, und er gab schon eine etwas problematischere Antwort auf die Frage nach dem Verhältnis von Kunst und Wirklichkeit, als er feststellte, daß die äußere Wirklichkeit vollends zu negieren und allein eine "innere" Wirklichkeit zuzulassen sei, die Wirklichkeit der Visionen und Gesichte. Hausenstein hat das Problem nun noch ein drittes Mal benannt, wenn er feststellte, daß es dem expressionistischen Künstler nicht gelungen sei, eine tragfähige und fruchtbare Bezie-

70 Ebd.
71 Ebd. S. 309.

hung zur Wirklichkeit zu finden, oder, wie er es noch zutreffender formulierte: daß die expressionistische Wirklichkeit, also die Wirklichkeit der Visionen und Gesichte, quasi eine im luftleeren Raum geblieben sei, und hinzufügte: "Die einzige Schwierigkeit lag darin, daß es der expressionistischen Gegenständlichkeit nicht gelang, sich zu identifizieren. Was war sie? Hier lag die Frage".[72]

In der Tat: in der expressionistischen Lyrik war die Welt der Dinge zusammengebrochen; sie war sehr bewußt zerschlagen worden, um sie wieder neu aufzubauen nach einer Eigengesetzlichkeit, die nicht die der Wirklichkeit war. Das war anfangs noch unter sehr optimistischen Vorzeichen geschehen, und daraus entstanden die Visionen und folgte die Negierung der Wirklichkeit. Am Ausgang des expressionistischen Jahrzehnts ist dieser Optimismus, der Glaube an das Erschaffen einer eigenen Welt aus Ekstase, Pathos und Visionen allerdings der Ernüchterung gewichen, der Einsicht in den Surrogatcharakter der neuen Kunstwelt, der hohen Gefühle und der Gesichte. Hausenstein ist ein in seiner Scharfsinnigkeit erbarmungsloser Kritiker. Und seine Schlußfolgerung war ernüchternd genug: "Wir leben heute, wir, die den Expressionismus bewußt erlebt, die ihn geliebt, die seinen Streitwagen gezogen haben, mit dem verzehrenden Gefühl, vis-à-vis de rien angekommen zu sein".[73]

In den drei hier genannten Analysen expressionistischer Theoretiker zeichnet sich die Geschichte des expressionistischen Selbstverständnisses ab, bis zum Zusammenbruch des Expressionismus. Am Ende war er vielfach zur privaten Mythologie geworden. Nicht nur, daß die literarische Theorie des Expressionismus sich auf nicht sehr viel mehr gründen konnte als auf Tendenzen - der inflationäre Gebrauch des Begriffes und die Beliebigkeit seiner Anwendung führte zu unvollständigen und unbefriedigenden Paraphrasen. Im Grunde sollte die Wirklichkeit durch das ersetzt werden, was ihr selbst abging - so ist bei Edschmid wiederholt von der "Sehnsucht nach Vollkommenerem" die Rede, von "Kraft" und von "Inbrunst", vom "Absoluten". Und nach einer Übersicht über die expressionistischen Dichter zieht Edschmid das Fazit: "Sie alle suchen das Ende, das Absolute. Ihnen diktiert kein Gesetz außer der innerlichen Kraft. Keine Historie bedingt sie. [...] Sie diktieren der Außenwelt den ewigeren Rhythmus ihres bewegten Geistes".[74] Das alles läuft darauf hin-

72 Ebd. S. 310.
73 Ebd. S. 308.
74 Expressionismus. Der Kampf um eine literarische Bewegung (wie Anm. 13). S. 105.

aus, daß das, was Wirklichkeit ist, letztlich und allein vom expressionistischen Selbst geschaffen wird. Damit aber droht sich die pathetische und so ekstatische expressionistische Aussage zu vereinzeln und sich in die Unverbindlichkeit eines Privatglaubens, einer Privatekstase zu verflüchtigen; wenn sich das Ich auch in seinen Visionen ekstatisch entgrenzen konnte und jene Totalität erfuhr, nach der sich der expressionistische Dichter so sehr zu sehnen schien, so waren diese Visionen unverbindlich, ließen sich auch kaum nachvollziehen: sie waren nicht mehr kommunikabel. Zum anderen brachte die Tendenz zum absoluten Leben ebenfalls zwangsläufig mit sich, daß die erreichte Vision immer nur eine vorläufige war, daß sich dahinter noch andere ahnen ließen, gewaltigere und größere, die dem "Totalen", dem "Wesentlichen", der "Ewigkeit" (oder wie man das Absolute auch nannte) noch näherzukommen schienen. So blieben die Visionen nicht nur etwas Privates, sondern vielfach auch etwas Vorläufiges. Äußerungen Edschmids belegen auch das, wenn es etwa heißt: "Noch sind unsere Augen zu befangen. Noch haben wir nicht Raum zum Sehen. [...] Vielleicht, daß diese Kunst aber zu großen Dingen führt. [...] Wir hätten anderes, vielleicht erst spät einbrechendes Große vorbereitet".[75]

Das sind nicht die Privatbedenken eines Theoretikers; wir haben es mit einem Abbild des Expressionismus zu tun, wie er sich um 1917 darstellte. Edschmids Analyse ist repräsentativ - hier endet die expressionistische Literaturtheorie, jedenfalls, soweit sie Allgemeingültigkeit beansprucht hatte. Was danach kommt, ist nur mehr private Anschauung. Pinthus hatte noch eine Lösung des Problems von Wirklichkeit und Kunst zu finden geglaubt, Edschmid war vor Lösungen zurückgeschreckt und hatte stattdessen das Visionäre betont, also den Kunstcharakter des Expressionismus, aber bei Hausenstein zeichnete sich nur zu deutlich das Bild einer zu Ende gehenden Epoche ab. Die darzustellende innere Wirklichkeit hatte kein theoretisches Fundament, und die Beliebigkeit der Visionen und Gefühle tat das Ihrige. Hausenstein hat das deutlich gesehen, als er feststellte:

> Kandinsky sagte: "das Geistige". Picasso malte Hieroglyphik der Melancholien des Raums im Positiven, Dekomposition der Schaubarkeit im Negativen. Andere nahmen Historisches zur Parabel und malten, modellierten Gotik. [...] War man sich selbst verdächtig, so stürzte eine verzweifelte Subjektivität, die weder einen Freund, noch einen Gott, weder eine Geliebte,

75 Ebd. S. 108.

noch einen Hund, noch auch bloß einen Waldwinkel oder einen Blumentopf besaß, in die Rotation und in den Stillstand des Nichts hinaus.[76]

Was hier für die Malerei gesagt ist, gilt gleichermaßen für die Dichtung. Der Expressionismus tendierte zum Gegenstandslosen, und darin sah Hausenstein eine der großen Gefahren des Expressionismus. Er schrieb:

> Die Gegenstandslosigkeit des Expressionismus war schließlich kein Zufall. Das Ding verschwand aus der Malerei, als es aus der Welt verschwand, und den Gegenstand unterjochen, hieß aus der Not eine Tugend machen. Solange es Dinge gibt, hat Kunst keine Ursache, sie zu ignorieren oder zu unterjochen. Aber dies eben war Schicksal, war - sprechen wir es aufs nachdrücklichste aus - auch das Elend der Epoche, daß sie weder Menschen mehr noch Dinge besaß. [...] Die Maler haben nur dargestellt, was ist. Man hat ihnen nichts vorzuwerfen. Sie malten ihre Zeit. [...] Wir haben in den Jahren des Kriegs von Surrogaten gelebt und leben noch von ihnen. Beispiel und Symbol eines Zusammenbruchs dinglicher Welt, zu dem die Kunst schon die Malerei, Musik und Lyrik schrieb, ehe das Äußerste des effektiven Zusammenbruchs Tatsache geworden war. Ursachen und Wirkungen verwechseln in solchen Dingen den zeitlichen Ort. Wirkungen geschehn scheinbar vor den Ursachen. Aber es handelte sich nur um die feineren Nerven der Kunst, die das Ereignis fühlt, bevor es ausbricht. Kunst. Kassandra.[77]

Hausensteins Bemerkungen machen noch einmal auf das Dilemma der expressionistischen Kunst und der Kunsttheorie aufmerksam: die Welt der Dinge war nicht nur zusammengebrochen, sie war in der frühen Lyrik und in der frühen Prosa des Expressionismus bewußt und beabsichtigt zerschlagen worden, um im Gedicht, in der Prosa nach einer scheinbar ganz neuen Eigengesetzlichkeit wieder neu zusammengesetzt zu werden. Das war noch in der Annahme geschehen, daß es der Kunst und nur der Kunst möglich sei, eine eigentlichere Wirklichkeit aufzubauen, um in ihr durch die Schicht des Rationalen in das "Ganze" durchzudringen. Am Ausgang des expressionistischen Jahrzehnts ist die Hoffnung, diese neue Welt der Dinge zu schaffen, der Einsicht in den Surrogatcharakter der neuen Kunstwelt gewichen, und Hausenstein, der den Expressionismus zum Ausgang seiner Zeit analysiert, ist ein in seiner Scharfsichtigkeit erbarmungsloser Kritiker - nicht der expressionistischen Theorie, die sich eigentlich nie herausgebildet hatte, wohl aber der expressionistischen Tendenzen. Er deutete zwei Fluchtwege an, wenn er schrieb: "Es sind zwei Wege aus dem expressionistischen Chaos: die Rettung des Objekts und die

---

76 Pörtner: Literatur-Revolution. Bd. II (wie Anm. 5). S. 310.
77 Ebd. S. 312f.

Rettung des Individuums...".[78] Aber am Ende fand nur der "Zusammenbruch des Expressionismus" statt.

Auch andere haben auf die Problematik der expressionistischen Begrifflichkeit aufmerksam gemacht - so Klabund 1920, der in seiner *Deutschen Literaturgeschichte in einer Stunde* schrieb: "Es ist zu bemerken, daß Naturalismus, Impressionismus, Expressionismus, Futurismus nur Hilfsworte sind, um Begriffen und Bewegungen, Ideen und Wallungen beizukommen".[79] Er hat die Bewegung des Expressionismus in einem Satz charakterisiert: "Der Expressionismus, die Gegenbewegung gegen den Impressionismus, fordert programmatisch: schleudere deine Seele aus dir heraus in die weite Welt, hinauf in den hohen Himmel: so erst wirst du ganz wahr sein".[80] Aber mit "Ideen und Wallungen" ist tatsächlich nur das Unbestimmte der expressionistischen Neigungen, das Vage, Ding- und Wirklichkeitsferne charakterisiert. 1920 schrieb Rudolf Kayser im *Neuen Merkur* noch sehr viel nachdrücklicher vom *Ende des Expressionismus*; bei ihm ist dieses Ende aus der Unfähigkeit der Expressionisten begründet, einen Wirklichkeitsbezug herzustellen, also aus dem Mangel an Dinglichkeit:

> Die Magie des Worts wieder als dichterischer Inhalt - ja, aber wenn dieser substanzlos ist, wenn weder Mensch noch Gegenstände sichtbar werden, sondern nur Ekstase, Sehnsucht, Beschwörung, Prophezeiung ertönt? Man hatte die Vorherrschaft der (inneren und äußeren) Natur aufgegeben, das Wort befreit von der Unterdrückung durch die Objekte, aber noch keinen Standpunkt gefunden, der jenseits materieller und psychologischer Wirklichkeit liegt. Man ist zu keiner Religion gekommen, so sehr man nach ihr schrie. Man entfaltete alle subjektiven Kräfte; doch mit Naturalismus und Psychologie verfeindet, vermochte man nicht, neue Wirklichkeit zu schaffen. Ungeheure Energien wurden entfacht; aber es fehlten ihnen die Arbeitsmöglichkeiten: der Stein zum Behauen; die Ideen zur Formulierung; die Welt zur Gestaltung. So haben wir die Beziehungen zu den empirischen Wirklichkeiten abgebrochen, ohne die zu den metaphysischen gewonnen zu haben.[81]

Hier offenbart sich der gleiche Befund, Ende und Verfall des Expressionismus werden so analysiert wie bei Hausenstein.

Die Skepsis war auch nach 1920 groß. Robert Musil hat 1922 im *Neuen Merkur* geschrieben, daß der Expressionismus im Geistigen banal geblieben und nicht über die Evokation ohnehin schon bekannter Ideen

---

78 Ebd. S. 309.
79 Ebd. S. 317.
80 Ebd. S. 318.
81 Ebd. S. 319.

hinausgekommen sei, oder, wie er sarkastisch über den Expressionismus formulierte: "Was er mit Vorliebe tut, ist eine Art 'Ideen anbellen', denn in der Tat ist die [...] Anrufung großer Menschheitsideen, wie Leiden, Liebe, Ewigkeit, Güte, Gier, Dirne, Blut, Chaos usw., nicht wertvoller als die lyrische Tätigkeit eines Hundes, der den Mond anbellt [...]".[82] Damit sind das Vage des Expressionismus und der Drang zum Totalen ebenso gebrandmarkt wie bei Hausenstein. Andere haben von der "Enthusiasmusliteratur" des Expressionismus gesprochen[83] und im Artistentum eine der drohenden Gefahren des Expressionismus gesehen; zu ihnen gehört Rudolf G. Binding, der schrieb: "Die Steigerung der Gefühle ins Maßlose erlaubt sozusagen eine Gefühls- oder Empfindungsakrobatik, die man schwer nachprüfen kann. Und diese Empfindungsakrobatik mag dann wieder eine Ausdrucksakrobatik auslösen. Die Artisten werden eine Zeitlang gute Tage haben".[84] Auch für Binding zeigte der Expressionismus seine eigentliche Schwäche in seiner absoluten Negation der Dingwelt, der Wirklichkeit und in dem, was daraus dichterisch resultierte. Wenn Hausenstein vom Surrogatcharakter der expressionistischen Kunst sprach, so Binding von der Mystik der neuen Kunst:

> Denn wenn Vision an Stelle des Anschauens tritt, innerste Gestaltung an Stelle der äußeren Gestalt, so ist von dieser Gefühlslage nur ein ganz kleiner Schritt zu einer andern: nämlich der Mystik. Nicht im mittelalterlichen Sinn, sondern in Gestalt einer neuen Gefühlsschwelgerei, die, gleichviel ob religiös oder nicht religiös, Unklares, Verschwommenes setzt, voraussetzt und dies im dunklen Wort verausdruckt. Mystik ist für den Geist des Dichters das Unkünstlerischste, was es gibt. Denn ihr gerade geht die schöpferische Gestaltung, die freischöpferische Phantasie ab.[85]

Entfernung von der Wirklichkeit also als Verhängnis, die resolute Wendung nach innen, zu Visionen und Gesichten anstelle der Realität: auch das führte am Ende in Privatmythologien hinein. Ferdinand Lion schrieb 1922 im *Neuen Merkur* unter dem Titel *Deutschland, Frankreich, Schickele*:

> Hinter einem Expressionismus muß ein Volk stehen, die ganze Nation oder ein Teil von ihr, immer aber viele, eine Masse. Dann ist er der dunkle Mund dieses Dunklen. Der Entwurzelte, losgelöst dagegen, vertritt immer nur seinen persönlichen Einzel- und Grenzfall. [...] Wo blieben überhaupt die vielen hinter den meisten deutschen Expressionisten? Wen erregten sie? Sie hatten weder wie der Realismus das Bürgertum, noch wie der Natura-

---

82 Ebd. S. 336.
83 So Leo Matthias ebd. S. 345.
84 Ebd. S. 351.

> lismus die sozialistischen Arbeiter, und nicht einmal wie die Ästheten die dünne Schicht der Erben hinter sich. Ihr Trost war die Jugend zu führen, die aber jeder neuen Bewegung gehört, und was geschieht, wenn diese Jugend alt geworden ist? So blieben sie unter sich: l'expressionisme pour les expressionistes, und waren Virtuosen. Aber mit welchem Recht verachten sie dann die Renaissance und die Ästheten?[86]

Das All also nur erreichbar in der Privatvision, aber diese nie mehr als der "persönliche Einzel- und Grenzfall": dem Weg in das Transrationale, in ekstatische Vision, in das "All" widersprach das Private dieser Visionen, eine Tendenz stand der anderen im Wege. So wurden gegen Ausgang des expressionistischen Jahrzehnts die Widersprüche der Bewegung, der Haltung und der Tendenzen deutlich, und am Ende gab es nur Absagen an den Expressionismus. Der Expressionismus scheiterte nicht an äußerlichen Bedingungen, sondern gleichsam an sich selbst, aus der eigenen Entwicklung heraus, die er genommen hatte. Das hinderte einige Expressionisten nicht daran, sich weiter so zu äußern, wie Stefan Zweig das 1909 schon getan hatte. Kurt Liebmann schrieb 1923 in *Der Sturm* einen Artikel mit der ekstatischen Überschrift *Lebt!*, in dem sich das expressionistische Pathos noch einmal in seiner ganzen Manieriertheit äußerte. Dort hieß es etwa:

> Wir sind der Sturm. Wir werden getrieben, zu offenbaren. Die Kunstwende hat uns ergriffen. Wir sind nicht ergriffen. Wir greifen nicht. Wir sind hinausgeschleudert ins Unfaßbare, All-Eine. [...] Wir stellen nicht das persönliche Erlebnis heraus. Wir gestalten hart, ehern, krystallen das Urbild. Wir gestalten. Im Anfang war der Rhythmus, der Tanz. Wir sind Gefäße, Bildner der Vision, die ist, die sich nicht entwickelt.

Da war noch übersteigert, was Stefan Zweig als Manifest markiert hatte, und wie eine Parodie auf den Expressionismus klingt, was in dem Artikel auch zu lesen war:

> Alle individualistische Kunst ist als Einzelschönes Natürliches vergänglich. Alle Sichtbarmachung des Urbilds, alle reine Kunst ist als Idee der Schönheit, der Form unvergänglich. Wir schaffen stahlharte Linie, Form. Wir sehen Worte. Wir erleben Ur-Worte. Ur-Worte schließen Ur-Erlebnisse in sich. Wir gestalten Worte. Wir tanzen Worte. Wir kämpfen Worte. Wir hämmern Worte. Wir leiden den Grund, das Wesen. Der Rhythmus rauscht auf. Wir lassen die Worte einströmen. Wir bilden nach rhythmischen Gesetzen. Wir schaffen Bewegung des Alls: Kunst.[87]

---

85 Ebd.
86 Ebd. S. 354.
87 Ebd. S. 359f.

Es gab noch andere Verteidiger der expressionistischen Revolution, auch die Meinung, daß der Expressionismus etwas Bleibendes hinterlassen werde. Aber über das Ende des Expressionismus konnte kein Zweifel sein. Friedrich Gundolf schrieb 1920 über das neue Pathos und den Expressionismus: "Der Fortschritt zu immer überholbaren Zielen, der Genuß immer wechselnder Reize, das 'Pathos' als Sensation, das 'Erlebnis' als Lebensgehalt, das sind nur notwendige Vorstufen der Entwertung, wie es notwendige Folgen der Verzeitlichung und notwendige Formen der Entmenschlichung sind. - Der 'pfeilgerade Willen' führt notwendig in das 'Nichts'".[88] Das ist nur ein Epilog unter vielen. Kasimir Edschmid hat 1920 in einer Rede über den *Stand des Expressionismus* ganz ähnlich geurteilt, wenn er feststellte: "Eins jedenfalls ist sicher: die Generation ist ausgekernt. [...] Das Formale ist als Frage und Problem wohl erledigt. Nun kommt die stille Arbeit. Ich bin für die Leistung. Aber ich bin gegen Expressionismus, der heute Pfarrerstöchter und Fabrikantenfrauen zu Erbauung umkitzelt".[89] Iwan Goll meinte 1921 in *Der Expressionismus stirbt*:

> Was aller Orten gemunkelt, belächelt, geahnt wird, bestätigt sich: wieder stirbt eine Kunst an der Zeit, die sie verrät. [...] Wollte man kritisch sein, so wäre allerdings nachweisbar, daß der Expressionismus an jenem Revolutionsaas krepiert, dessen mütterliche Pythia er sein wollte.[90]

"Man macht Bilanz", schrieb Paul Hatvani 1921; "sieht plötzlich, daß man einem Phantom aufgesessen war und fühlt sich genötigt, Anschauungen indigniert einer Revision zu unterwerfen".[91] Paul Zech forderte 1923 in einem Artikel *Expressionistisch - ein neuer Kunstirrtum*, daß man sich von diesem nur nasführenden Schlagwort "expressionistisch" trennen solle.[92] Am auffälligsten an diesen vielen negativen Würdigungen ist, daß sie sich das ganze nachexpressionistische Jahrzehnt hindurch finden. Daß vom Expressionismus dann Wege nicht nur in den Sozialismus, sondern auch in den Nationalsozialismus hineinführten, soll erwähnt, aber nicht weiter ausgeführt werden. Immerhin legte Gottfried Benn 1933 ein *Bekenntnis zum Expressionismus* ab, in dem der Expressionismus in die bedenkliche Nähe der Arier gerückt wurde.[93] Die Nazis haben den Expressionismus

---

88 Expressionismus. Der Kampf um eine literarische Bewegung (wie Anm. 13). S. 166.

89 Ebd. S. 174f.

90 Ebd. S. 180.

91 Ebd. S. 182.

92 Ebd. S. 189.

93 Vgl. ebd. S. 235-246.

freilich bekämpft, haben darunter die "Bolschewisierung des geistigen Lebens" verstanden. Umgekehrt hat Alfred Kurella 1937 in der Moskauer Emigrantenzeitschrift *Das Wort* einen Artikel unter der Überschrift *Nun ist dies Erbe zu Ende...* geschrieben und dort festgestellt: "Erstens läßt sich heute klar erkennen, wes Geistes Kind der Expressionismus war und wohin dieser Geist, ganz befolgt, führt: in den Faschismus".[94]

War der Expressionismus substanzlos? Die wechselnden Berufungen auf das Klassische und auf das Romantische könnten diese Vermutung nahelegen. Jedenfalls sah man nach dem Ende des Expressionismus die eigentümliche Leere, die den Totalitätsforderungen so deutlich gegenüberstand. Frank Thieß hat das 1926 in seinem Aufsatz *Das Ende des Expressionismus* vielleicht am deutlichsten formuliert, als er schrieb:

> Es gibt Bewegungen, die sterben und es gibt Bewegungen, die sich verwandeln. [...] Der Impressionismus in Kunst und Dichtung ist eine Erscheinung gewesen, die sich verwandelte [...]. Der Expressionismus in Kunst und Dichtung konnte sich nicht verwandeln, weil sein Wesen dem widersprach. [...] Doch was war der Expressionismus, als er entstand? - Eine Opposition. Der unbestreitbare Wert des Expressionismus liegt im Oppositionellen, und er konnte auch nur solange Kunstwert haben, als er in der Opposition stand. Von dem Augenblick an, wo er an die Regierung kam, wo er beherrschend wurde, geriet er in die gefährliche Stimmung einer Oppositionspartei, die nun mit ihrem Programm den Staat lenken soll. Es zeigte sich - was einsichtige Künstler längst wußten -, daß sich mit dem expressionistischen Programm die Kunst nicht regieren ließ. Man mußte sich entweder "neuorientieren" oder zurücktreten.[95]

Vielleicht lag es daran, daß es ein expressionistisches Programm im Grunde gar nicht gab.

---

94 Ebd. S. 274.
95 Ebd. S. 211ff.

VIII

Ein Blick über nationale Grenzen: Der Imagismus

Die neue Literatur zwischen 1880 und 1920 bewegt sich im Grunde genommen nicht in nationalen, sondern in europäischen Dimensionen. Die naturalistische Kunsttheorie hat ihre Vorbilder und Anreger in den Theorien der französischen Nationalisten, auf Mallarmé und den Parnaß berufen sich George und die *Blätter für die Kunst*, impressionistische Lebens- und Literaturvorstellungen kommen ebenfalls aus Frankreich, die "Lebensphilosophie" orientiert sich an Italien (d'Annunzio) und an Einflüssen aus ganz Europa, und selbst dort, wo die deutsche Philosophie des 19. Jahrhunderts (Schopenhauer, Nietzsche) dominant ist, bleiben europäische Kontexte und Korrespondenzen. Die Filiationen des Expressionismus (Futurismus, Dadaismus, Aktivismus u. a.) lassen nicht geringere europäische Dimensionen erkennen als die vorangegangenen "Richtungen". *Eine* literarische Bewegung hingegen ist wenig mit deutschen Literaturtheorien in Verbindung gebracht worden: der Imagismus. Das ist um so auffälliger, als sich nicht nur erstaunliche sachliche Parallelen zu den Strömungen der deutschen Literatur zwischen 1880 und 1920 finden, sondern vor allem eine zeitliche Koinzidenz von Imagismus und Expressionismus als den letzten Bewegungen dieser Zeit. Erstaunlich daran ist, daß es offenbar keine genauere wechselseitige Kenntnis voneinander gegeben hat; die Parallele läßt daher eigentlich nur den Schluß zu, daß die neue Literatur der Moderne nicht nur aus ausländischen Anregungen und Wirkungen heraus entstand, sondern daß sich diese "Moderne" auch unabhängig von wechselseitigen Beeinflussungen entwickeln konnte. Das "Neue" war dabei nicht nur der Protest gegen das "Alte"; aus der Übereinstimmung in wichtigen literaturtheoretischen Fragen spricht ein neues Wirklichkeits- und Weltverhältnis, das sich besonders deutlich im deutschen Expressionismus und im englischen Imagismus unabhängig voneinander artikulierte, das aber auch Gemeinsamkeiten zu den anderen Strömungen der Jahrhundertwende erkennen läßt.

Auffällig sind schon soziologische Ähnlichkeiten: Imagismus ist die Literatur einer Bewegung, einer Gruppe junger Autoren - wie Naturalismus und Symbolismus, L'art-pour-l'art-Literatur und Expressionismus. Es gab kein festes Ziel, aber zahlreiche Definitionsversuche und theoretische Fixierungen, vor allem aber Sammlungen von Gedichten. Zwischen 1914 und 1917 erschienen vier Anthologien imagistischer Dichtung; es existiert aber keine einzige Programmschrift. Eine retrospektive Anthologie imagistischer Texte erschien 1930 - da lebte die imagistische Bewegung selbst allerdings schon lange nicht mehr.

Zur imagistischen Gruppe zählen strenggenommen eigentlich nur sieben Autoren: die Engländer Richard Aldington, F. S. Flint, D. H. Lawrence und auf amerikanischer Seite Ezra Pound, Hilda Doolittle, John Gould Fletcher und Amy Lowell. Zum Umkreis gehören noch T. S. Eliot, Wyndham Lewis und, mit allerdings noch größerem Abstand, W. B. Yeats und Ford Madox Hueffer (der sich ab 1919 Ford Madox Ford nannte). Wie in allen literarischen Gruppierungen dieser Zeit gab es auch hier zentrale Figuren und "Mitläufer"; den größten Einfluß dürften Ezra Pound und, zumindest in literaturtheoretischer Hinsicht, T. E. Hulme gehabt haben. Später hat T. S. Eliot einiges Kunsttheoretische beigesteuert. Die Anfänge der neuen Bewegung fallen exakt in das gleiche Jahr, in dem auch erste expressionistische Zeugnisse veröffentlicht wurden: 1909. In diesem Jahr erschienen erste impressionistische Arbeiten - von Pound ein Gedicht mit dem Titel *Revolt Against the Crepuscular Spirit in Modern Poetry* und von Hulme die Gedichte *Autumn* und *A City Sunset*. Daß damals der Imagismus begann, hat T. S. Eliot noch 1953 in einer Rede mit dem Titel *American Literature and the American Language*, die 1965 in *To Criticise the Critic* gedruckt wurde, bestätigt: "The *point de repère* usually and conveniently taken, as the starting-point of modern poetry, is the group denominated 'imagists' in London about 1910".[1] Erste theoretische Fixierungen gibt es freilich erst 1913. Der Name ist ebenfalls aus diesem Jahr bezeugt; im Januar 1913 erschienen Gedichte von Hilda Doolittle mit der Unterschrift "H. D. Imagiste".[2] Von vornherein war deutlich, wogegen die Imagisten Stellung bezogen: gegen eine Tradition und literarische Überlieferung, die sie als drittklassigen Aufguß von Keats, Wordsworth

---

1 T. S. Eliot: American Literature and the American Language (1953). In: T. S. E.: To Criticize the Critic and other writings. London 1965. S. 43-60, hier S. 58.

2 Imagist Poetry. Introduced and edited by Peter Jones. Harmondsworth, Middlesex 1972. Reprinted 1981. S. 17.

und viertrangigen elisabethanischen Dichtern empfanden, aber der Protest richtete sich auch gegen die "Georgian poetry" und deren dekorativen Schwulst. Vorklänge imagistischer Gegenforderungen, freilich wenig konturiert, gab es allerdings schon 1908, als Pound William Carlos Williams ein paar Stichworte mitteilte, die später nicht revidiert, sondern nur ausführlicher und gründlicher formuliert wurden. Die neuen Forderungen hatten vier Punkte und lauteten:

1. To paint the thing as I see it.
2. Beauty.
3. Freedom from didacticism.
4. It is only good manners if you repeat a few other men to at least do it better or more briefly. Utter originality is of course out of the question.[3]

Schon hier fällt auf, wie nahe diese Sätze deutschen Literaturforderungen der Jahrhundertwende stehen. Dem Verlangen nach "beauty" entsprechen Schönheitsforderungen, wie sie in den *Blättern für die Kunst* erhoben worden waren; die Distanzierung von jeglicher Didaktik findet sich dort ebenfalls. Auch der Hinweis auf beherzigenswerte Traditionen gehört in den Umkreis der *Blätter für die Kunst*; aber die wichtigste Feststellung ist in der ersten Forderung enthalten. Der Satz "To paint the thing as I see it" könnte ebensogut in einem naturalistischen Manifest stehen wie auch in einem Text des jungen Hofmannsthal, der über die "Dinge" handelt. Im ganzen sind das allerdings eher vage Vorsätze; erst 1913 finden sich dann bestimmtere Forderungen. Ein festes Programm gibt es freilich auch dort nicht; aber die Manifeste und Vorworte ersetzen diesen Mangel teilweise und skizzieren eine literarische Richtung, die nicht nur revolutionär ist, sondern mit anderen Richtungen Europas auffällige Übereinstimmungen hat.

1913 gab es erste Konturen des literarischen Programms des Imagismus. In der Chicagoer Zeitschrift *Poetry* erschien im März 1913 ein Artikel mit der Überschrift *Imagisme* von F. S. Flint.[4] Er enthält nicht eine Beschreibung dessen, was Imagismus ist, sondern nur eine solche der Imagisten; für diese ist weniger eine Gruppen- oder Schulzusammengehörigkeit charakteristisch als vielmehr eine Orientierung an den besten Schriftstellern aller Zeiten. Flint leugnet vehement, daß es sich hier um eine revolutionäre Schule handele oder daß diese irgendetwas mit anderen

---

3 Ebd. S. 16.
4 Vgl. ebd. S. 129f.

Schulen gemeinsam habe; was er anbietet, sind einige Charakteristika, die eigentlich nur das bezeichnen, was George die neue "mache" genannt hat. Die wichtigste Forderung war, sich auf die Sache selbst zu konzentrieren ("treatment of the 'thing'"), nichts zu verwenden, was nicht der Darstellung des Gegenstandes diene ("To use absolutely no word that did not contribute to the presentation"). Besonderer Wert kam dem Rhythmus zu; er wurde von der Musikalität des Verses her definiert. Hinter alledem stand eine scharfe Trennung zwischen Dichterlingen und Dichtern, zwischen Dilettantismus und einer neuen Kunst. Gegen blasse Abstraktionen und das nur Dekorhafte der traditionellen Dichtung, insbesondere der Lyrik schrieb aber nicht nur Flint an; die wichtigeren Definitionen stammen von Ezra Pound, und auch sie sind in der März-Nummer von *Poetry* 1913 enthalten. Pound hat seine Bestimmungen, die ähnlich aphoristisch wie die der *Blätter für die Kunst* sind, mit "A Few Don'ts By An Imagiste" überschrieben.[5]

Pounds Hinweise enthalten die Essenz der imagistischen Bewegung. Schon der erste Satz des Artikels umreißt eine Bildtheorie, die ihre Entsprechungen nicht nur in der L'art-pour-l'art-Konzeption Georges, sondern auch in expressionistischen Bildvorstellungen findet; es ist das Konzentrat der neuen Kunstanschauung: "An 'Image' is that which presents an intellectual and emotional complex in an instant of time".[6] Man muß die Doppelnatur dieses Bildbegriffs erkennen: im Bild ist das Gefühl anwesend, und wo Bilder nicht als Dekoration mißverstanden werden, spricht sich in ihnen eine Emotion aus. Der Gefühlskomplex hat nichts mit Innerlichkeit oder Subjektivität zu tun; dem "emotional complex" entspricht das, was Kurt Pinthus in seiner Einführung in die *Menschheitsdämmerung* das "intuitive Gefühl" nannte.[7] Als das Gemeinsame der expressionistischen Bewegung betonte er sogar "die Intensität und den Radikalismus des Gefühls, der Gesinnung, des Ausdrucks, der Form", und Stefan Zweig hat in seinem Aufsatz über *Das neue Pathos* aus dem Jahre 1909 am Beispiel Verhaerens ähnlich vom "pathetischen Gedicht" gesprochen: "Das pathetische Gedicht braucht Bilder, die nicht nur das Gefühl treffen, sondern es sofort tödlich treffen müssen. Sie müssen grell sein, weil sie in einer blitzschnellen Sekunde die

---

5 Ebd. S. 130-134.

6 Ebd. S. 130.

7 Menschheitsdämmerung. Symphonie jüngster Dichtung (wie Anm. 2/VII). S. 23f.

ganze Empfindung im Ausdruck zwingen müssen".[8] Alles das ist bei Pound mit dem "emotional complex" gemeint, und überraschend ist die Parallelität auch darin, daß sich das Gefühl in "an instant of time" ausspreche, also in dem, was Stefan Zweig als Ausdruck "einer blitzschnellen Sekunde" beschrieben hat. Die höchsten Qualitäten eines guten lyrischen Bildes sind Unmittelbarkeit und Gefühlsintensität, aber da beides kein Dauerzustand sein kann, ist jedes Bild nur eine Spontanerscheinung.

Alles das beinhaltet also Pounds Rede vom "emotional complex in an instant of time"; in beiden Bestimmungen geht es um den visionären Augenblick, die "blitzschnelle Sekunde", wie Zweig das genannt hat, und dahinter stehen atomisierte Zeiterfahrungen, die etwas Impressionistisches haben, weil sie eine Abwehr enthalten gegen alles "Ganze", gegen jegliche Totalität.

Verbindungslinien laufen aber auch zur L'art-pour-l'art-Ästhetik. Wenn in den *Blättern für die Kunst* davon die Rede ist, das Gedicht sei nicht "wiedergabe eines gedankens sondern einer stimmung",[9] so ist hier eben das gemeint, was bei Pound mit dem "emotional complex" umschrieben ist. Was den deutschen Bild-Definitionen allerdings nicht zu entsprechen scheint, ist jener andere Anteil in der Bildkonzeption Pounds, der mit "intellectual complex" benannt ist. In Pounds Definition drückt sich eine Doppelnatur des imagistischen Bildes aus; der Emotion ist gewissermaßen eine Idee zugeordnet, so wie jede Idee sich im Bild mit einer adäquaten Emotion zu verbinden scheint. Dabei ist mit dem intellektualen Anteil des Bildes nichts Abstraktes gemeint - bei Pound heißt es ausdrücklich: "Go in fear of abstractions".[10] Dahinter steht die Vorstellung, daß jeder geistige Vorgang sich auch sensuell äußern könne, und es ist das Bild, in dem sich Gefühl und Gedanke, das Emotionale und das Intellektuelle treffen. Bilder ordnen Gefühle auch ein in einen größeren Zusammenhang; so entsteht im Bild eine Spannung zwischen dem Gefühl und seiner kontrolliert-bewußten Beherrschung durch Intellektualität. Das hat wenig gemeinsam mit dem alles überwältigenden Gefühl der Expressionisten, Gedichte des Imagismus sind nicht die Wiedergabe von ekstatischen Visionen. Anders gesagt: es gibt kein Bild ohne Sinn, jedes Bild ist im Grunde genommen ein Sinnbild, die Emotion also gleichsam aufgefangen durch die Bedeutung, die ihr zukommt.

---

8 Expressionismus. Der Kampf um eine literarische Bewegung (wie Anm. 13/VII). S. 20.

9 Blätter für die Kunst (wie Anm. 1/IV). Bd. 2. S. 34.

10 Imagist Poetry (wie Anm. 2). S. 131.

Hier gibt es keine Entsprechung zur expressionistischen Vision, wohl aber eine solche zum Symbol-Begriff Georges und zu der Vorstellung, daß ein Bild immer eine Idee mittransportiert. Bilder sind für George Sinnbilder, und wenn er auch den bildlichen Ausdruck "kern und wesen aller poesie"[11] genannt hat, so verweist er doch immer auf eine Welt hinter den Gegenständen. Auch bei George verhilft das Bild der Welt der Ideen zur Erscheinung, und wir wissen, daß bei ihm der Einfluß Mallarmés und des französischen Symbolismus ebenso wichtig war wie bei Pound und den Imagisten. Das muß nicht bedeuten, daß ein Bild einen metaphysischen Bedeutungsgehalt bekommt. Doch wie hoch man den intellektuellen Anteil eines "Image" auch ansetzen will - das Bild ist wichtigster Baustein der Dichtung bei Pound, und dem entspricht seine außerordentliche Bedeutung im Symbolismus, in der L'art-pour-l'art-Bewegung und nicht zuletzt auch bei Hugo von Hofmannsthal. Von George könnte der Satz stammen, den Pound niederschrieb: "It is better to present one Image in a lifetime than to produce voluminous works".[12] Was alle Richtungen miteinander verbindet, ist die Abwehr des bloß Dekorativen in der Sprache und in der Lyrik insbesondere. Auch aus Pounds Überlegungen zur "Language" sprechen die Konzentration und äußerste Verknappung einer Aussage im Bild und der unbedingte Wille zur Form, zur Kürze: "Use no superfluous word, no adjective, which does not reveal something".[13] Und zumindest bei George findet sich eine ähnliche Betonung des Rhythmus, wie Pound sie als zweites Zentrum der Lyrik betrachtet. Pound hatte "Rhythm and Rhyme" in seinen "A Few Don'ts" ein eigenes kleines Kapitel gewidmet.[14]

Pound ist von seiner hier eingeschlagenen Linie auch später nicht abgegangen. Im Januar 1915 hat er in einem Brief an Harriet Monroe[15] seine Dichtungsvorstellungen erneut präzisiert, hat noch einmal auf die Bedeutung des Rhythmus hingewiesen ("Rhythm *must* have meaning") und auch auf die Ausdrucksstärke dessen, was als Wirklichkeit präsentiert werden soll: "Objectivity and again objectivity, and expression: no hindside-beforeness, no straddled adjectives [...] - nothing that you couldn't, in some circumstance, in the stress of some emotion, actually say". Pound wendet sich noch einmal gegen jede Form der preziösen Dichtung und gegen die Formelsprache schlechthin: "There must be no clichés, set phrases, stereo-

11 Blätter für die Kunst (wie Anm. 1/IV). Bd. 4. S. 13.
12 Imagist Poetry (wie Anm. 2). S. 130.
13 Ebd. S. 131.
14 Ebd. S. 132ff.
15 Ebd. S. 141f.

typed journalese. The only escape from such is by precision, a result of concentrated attention to what one is writing".[16] Auch dieser Brief enthält einen Appell an die Genauigkeit des Dichters, und daß sich im Hintergrund sogar so etwas wie eine neue Sprachphilosophie abzeichnet, macht ein Satz deutlich wie: "Language is made out of concrete things. General expressions in non-concrete terms are a laziness; they are talk, not art, not creation".[17]

Der Imagismus war Mißverständnissen ausgesetzt. Pounds imagistische Anthologie *Des Imagistes*, die 1914 erschien, hatte eine schlechte Presse; persönliche Spannungen kamen auf, etwa zwischen Pound und Flint. Eine Absicht von Pounds Brief an Harriet Monroe war, ihr zu erklären, daß er mit einer anderen Anthologie, *Some Imagist Poets*, nichts zu tun habe. Pound radikalisierte seine Ansichten noch und näherte sich dem Vortizismus, definierte auch Vortizismus als "accelerated impressionism";[18] im September 1914 schrieb er in der *Fortnightly Review* einen Aufsatz darüber, worin er seinen Protest gegen alles Rhetorische ausdrückt: "Rhetoric is the art of dressing up some unimportant matter so as to fool the audiance for the time being".[19] Pound wandte sich gegen die Assoziationstechnik der Symbolisten und gegen die Eindeutigkeit symbolischer Symbole und setzte dagegen: "The imagist's images have a variable significance". Das war ein erster Schritt hin auf das, was Amy Lowell später als "polyphonic prose" bezeichnet hat. Dabei hat Pound weiterhin die Autonomie des Bildes verteidigt und schrieb: "the author must use his *image* because he sees it or feels it, *not* because he thinks he can use it to back up some creed or some system of ethics or economics".

Pound war zweifellos der intellektuelle Wortführer der imagistischen Bewegung, aber Amy Lowell hat das Verdienst, die Anthologie mit dem Titel *Some Imagist Poets* herausgegeben zu haben; von ihr erschienen drei Jahrgänge (1915-1917). Die Vorworte enthalten ebenfalls Umrisse des imagistischen Programms. 1915 war auch schon klar, daß der Begriff "Imagisten" überall geläufig geworden war - "a household word".[20] Aber auch die Zersplitterung dieser Bewegung war schon sichtbar, ganz ähnlich wie in der Bewegung des Expressionismus.

---

16 Ebd. S. 141. Hervorhebung i. O.
17 Ebd. S. 142.
18 Ebd. S. 21.
19 Ebd.
20 Ebd. S. 134.

Doch die Anfänge waren eindeutiger. Das Vorwort zur ersten Sammlung von 1915 verteidigt die ästhetische Linie, die schon vorher bei Pound abzulesen war; es gilt die präzise und genaue Bezeichnung - "the *exact* word, not the nearly-exact, nor the merely decorative word".[21] Die Wahl des Gegenstandes war völlig freigestellt, aber das Vorwort sprach sich aus gegen "vague generalities, however magnificent and sonorous": der Dingcharakter dieser literarischen Bewegung wurde auch hier deutlich, ebenfalls die starke Betonung des Rhythmus. Die Imagisten waren im übrigen angetreten, "to create new rhythms - as the expression of new moods - and not to copy old rhythms, which merely echo old moods". Dem schien der Gebrauch des "vers libre", der "free-verse" zu entsprechen. Von Exklusivität des Kreises und Esoterik der Themen wollten die Imagisten allerdings nichts wissen - sehr im Unterschied zu dem Mitarbeiterkreis der *Blätter für die Kunst.*

Vor dem Ende der imagistischen Bewegung erscheinen noch einmal die Umrisse des Programms - im Vorwort zur Anthologie *Some Imagist Poets* von 1916. Das Vorwort zur Anthologie des Jahres 1915 hatte seiner Kürze wegen zu Mißverständnissen geführt, und dem verdankt sich die ausführlichere Darstellung des imagistischen Vorhabens in der Anthologie des Jahres 1916. Das Vorwort betont noch einmal die "mache" - "'Imagism' refers to the manner of presentation, not to the subject. It means a clear presentation of whatever the author wishes zu convey". Es geht um das "mot propre" - "The 'exact' word does not mean the word which exactly describes the object in itself, it means the 'exact' word which brings the effect of that object before the reader as it presented itself to the poet's mind at the time of writing the poem".[22] Lyrische Vergleiche werden abgelehnt, obwohl der metaphorische Grundzug der Dichtung durchaus betont wird. Um der Unmittelbarkeit der Aussage willen erfährt auch hier der "*vers libre*" eine ausführliche Verteidigung, weil er eine "perfect balance of flow and rhythm"[23] garantierte. Dabei ist der Herausgeberin durchaus klar, daß Fäden zurücklaufen zum Symbolismus; es heißt ausdrücklich, die Imagisten seien "descendants of the French *Symbolistes*".[24] Traditionsbezug ist von der imagistischen Bewegung nie geleugnet worden.

---

21 Ebd. S. 135.
22 Ebd. S. 136f.
23 Ebd. S. 138. Hervorhebung i. O.
24 Ebd. S. 137. Hervorhebung i. O.

Gegen Ende des Jahrzehnts verbreiterte sich die imagistische Bewegung noch einmal, ganz ähnlich wie das beim Expressionismus zu beobachten ist; nachträglich erschienen die wenigen Imagisten der frühen Sammlungen als Nukleus des Ganzen und "its spreading out, its amplifications"[25] - wie es bei Amy Lowell in ihren *Tendencies in Modern American Poetry* hieß. Die imagistische Bewegung endete im Grunde genommen 1917, und sie endete aus ähnlichen Gründen wie auch der Expressionismus: der Imagismus zersplitterte, wurde zu subjektiv in der Auslegung dessen, was Imagismus sei.

Pound ist sicherlich in den Anfängen der imagistischen Bewegung der führende Theoretiker gewesen, auch wenn seine Beiträge nur aphoristischer Natur waren. Aber er hat genauer als andere die Vorgänge beschrieben, die bei ihm zum Gedicht führen; es ist der hohe Anteil an Intellektualität in der Literaturkonzeption, der ihn dazu befähigt hat, auch die Entstehung eines dichterischen Bildes darzustellen. In einem Artikel mit dem Titel *The Serious Artist*, der 1913 in *The Egoist* erschien, hat er auch noch einmal das Verhältnis von Emotion und Dichtung geklärt und sich damit gegen jede subjektive Gefühlspoesie ausgesprochen. Ein wissenschaftlicher Zug geht durch dieses Schreiben hindurch, und sein Satz "And 'Good writing' is perfect control"[26] entspricht dieser kühlen Intellektualität, mit der Bilder geschaffen werden. Er hat zu seiner Feststellung "Good writing ist writing that is perfectly controlled" noch hinzugefügt: "the writer says just what he means. He says it with complete clarity and simplicity. He uses the smallest possible number of words".[27] Pound hat nicht zufällig Dichtung als eine Art von Inspirationsmathematik bezeichnet, die Gleichungen für menschliche Gefühle enthalte. Die Gefühle selbst sollen gar nicht einmal unmittelbar erscheinen, sondern ihr Äquivalent finden: so tritt an die Stelle der Unmittelbarkeit etwa in deutschen expressionistischen Texten bei den Imagisten häufig die sprachliche Entsprechung des Gefühls, also gewissermaßen ein durch die Vernunft gefiltertes Gefühl. Von einer direkten Emotionalisierung der Lyrik kann bei den Imagisten jedenfalls nicht die Rede sein, denn alles kommt auf den bewußt arrangierten expressiven Charakter des Bildes an, und dahinter steht die Frage, wie der vollkommene Ausdruck zu erreichen sei - nicht nur eine

---

25 Ebd. S. 24.

26 Literary Essays of Ezra Pound. Edited with an Introduction by T. S. Eliot. London 1954. S. 49.

27 Ebd. S. 50.

Frage der poetischen Technik, sondern auch eine der Handhabung des Materials, da ein einfaches Nacherleben nicht ausreicht, sondern das Gefühl gleichsam organisiert, intellektualisiert wird.

Pound hat in seinem Artikel über *The Serious Artist* den Entstehungsvorgang eines imagistischen Gedichtes sehr genau dargestellt und zugleich deutlich gemacht, in welchem Ausmaß dieses Gedicht wirklich "an intellectual and emotional complex" ist. Er schreibt:

> You wish to communicate an idea and its concomitant emotions, or an emotion and its concomitant ideas, or a sensation and its derivative emotions, or an impression that is emotive etc., etc., etc. You begin with the yeowl and the bark, an you develop into the dance and into the music, and into music with words, and finally into words with music, and finally into words with a vague adumbration of music, words suggestive of music, words measured, or words in a rhythm that preserves some accurate trait of the emotive impression, or of the sheer character of the fostering or parental emotion.[28]

Am Anfang steht also nicht das Gefühl, sondern eine Idee, eine Vorstellung, ein in das Gedicht zu transformierender Gehalt, und der Entstehungsprozeß beginnt mit musikalischen Empfindungen, dem Rhythmus, dem Tanz, bis das Gefühl schließlich verbalisiert ist, die Worte "ausgemessen", das Gedicht konstruiert - wobei aber der ursprüngliche Eindruck zumindest im Rhythmus erhalten bleibt. Pound bezeichnet diesen Entstehungsprozeß und seine Verbalisierung als "Technik". Gefühl und Bewußtsein sind gleichermaßen beteiligt, von einer Unmittelbarkeit des dichterischen Bildes kann nicht die Rede sein, wohl aber von einer Genauigkeit der Wiedergabe, die ihre Analogie in der Mathematik hat. Gewiß kommt es Pound auf den expressiven Charakter eines Bildes an, aber viel wichtiger ist das Problem, wie der vollkommene Ausdruck zu erreichen sei, und das ist nicht nur eine Frage der poetischen Technik, sondern eine Frage der Dichtung überhaupt. Das Bewußtsein sieht gewissermaßen durch das Gefühl hindurch, das kontrollierte Schreiben bändigt das Gefühl und macht es kommunikabel. Im vollkommenen Gedicht ist jene Einheit von Gefühl und Gedanke erreicht, die sich im Bild am deutlichsten ausspricht.

Auch Pound kennt die Technik der bewegten Bilder und der Bildausschnitte, wie sie bei George oder Hofmannsthal begegnen. Bei Pound konzentriert sich das lyrische Programm schließlich im Vortizismus, im "Wortwirbel", in dem alles zusammenschießt, was sich an Ideen und Ge-

---

28 Ebd. S. 51.

fühlen, an Intellektualität und Emotionalität in einem Bild miteinander verbindet. Pound kannte natürlich Kandinskys *Über das Geistige in der Kunst*, und auf Kandinskys Einfluß ist vielleicht zurückzuführen, daß Bildliches bei Pound in höherem Maße als bei anderen Imagisten erscheint, daß die Farbigkeit seiner Gedichte größer ist. Sein wohl berühmtestes Gedicht besteht aus zwei Zeilen und lautet[29]:

> IN A STATION OF THE METRO
>
> The apparition of these faces in the crowd;
> Petals on a wet, black bough.

Dazu hat Pound einen Selbstkommentar geschrieben, der die Entstehung des Gedichtes illustriert. Er lautet:

> Three years ago in Paris I got but of a "metro" train at La Concorde, and saw suddenly a beautiful face, and then another and another, and then a beautiful child's face, and then another beautiful woman, and I tried all that day to find words for what this had meant to me, and I could not find any words that seemed to me worthy, or as lovely as that sudden emotion. And that evening, as I went home along the Rue Raynouard, I was still trying, and I found, suddenly, the expression. I do not mean that I found words, but there came an equation ... not in speech, but in little splotches of colour. It was just that - a "pattern," or hardly a pattern, if by "pattern" you mean something with a "repeat" in it. But it was a word, the beginning, for me, of a language in colour. I do not mean that I was unfamiliar with the kindergarten stories about colours being like tones in music. I think that sort of thing is nonsense. If you try to make notes permanently correspond with particular colours, it is like tying narrow meanings to symbols.
> That evening, in the Rue Raynouard, I realised quite vividly that if I were a painter, or if I had, often, *that kind* of emotion, or even if I had the energy to get paints and brushes and keep at it, I might found a new school of painting, of "non-representative" painting, a painting that would speak only by arrangements in colour.
> [...]
> The "one image poem" is a form of super-position, that is to say it is one idea set on top of another. I found it useful in getting out of the impasse in which I had been left by my metro emotion. I wrote a thirty-line poem, and destroyed it because it was what we call work "of second intensity." Six months later I made a poem half that length; a year later I made the following *hokku*-like sentence: -
> [...]
> I dare say it is meaningless unless one has drifted into a certain vein of thought. In a poem of this sort one is trying to record the precise instant

29 Imagist Poetry (wie Anm. 2). S. 95.

when a thing outward and objective transforms itself, or darts into a thing inward and subjective.[30]

Den "emotional complex" lieferte sein Erlebnis; es waren Augen-Blicke, ohne jeden metaphysischen Hintersinn. Der intellektuelle Anteil an diesem Bild besteht nicht in einer gedanklichen Schlußfolgerung oder einer "Erfahrungslehre", sondern in einer Einsicht in die Grundstruktur des Gesehenen, in dem Versuch, die Erscheinung in der Metro in einen urtümlichen Erfahrungszusammenhang einzuordnen; man läse das Gedicht völlig falsch, sähe man hier einen der üblichen poetischen Vergleiche oder gar ein Gleichnis. Kein anderes Gedicht könnte das Nicht-Metaphysische der Imagisten besser ausdrücken als dieser Zweizeiler. Das Erlebte wird nur auf eine andere Ebene gehoben, es bleibt ein Erlebnis "in an instant of time". Dabei hat der Leser durchaus keine Übertragungsarbeit zu leisten; das Gedicht hat sie geleistet, ohne daß der Bildbereich verlassen worden wäre. Aber es ist etwas Archetypisches sichtbar geworden, das der flüchtigen Erscheinung am Aufgang der Metro zwar keinen Sinn gibt, aber sie doch verarbeiten läßt. Nicht, daß die Erscheinung im üblichen Sinne objektiviert worden wäre; aber sie ist aus dem rein Visuellen befreit, auf ein bildliches Urmuster zurückgeführt, auf eine Naturerscheinung, die die flüchtige Impression im Metroaufgang gleichsam fixiert. Sie erklärt auch etwas, gemäß dem Satz "All poetic language is the language of exploration". Noch deutlicher hat Pound sich in seinem "Vortex" darüber ausgesprochen, wenn er sagt: "Every concept, every emotion, presents itself to the vivid consciousness in some primary form".[31] Das Naturbild ist gleichsam eine geistige Reaktion auf das Gesehene, ohne daß die Ebene des Bildes verlassen wäre. Die zweite Zeile des Gedichtes gibt dem Beobachteten einen abstrakten "Sinn"; die Erfahrung bleibt gegenwärtig, wird aber transponiert auf ein "Raster", das sie dem Zeitfluß zu entheben scheint. Das Erscheinungsbild im Aufgang der Metro hat gewissermaßen seinen vollkommenen Ausdruck erreicht, wenn es mit den Blütenblättern auf einem nassen Zweig verglichen wird.

Man könnte die Konzentration auf das Bild als Hinweis darauf nehmen, daß der Impressionismus selbst die Literatur der Imagisten tief beeindruckt hat; aber es geht den Imagisten nicht nur um das Erfassen eines

[30] Ezra Pound's Poetry and Prose. Contributions to Periodicals in ten volumes. Prefaced and Arranged by Lea Baechler, A. Walton Litz, and James Longenbach. Volume I. 1902-1914. New York/London 1991. S. 279ff. Hervorhebungen i. O.
[31] Ebd. S. 280.

Bildes, sondern immer auch um seine Kommunikationsfähigkeit, und das heißt: ein Bild muß mit einem kommunikablen Sinn erfüllt sein. "It is our affair to render the *image* as we have perceived or conceived it",[32] schreibt Pound in *Vorticism* in der *Fortnightly Review* 1914. Daher auch das große Interesse für Kandinskys *Über das Geistige in der Kunst*; eben dieses Geistige war im "image" zu transportieren. Das Bild als eigentliche Aussage, die nicht weiter umschrieben werden muß: das ist die Forderung Pounds. Er definiert: "Since the beginning of bad writing, writers have used images as ornaments. The point of Imagisme is that it does not use images *as ornaments*. The image is itself the speech. The image is the word beyond formulated language".[33] Pound hat sich allerdings immer gegen eine Verwechslung mit dem Impressionismus ausgesprochen, weil ihm dort keine Verwandlung eines Bildes in ein "Geistiges", in eine "Idee" gegeben war. Impressionen stehen für Pound quasi nur auf der ersten Stufe einer Erfahrung, er hat mit dem Begriff des "*conceiving*" die Erfahrung jenes "Geistigen" gemeint und sich gegen bloßes "reflecting and observing" verwahrt.[34] Andererseits ist ein Bild nie bloß auf den ideellen Charakter zu reduzieren; es hat eine Stimmung, ein Gefühl, eine Empfindung zu transformieren, und wenn das gelingt, ist der anfängliche Impressionismus überwunden. Pound spricht auch von einer "equation" und hat hinzugesetzt: "By the 'image' I mean such an equation; not an equation of mathematics, not something about *a*, *b*, and *c*, having something to do with form, but about *sea*, *cliffs*, *night*, having something to with mood".[35] Im Zusammenhang mit dieser Definition erläutert Pound auch den Begriff des "Vortex" und definiert: "The image is not an idea. It is a radiant node or cluster; it is what I can, and must perforce, call a VORTEX, from which, and through which, and into which, ideas are constantly rushing. In decency one can only call it a VORTEX. And from this necessity came the name 'vorticism'".[36]

Die definitorischen Schwierigkeiten Pounds sind die gleichen wie im deutschen Expressionismus: das Gemeinte wird umschrieben, und es ist bezeichnenderweise wiederum ein Bild, das Bild eines Strudels, an dem nur auffällig ist, daß in diesem Strudel auch "ideas" enthalten sind. Die Schwierigkeiten einer begrifflichen Definition werden auch dort deutlich,

---

32 Ebd. S. 279. Hervorhebung i. O.
33 Ebd. S. 280. Hervorhebung i. O.
34 Ebd. S. 281f. Hervorhebung i. O.
35 Ebd. S. 283. Hervorhebungen i. O.
36 Ebd. S. 283f.

wo Pound "vorticism" mit Expressionismus, Neokubismus und Imagismus gleichsetzt - und sich nur Marinetti und seinem Futurismus gegenübersieht. Wenn Kurt Pinthus von der "brodelnden Sinnlichkeit der überall eindringenden Realität" spricht,[37] dann könnte das als eine Umschreibung dessen gelten, was Pound mit einem "vortex" meint. Auffällig ist, daß auch Otto Flake 1915 in seinem Aufsatz *Von der jüngsten Literatur* den Expressionismus dadurch vom Impressionismus unterschieden sieht, daß neben der "totalen Erregung" auch "gesteigerte 'Geistigkeit'"[38] zu den Kennzeichen der expressionistischen Dichtung gehört. Keine Gefühle also ohne geistige Reaktionen, keine Bilder ohne Ideen, keine Impression ohne das Sichtbarwerden eines "pattern".

Pound und die Imagisten haben Bilder nicht unbedingt als Bausteine eines künstlichen Universums betrachtet, aber was den Imagismus mit den kontinentalen Bewegungen verbindet, ist die Einsicht, daß ein Bild niemals nur eine Impression ist, sondern jenes Geistige enthält, von dem Kandinsky in seinem Buch gesprochen hat. Was für Pound gilt, trifft in noch höherem Maße für T. S. Eliot zu. Auch bei ihm bestimmen spirituelle Momente die Bildlichkeit, auch bei ihm sind Ideen in Empfindungen verwandelt und sprechen Empfindungen Ideen aus; auch bei Eliot hat ein Bild nichts mit Ornamentik zu tun, sondern will hinter dem Sichtbaren etwas Unsichtbares aufzeigen, den Gedanken hinter einer sinnlichen Wahrnehmung sichtbar machen. Es ist kein Zufall, daß Allegorie, Metapher und Symbol bei ihm eine so große Rolle spielen, und noch 1929 hat Eliot festgehalten, daß Allegorien "*clear visual images*"[39] seien, und zu derartigen Bildern gesagt: "we do not need to know what that meaning is, but in our awareness of the image we must be aware that the meaning is there too. Allegory is only one poetic method, but it is a method which has very great advantages". Auch hier also ist die Visualität eines Bildes gekoppelt mit einem Sinn, der emotional nicht faßbar, wohl aber intellektuell vermittelbar ist. Bilder und Ideen sind auch bei Eliot stets miteinander verbunden, und bei ihm ist sogar die Idee das Ursprünglichere, dem ein Bild einen visualisierten Ausdruck gibt. Bilder können Assoziationen enthalten, sie können, wie in der Allegorie oder im Symbol, an einen Gedanken gekoppelt sein, der dem Bild erst seinen Sinn gibt, aber im Grunde

---

37 In: Expressionismus. Der Kampf um eine literarische Bewegung (wie Anm. 13/VII). S. 74.

38 Ebd. S. 62.

39 Selected Essays by T. S. Eliot. London 1932. ^{3}1972. S. 242f. Hervorhebung i. O.

genommen sind alle Bilder symbolisch in dem Sinne, daß sie Ideen und Vorstellungen repräsentieren, die jenseits des Bereichs der Bildlichkeit liegen. Fehlt jenes "Geistige", werden die Bilder anarchisch, unverständlich, sind auch nicht mehr kommunikabel.

Eliot verdankt die Literaturtheorie einen neuen Begriff, der Pounds Vorstellungen von einem Bild als einem "intellectual and emotional complex in an instant of time" näher präzisiert. Es ist der des "objective correlative". Eliot hat diesen in seinem *Hamlet*-Essay so definiert:

> The only way of expressing emotion in the form of art is by finding an 'objective correlative'; in other words, a set of objects, a situation, a chain of events which shall be the formula of that *particular* emotion; such that when the external facts, which must terminate in sensory experience, are given, the emotion is immediately evoked.[40]

Ein dichterisches Bild ist in diesem Sinne ein "objective correlative", weil es das Korrelat einer wirklichen Erfahrung ist. Nur im "objective correlative" wird eine Erfahrung kommunikabel, da sie übersetzt und rationalisiert worden ist. Ein Bild ist also nie ein Eindruck, sondern vermittelt, ist ein Versuch, etwas sichtbar zu machen, was sich der Verbalisierung an sich entzieht. An Dante hat Eliot gerühmt, daß seine Bildlichkeit das spirituelle Moment erst sichtbar mache, und auch Shakespeares Bilder setzen sich aus sinnlichen und intellektuellen Erfahrungen zusammen. Die Unmittelbarkeit und Intensität eines Bildes zählt nicht, es sei denn, jene Idee kommt hinzu, die wirkliche Dichtung von persönlicher Erlebnisdichtung unterscheidet. Dichtung soll nicht Erregungen schaffen, sondern etwas fixieren; und Eliot hat das in den Satz gebracht: "The poet has not aim to excite - that is not even a test of his success - but to set something down". Es heißt bei ihm auch: "the poet has, not a 'personality' to express, but a particular medium, which is only a medium and not a personality, in which impressions and experiences combine in peculiar and unexpected ways".[41] Bilder erscheinen also im Grunde im Rahmen größerer Bezugssysteme, innerhalb derer sich die Bedeutung eines Einzelbildes erst erschließt. Der geistige Anteil am Bild ist hier wohl noch höher anzusetzen als bei Pound, es ist zugleich eine Art der Weltbeherrschung, die Eliot vom Dichter fordert: "We assume, of course, that we are masters and not servants of fact". Hier werden Differenzen zum deutschen Expressionismus sichtbar, wenn Eliot 1919 sagt: "Poetry is not a turning loose of emotion, but an escape from emotion; it is not the

---

40 Ebd. S. 145. Hervorhebung i. O.

41 Ebd. S. 19f.

expression of personality, but an escape from personality".[42] Und Eliot hat noch hinzugesetzt: "There is a great deal, in the writing of poetry, which must be conscious and deliberate. In fact, the bad poet is usually unconscious where he ought to be conscious, and conscious where he ought to be unconscious. Both errors tend to make him 'personal'". Es bedarf nicht einmal der persönlichen Erfahrung, denn die hat einen nur untergeordneten Anteil an der Dichtung überhaupt. "The progress of an artist is a continual self-sacrifice, a continual extinction of personality", hat T. S. Eliot festgestellt und von einem "process of depersonalization" gesprochen.[43] Dichtung ist die Umformung von Gefühlen, Bildern, Wortverbindungen zu einem neuen Ganzen, von Eliot auch als "compound" bezeichnet. Am Ende steht die Auslöschung des dichtenden Subjekts, seine Transpersonalisation, das, was Eliot "escape from personality" genannt hat.[44] T. S. Eliots Essay über *Tradition and the Individual Talent*[45] läßt im übrigen erkennen, wie weit Verbindungslinien in die Vergangenheit hineinreichen. Mit dieser Intensität hat sich kein deutscher Dichter auf die Tradition berufen.

Verwandtschaften, wie sie hier hergestellt sind, haben immer nur teilweise Geltung. So fragwürdig es wäre, den Imagismus uneingeschränkt als Gegenstück dem deutschen Expressionismus an die Seite zu stellen, so wenig kann doch andererseits geleugnet werden, daß es entscheidende Gemeinsamkeiten gibt - und sie erstrecken sich nicht nur auf den Expressionismus, sondern finden sich auch in der L'art-pour-l'art-Dichtung und deren Dichtungstheorie, auch in der des Ästhetizismus. Alledem liegen nicht Abhängigkeiten zugrunde, sondern Übereinstimmungen, wie sie sich als Antwort der Dichter und Theoretiker auf ihre eigene Zeit darstellen.

Die offensichtlichen Gemeinsamkeiten der verschiedenen Kunstrichtungen und kunsttheoretischen Positionen um 1900 dürfen die ebenso offensichtlichen Unterschiede nicht übersehen lassen. Aber es gehört seit jeher zum Erscheinungsbild jeglicher Moderne, daß sie unabgeschlossen ist, und wenn auch, gemessen an den Modernen um 1800 und um 1830, die konkurrierenden Tendenzen größer geworden sind, so sind sich alle literarischen Theoretiker doch der Vorläufigkeit ihrer Überzeugungen

42 Ebd. S. 21.
43 Ebd. S. 17.
44 Ebd. S. 21.
45 In: ebd. S. 13-22.

letztlich bewußt - ausgenommen vielleicht die Gruppe derer, die sich in den *Blättern für die Kunst* äußerten.

Es fällt schwer, Gemeinsamkeiten zu formulieren. Das Programm der Moderne ist vielgestaltig, es setzt sich zusammen aus Abwehrbewegungen und daraus abgeleiteten neuen Forderungen, es orientiert sich am Gegensatz und nicht etwa an irgendwelchen Urbildern, es bekommt seine Konturen durch den Widerspruch. Das darf nicht heißen, daß Traditionen völlig unterbrochen wären; das Traditionsbewußtsein ist überall groß, im Naturalismus ebenso wie im Kreis der Beiträger zu den *Blättern für die Kunst*, bei Hofmannsthal und im Ästhetizismus ebenso wie im Expressionismus und, auf andere Weise, auch im Imagismus. Aber entscheidender sind nicht Traditionen, sondern die Versuche, neue Positionen zu gewinnen, denen bei allen Unterschieden doch eines gemeinsam ist: die Radikalität der neuen Selbsterklärungen. Wenn andere Strömungen geltengelassen werden, so doch nur mit Einschränkungen; die Vielzahl der Tendenzen und Richtungen führt dazu, die eigene Position scharf gegen die anderen abzugrenzen, und diese Abgrenzungen wiederum führen zu einer gelegentlich bemerkenswerten Intoleranz anderen Strömungen gegenüber.

Aber das sind freilich alles nur Akzidentien. Eigentlich stellen sich in diesen Programmen der Moderne um 1900 nur zwei Gemeinsamkeiten heraus, und die sind kontradiktorischer Natur. Auf der einen Seite zählen die "Dinge", zählt die Realität, und die Wirklichkeitssuche führt dazu, die Sprache nicht als Trennwand auftreten zu lassen, sondern sie als Mittel zu nutzen, um möglichst nahe an die Dinge heranzukommen. Seit 1880 gibt es überall ein neues Wirklichkeitsbewußtsein, und dieses läßt eine subjektive Interpretation der Wirklichkeit nicht mehr zu; die Wirklichkeit soll in ihrer Objektivität dargestellt, nicht mehr durch Gefühle oder subjektive Faktoren gebrochen werden. Diese Wirklichkeit kann als "Leben" erscheinen, also als irrationale Macht, die lange unter historisch-antiquarischem Wust verborgen war; sie kann als Dinggläubigkeit begegnen wie bei Hofmannsthal, als nachmeßbare, naturwissenschaftlich in Erscheinung tretende Wirklichkeit bei den Naturalisten. Wirklichkeit kann aus Farben, Formen, Eindrücken bestehen, die festzuhalten sind, aber auch aus inneren Bewegungen, die verbalisiert werden sollen. Zum Problem wird ihre Fähigkeit zur Abbildung; allgemein verbindliche Antworten gibt es darauf nicht. Hinter allen Wirklichkeitsannäherungen steht die Frage, wie weit diese führen; und das Wissen darum, daß das "Leben" und die Dinge, die Welt innerer Stimmungen und das Nebeneinander zufälliger Eindrücke von außen im Kunstwerk letztlich nicht reproduzierbar sind, allen Übersteigerungen zum Trotze. Zum Wesen der Moderne gehört auch der Vorbehalt der eigenen Position gegenüber, selbst wo diese radikalisiert erscheint. Es ist letztlich der Vorbehalt der Kunst gegenüber der Wirklichkeit.

So sehr der Wirklichkeitsbezug zum Kennzeichen dieser Moderne gehört, so sehr haben alle Richtungen aber doch auch den Primat der Kunst vor der Wirklichkeit betont. In einer scheinbar sich auflösenden Welt, in der der Eindruck immer stärker wird, daß auch die Kultur sterben könne, wird die Kunst noch einmal als eine unabhängige zweite Welt errichtet, wird die Wirklichkeit, der man sich nur nähern, der man nie nahekommen kann, in ihrer Aussagekraft relativiert durch die Bedeutung, die nicht aus der Wirklichkeit selbst kommen kann, sondern die nur die Kunst ihr zu geben vermag. Um Kunstgesetze und um das, was bei George die "mache" heißt, um eine adäquate Sprache und um die Distanz allem gegenüber, was die Kunst in den Dienst einer Sache nehmen kann, sind ausnahmslos alle Richtungen der Moderne bemüht. Kunst ist dabei freilich nicht jene "höhere Natur" im Sinne Goethes, auch nicht eine "andere Natur"; sie ist Interpretation und Korrektiv der Wirklichkeit, sie gibt ihr Sinn und entzieht ihre Bedrohlichkeit. Die Kunst vermag jene Urmuster zu liefern, die die Wirklichkeit zu interpretieren helfen, sie kann Form in die Formlosigkeiten einer arationalen Welt bringen, sie kann den Momenten Dauer verleihen und dem Zeitlichen Zeitlosigkeit. Beides, Wirklichkeitssuche und Wirklichkeitsflucht in die Kunst hinein, gehört zu den perennierenden Kennzeichen dieser Moderne, die darin mehr innere Gemeinsamkeiten aufzuweisen hat, als das den Vertretern der verschiedenen Strömungen bewußt war. Ihre Einheit zeigt diese Moderne in ihrer inneren Widersprüchlichkeit - aber diese ist nicht Ausdruck eines willkürlichen Chaos, sondern resultiert aus ihrem Wirklichkeitsbezug und dem gleichzeitigen Versuch, die Wirklichkeit zu überwinden und zu durchstoßen auf etwas hin, was bei Kandinsky und George das "Geistige" war, bei Pound die "patterns", also Urmuster, bei den Naturalisten und Hofmannsthal das "Leben". Die Wirklichkeit ist ein einziger Vorbehalt der Kunst gegenüber, die Kunst ein einziger Vorbehalt der Wirklichkeit gegenüber. Aus diesen Prämissen ist jene Moderne entstanden, die in ihren zeitlichen Dimensionen durchaus relativ genau einzugrenzen ist, nämlich auf die vier Jahrzehnte zwischen 1880 und 1920. Aber hinter der Vielfalt der Strömungen zeichnen sich doch auch Gemeinsamkeiten ab, die dieser Epoche die nötigen Konturen geben - und seien es auch nur die Konturen einer widerspruchsvollen, aber vielleicht gerade deswegen so produktiven Weltbeziehung.

Auswahlbibliographie

(Sammelbände werden jeweils als Ganzes, relevante Einzelbeiträge zusätzlich im einzelnen ausgewiesen)

Literarische Moderne 1880-1920 (Kapitel I-III)

Anthologien

Die literarische Moderne. Dokumente zum Selbstverständnis der Literatur um die Jahrhundertwende. Ausgewählt und mit einem Nachwort hg. von Gotthart Wunberg. Frankfurt am Main 1971.

Jahrhundertwende. Manifeste und Dokumente zur deutschen Literatur 1890-1910. Hg. von Ernst Ruprecht und Dieter Bänsch. Stuttgart ^{2}1981.

Literarische Manifeste der Jahrhundertwende 1890-1910. Hg. von Erich Ruprecht und Dieter Bänsch. Stuttgart 1970.

Darstellungen

Baltz-Balzberg, Regina: Primitivität der Moderne 1895-1925 am Beispiel des Theaters. Königstein/Ts. 1983.

Bathrick, David/Huyssen, Andreas: Modernism and the experience of modernity. In: Modernity and the text. Revisions of German modernism. Ed. by A. H. and D. B. New York 1989. S. 1-16.

Bedwell, Carol E. B.: The Parallelism of Artistic and Literary Tendencies in Germany 1880-1910. Diss. Bloomington 1962.

Cassou, Jean/Langui, Emil/Pevsner, Nikolaus: Durchbruch zum 20. Jahrhundert. Kunst und Kultur der Jahrhundertwende. München 1962.

Das Wagnis der Moderne. Festschrift für Marianne Kesting. Hg. von Paul Gerhard Klussmann. Frankfurt am Main 1993.

Deutsche Dichtung um 1890. Beiträge zu einer Literatur im Umbruch. Hg. von Robert Leroy und Eckart Pastor. Bern/Berlin/ Frankfurt am Main/New York/Paris/Wien 1991.

Deutsche Literatur der Jahrhundertwende. Hg. von Viktor Žmegač. Königstein/Ts. 1981.

Deutsche Schriftsteller im Portrait. Bd. 5: Jahrhundertwende. Hg. von Hans-Otto Hügel. München 1983.

Donahne, Neil H.: Forms of disruption. Abstraction in modern German prose. Ann Arbor 1993.

Frank, Manfred: Kaltes Herz. Unendliche Fahrt. Neue Mythologie. Motiv-Untersuchungen zur Pathogenese der Moderne. Frankfurt am Main 1989.

Glaser, Horst Albert: Deutsche Literatur. Eine Sozialgeschichte. Bd. 8: Jahrhundertwende. Vom Naturalismus zum Expressionismus, 1880-1918. Hg. von Frank Trommler. Reinbek bei Hamburg 1982.

Grimminger, Rolf: Aufstand der Dinge und der Schreibweisen. Über Literatur und Kultur der Moderne. In: Literarische Moderne. Europäische Literatur im 19. und 20. Jahrhundert. Hg. von R. G., Jurij Murašov und Jörn Stückrath. Reinbek bei Hamburg 1995. S. 12-40.

Ders.: Der Sturz der alten Ideale. Sprachkrise, Sprachkritik um die Jahrhundertwende. In: Literarische Moderne. Europäische Literatur im 19. und 20. Jahrhundert. Hg. von R. G., Jurij Murašov und Jörn Stückrath. Reinbek bei Hamburg 1995. S. 169-200.

Groß, Wolfgang: Gedicht- und Bildstrukturen in Dichtung und Malerei des beginnenden 20. Jahrhunderts. Diss. Köln 1965.

Hermand, Jost: Der Schein des schönen Lebens. Studien zur Jahrhundertwende. Mit 46 Abbildungen. Frankfurt am Main 1972.

Jahrhundertende - Jahrhundertwende. I. bzw. II. Teil. Hg. von Helmut Kreuzer bzw. Hans Hinterhäuser. Wiesbaden 1976 (= Neues Handbuch der Literaturwissenschaft. Hg. von Klaus von See. Bd. 18 bzw. 19).

Kleinschmidt, Erich: Gleitende Sprache: Sprachbewußtsein und Poetik in der literarischen Moderne. München 1992.

Köster, Udo: Die Moderne, die Modernisierung und die Marginalisierung der Literatur. Anmerkungen zu einigen Hypothesen über Literatur und Gesellschaft in Deutschland um 1900. In: Polyperspektivik in der literarischen Moderne. Studien zu Theorie, Geschichte und Wirkung der Literatur. Karl Robert Mandelkow gewidmet. Hg. von Jörg Schönert und Harro Segeberg. Frankfurt am Main 1988. S. 353-380.

Lehnert, Herbert: Geschichte der deutschen Literatur vom Jugendstil zum Expressionismus. Stuttgart 1978.

Levesque, Paul: Jahrhundertwende, Fin de siècle: Wilhelminian era: reexamining German literary culture 1871-1918. In: German Studies Review 13. 1990. S. 9-25.

Literarische Moderne. Europäische Literatur im 19. und 20. Jahrhundert. Hg. von Rolf Grimminger, Jurij Murašov und Jörn Stückrath. Reinbek bei Hamburg 1995.

Lulu, Lilith, Mona Lisa ... Frauenbilder der Jahrhundertwende. Hg. von Irmgard Roebling. Pfaffenweiler 1989.

Mennemeier, Franz Norbert: Literatur der Jahrhundertwende. Europäisch-deutsche Literaturtendenzen 1870-1910. Bern/Frankfurt am Main/New York 1988.

Noble, Cecil A. M.: Sprachskepsis. Über Dichtung der Moderne. München 1978.

Ostermann, Eberhard: Der Begriff des Fragments als Leitmetapher der ästhetischen Moderne. In: Athenäum 1. 1991. S. 189-205.

Paradigmen der Moderne. Hg. von Helmut Bachmaier. Amsterdam 1990.

Rasch, Wolfdietrich: Aspekte der deutschen Literatur um 1900. In: W. R.: Zur deutschen Literatur seit der Jahrhundertwende. Gesammelte Aufsätze. Stuttgart 1967. S. 1-48.

Ders.: Zur deutschen Literatur seit der Jahrhundertwende. Gesammelte Aufsätze. Stuttgart 1967.

Rossellit, Jutta: Aufbruch nach innen. Studien zur literarischen Moderne mit einer Theorie der Imagination. Würzburg 1993.

Sprengel, Peter: Literatur im Kaiserreich. Studien zur Moderne. Berlin 1993.

Steiner, Wilfried: Rausch - Revolte - Resignation. Eine Vorgeschichte der poetischen Moderne von Novalis bis Georg Heym. Wien 1993.

Stürmer, Michael: Abschied und Aufbruch. Zur geistigen Situation der Jahrhundertwende. In: Richard Wagner: Ritter zwischen Zeiten. Festvorträge und Diskussionen aus Anlaß des 100. Todestages. Schloß Thurnau 1983. Hg. von Gerhard Heldt. Anif/Salzburg 1990.

Vietta, Silvio: Zweideutigkeit der Moderne: Nietzsches Kulturkritik, Expressionismus und literarische Moderne. In: Die Modernität des Expressionismus. Hg. von Thomas Anz und Michael Stark. Stuttgart/Weimar 1994. S. 9-20.

Die Literaturtheorie des Ästhetizismus (Kapitel IV, V)

Anthologien

Theorie des literarischen Jugendstils. Hg. von Jürg Mathes. Stuttgart 1984.

Weisser, Michael: Ornament und Illustration um 1900. Handbuch für Bild- und Textdokumente bekannter und unbekannter Künstler aus der Zeit des Jugendstils. Frankfurt am Main 1980.

Darstellungen

Aufnahme und Auseinandersetzung. Friedrich Nietzsche im 20. Jahrhundert. Hg. von Wolfgang Müller-Lauter und Volker Gerhardt. Berlin/New York 1982.

Bauer, Roger: Altes und Neues über die Décadence. In: Literaturwissenschaftliches Jahrbuch 32. 1991. S. 149-173.

Ders.: "Decadénce" bei Nietzsche. Versuch einer Bestandsaufnahme. In: Literary Theory and Criticism. Festschrift für René Wellek zum 80. Geburtstag. Hg. von Joseph Strelka. Bd. 1. Bern/Frankfurt am Main/New York 1984. S. 35-68.

Ders.: "Decadénce": histoire d'un mot et d'une idée. In: Cahiers roumains d'études littéraires. Bukarest 1978. S. 55-71.

Böckmann, Paul: Die Bedeutung Nietzsches für die Situation der modernen Literatur. In: DVjs 27. 1953. S. 77-101.

Bohnen, Klaus: Naturwissenschaftliche Grundlage der Poesie im "Fin de siècle"? Eine Vorbemerkung. In: Fin de siècle. Zu Naturwissenschaft und Literatur der Jahrhundertwende im deutsch-skandinavischen Kontext. Vorträge des Kolloquiums am 3. und 4. Mai 1984 hg. von K. B., Uffe Hansen und Friedrich Schmöe. Kopenhagen/München 1984. S. 7f.

Die Modernisierung des Ich. Studien zur Subjektkonstitution in der Vor- und Frühmoderne. Hg. von Manfred Pfister. Passau 1989.

Diersch, Manfred: Empiriokritizismus und Impressionismus. Über Beziehungen zwischen Philosophie, Ästhetik und Literatur um 1900 in Wien. Berlin 1977.

Ebrecht, Angelika: Das individuelle Ganze. Zum Psychologismus der Lebensphilosophie. Stuttgart 1991.

Emmel, Hildegard: Symbolismus. In: Reallexikon der deutschen Literaturgeschichte. Bd. 4. Berlin/New York 21979. S. 333-344.

Fin de siècle. Zu Literatur und Kunst der Jahrhundertwende. Hg. von Roger Bauer, Eckhard Heftrich, Helmut Koopmann, Wolfdietrich Rasch, Willibald Sauerländer und J. Adolf Schmoll gen. Eisenwerth. Frankfurt am Main 1977 (= Studien zur Philosophie und Literatur des 19. Jahrhunderts. Bd. 35).

Fin de siècle. Zu Naturwissenschaft und Literatur der Jahrhundertwende im deutsch-skandinavischen Kontext. Hg. von Klaus Bohnen, Uffe Hansen und Friedrich Schmöe. Kopenhagen/München 1984.

Fischer, Jens Malte: Fin de siècle. Kommentar zu einer Epoche. München 1978.

Ders.: Jahrhundertdämmerung. Kleines Glossar des Fin de siècle. In: Merkur 44. 1990. S. 999-1005.

Fortschrittsglaube und Dekadenzbewußtsein im Europa des 19. Jahrhunderts. Literatur - Kunst - Kulturgeschichte. Hg. von Wolfgang Drost. Heidelberg 1986.

Frodl, Hermann: Die deutsche Dekadenzdichtung der Jahrhundertwende. Wurzeln, Entfaltung, Wirkung. Diss. Wien 1963.

Gerhardt, Volker: Pathos und Distanz. Studien zur Philosophie Friedrich Nietzsches. Stuttgart 1988.

Greissinger, Hermann: "In die vierte Existenz vielleicht". Konzeption von 'Leben' und 'Nicht-Leben' im Werk von Jakob Wassermann und in den Erzähltexten der Frühen Moderne. Eine semiotisch-strukturale Werk- und Epochenanalyse. Bern 1986.

Hajek, Edelgard: Literarischer Jugendstil. Vergleichende Studien zur Dichtung und Malerei um 1900. Düsseldorf 1971.

Hamann, Richard/Hermand, Jost: Impressionismus. Berlin 1960.

Dies.: Stilkunst um 1900. Berlin 1967.

Hardy, William: Jugendstil. Die ästhetische Kunstrichtung. Hamburg 1990.

Hennecke, Hans: Jugendstil in der Literatur. Ein Diskussionsbeitrag. In: Jahrbuch der Deutschen Akademie für Sprache und Dichtung. Darmstadt 1976. S. 145-148.

Hillebrand, Bruno: Ästhetik des Nihilismus. Von der Romantik zum Modernismus. Stuttgart 1991.

Hinterhäuser, Hans: Fin de siècle. Gestalten und Mythen. München 1977.

Hirsch, Rudolf: Beiträge zum Verständnis Hugo von Hofmannsthals. Frankfurt am Main 1995.

Hoeges, Dirk: Symbolismus und Darwinismus. Dekadenz als Fortschritt. In: Fortschrittsglaube und Dekadenzbewußtsein im Europa des 19. Jahrhunderts. Literatur - Kunst - Kulturgeschichte. Hg. von Wolfgang Drost. Heidelberg 1986. S. 163-167.

Hofstätter, Hans H.: Idealismus und Symbolismus. Wien/München 1972.

Ders.: Symbolismus und die Kunst der Jahrhundertwende. Voraussetzungen, Erscheinungsformen, Bedeutungen. Köln 1965.

Impressionismus, Symbolismus und Jugendstil. Hg. von Ulrich Karthaus. Stuttgart 1977.

Jost, Dominik: Literarischer Jugendstil. Stuttgart 1969.

Kayser, Wolfgang: Der europäische Symbolismus. In: Deutsche Literatur der Jahrhundertwende. Hg. von Viktor Žmegač. Königstein/Ts. 1981. S. 49-59.

Koopmann, Helmut: Entgrenzung. Zu einem literarischen Phänomen um 1900. In: Fin de siècle. Zu Literatur und Kunst der Jahrhundertwende. Hg. von Roger Bauer, Eckhard Hefrich, H. K., Wolfdietrich Rasch, Willibald Sauerländer und J. Adolf Schmoll gen. Eisenwerth. Frankfurt am Main 1977 (= Studien zur Philosophie und Literatur des 19. Jahrhunderts. Bd. 35). S. 73-92.

Koppen, Erwin: Dekadenter Wagnerismus. Studien zur europäischen Literatur des Fin de siècle. Berlin/New York 1973.

Koreska-Hartmann, Linda: Jugendstil - Stil der "Jugend". Auf den Spuren eines alten, neuen Stil- und Lebensgefühls. München 1969.

Kühne-Bertram, Gudrun: Aus dem Leben - zum Leben. Entstehung, Wesen und Bedeutung populärer Lebensphilosophien in der Geistesgeschichte des 19. Jahrhunderts. Frankfurt am Main/Bern/New York/Paris 1987.

Lange, Wolfgang: Im Zeichen der Dekadenz. Hofmannsthal und die Wiener Moderne. In: Literarische Moderne. Europäische Literatur im 19. und 20. Jahrhundert. Hg. von Rolf Grimminger, Jurij Murašov und Jörn Stückrath. Reinbek bei Hamburg 1995. S. 201-229.

Lieber, Hans-Joachim: Kulturkritik und Lebensphilosophie. Studien zur Deutschen Philosophie der Jahrhundertwende. Darmstadt 1974.

Martini, Fritz: Dekadenzdichtung. In: Reallexikon der deutschen Literaturgeschichte. Hg. von Paul Merker. Bd. 1. Berlin u. a. ²1958. S. 223-229.

Mehnert, Henning: Zur Bedeutung der Begriffe "symbolisme", "décadentisme" und "dégénérescence" im 19. Jahrhundert. In: Fortschrittsglaube und Dekadenzbewußtsein im Europa des 19. Jahrhunderts. Literatur - Kunst - Kulturgeschichte. Hg. von Wolfgang Drost. Heidelberg 1986. S. 75-84.

Meyer, Theo: Nietzsche: Kunstauffassung und Lebensbegriff. Tübingen 1991.

Müller-Lauter, Wolfgang: Nietzsche. Seine Philosophie der Gegensätze und die Gegensätze seiner Philosophie. Berlin/New York 1971.

Naturalismus/Ästhetizismus. Hg. von Christa Bürger, Peter Bürger und Jochen Schulte-Sasse. Frankfurt am Main 1979.

Nehring, Wolfgang: Möglichkeiten impressionistischen Erzählens um 1900. In: Zeitschrift für deutsche Philologie 100. 1981. H. 2. S. 167-176.

Prang, Helmut: Impressionismus. In: Reallexikon der deutschen Literaturgeschichte. Hg. von Paul Merker. Bd. 1. Berlin u. a. ²1958. S. 749f.

Ders.: Neuromantik. In: Reallexikon der deutschen Literaturgeschichte. Hg. von Paul Merker. Bd. 2. Berlin u. a. ²1965. S. 678-680.

Rasch, Wolfdietrich: Aspekte der deutschen Literatur um 1900. In: W. R.: Zur deutschen Literatur seit der Jahrhundertwende. Gesammelte Aufsätze. Stuttgart 1967. S. 1-48.

Ders.: Claudio. Zur Darstellung der Lebensferne in der Dichtung um 1900. In: Jahrbuch der Deutschen Schillergesellschaft 22. 1978. S. 552-571.

Ders.: Die literarische Décadence um 1900. München 1986.

Ders.: Fin de siècle als Ende und Neubeginn. In: Fin de siècle. Zu Literatur und Kunst der Jahrhundertwende. Hg. von Roger Bauer, Eckhard Heftrich, Helmut Koopmann, W. R., Willibald Sauerländer und J. Adolf Schmoll gen. Eisenwerth. (= Studien zur Philosophie und Literatur des 19. Jahrhunderts. Bd. 35). Frankfurt am Main 1977. S. 30-49.

Ders.: Thomas Mann und die Décadence. In: Thomas Mann 1875-1975. Hg. von Beatrix Bludau, Eckhard Heftrich und Helmut Koopmann. Frankfurt am Main 1977. S. 271-284.

Ravy, Gilbert: Regards francais sur la modernité de Hofmannsthal. In: Austriaca 18. 1993. 37. S. 241-251.

Sautermeister, Gert: Zur Grundlegung des Ästhetizismus bei Nietzsche. Dialektik, Metaphysik und Politik in der "Geburt der Tragödie". In: Naturalismus/Ästhetizismus. Hg. von Christa Bürger, Peter Bürger und Jochen Schulte-Sasse. Frankfurt am Main 1979. S. 224-243.

Schlinkmann, Adalbert: "Einheit" und "Entwicklung". Die Bildwelt des literarischen Jugendstils und die Kunsttheorien der Jahrhundertwende. Diss. Bamberg 1974.

Schwall, Hedwig: Spuk im Park. Der Übergang vom Ästhetizismus des Jugendstils über die Ästhetik des Häßlichen in den (Früh-)Expressionismus. In: Duitse Kroniek. Orgaan voor culturele betrekkingen met Duitsland (Amsterdam) 40. 1990,3/4. S. 47-65.

Sembach, Klaus-Jürgen: Jugendstil. Die Utopie der Versöhnung. Köln 1990.

Sendlinger, Angelika: Lebenspathos und Décadence um 1900. Studien zur Dialektik der Décadence und der Lebensphilosophie am Beispiel Eduard von Keyserlings und Georg Simmels. Frankfurt am Main/Berlin/Bern/New York/Paris/Wien 1994.

Wehle, Winfried: Endspiele der Moderne? Katastrophenkult und Lebenskult im postmodernen Fin-de-siècle. In: Das Wagnis der Moderne. Festschrift für Marianne Kesting. Hg. von Paul Gerhard Klussmann u. a. Frankfurt am Main 1993. S. 357-375.

Weinhold, Ulrike: Künstlichkeit und Kunst in der deutschsprachigen Dekadenzliteratur. Frankfurt am Main/Bern/Las Vegas 1977.

Worbs, Michael: Nervenkunst. Literatur und Psychoanalyse im Wien der Jahrhundertwende. Frankfurt am Main 1988.

Wunberg, Gotthart: Historismus, Lexemautonomie und Fin de siècle: zum Décadence-Begriff in der Literatur der Jahrhundertwende. In: Arcadia 30. 1995. H. 1. S. 31-61.

Naturalistische Kunsttheorien (Kapitel VI)

Anthologien

Literarische Manifeste des Naturalismus 1880-1892. Hg. von Erich Ruprecht. Stuttgart 1962.

Naturalismus. Manifeste und Dokumente zur deutschen Literatur 1880-1900. Hg. von Manfred Brauneck und Christine Müller. Stuttgart 1987.

Theorie des Naturalismus. Hg. von Theo Meyer. Stuttgart 1984.

Darstellungen

Bertaux, Félix: Die naturalistische Revolution in Berlin und München. Die Jugend auf der Suche nach einer deutschen Kultur der Moderne. In: Literatur und Theater im Wilhelminischen Zeitalter. Hg. von Hans-Peter Bayerdörfer, Karl Otto Conrady und Helmut Schanze. Tübingen 1978. S. 436-453.

Borchmeyer, Dieter: Der Naturalismus und seine Ausläufer. In: Geschichte der deutschen Literatur vom 18. Jahrhundert bis zur Gegenwart. Hg. von Viktor Žmegač. Bd. II, 1. Königstein/Ts. 1980. S. 153-233.

Brands, Heinz Georg: Theorie und Stil des sogenannten "konsequenten Naturalismus" von Arno Holz und Johannes Schlaf. Kritische Analyse der Forschungsergebnisse und Versuch einer Neubestimmung. Bonn 1978.

Bürger, Peter: Naturalismus - Ästhetizismus und das Problem der Subjektivität. In: Naturalismus/Ästhetizismus. Hg. von Christa Bürger, P. B. und Jochen Schulte-Sasse. Frankfurt am Main 1979. S. 18-55.

Ders.: Naturalismus und Ästhetizismus als rivalisierende Institutionalisierungen der Literatur. In: Naturalismus/Ästhetizismus. Hg. von Christa Bürger, P. B. und Jochen Schulte-Sasse. Frankfurt am Main 1979. S. 10-17.

Cowen, Roy C.: Der Naturalismus. Kommentar zu einer Epoche. München 1973.

Grimm, Reinhold: Naturalismus und episches Drama. In: Episches Theater. Hg. von R. G. Köln/Berlin 1966. S. 13-35.

Günther, Katharina: Literarische Gruppenbildung innerhalb des Berliner Naturalismus. Bonn 1972.

Hamann, Richard/Hermand, Jost: Naturalismus. Frankfurt am Main 1977 (Berlin 1959).

Hermand, Jost: Der verdrängte Naturalismus. In: J. H.: Der Schein des schönen Lebens. Studien zur Jahrhundertwende. Frankfurt am Main 1972.

Hoefert, Sigfrid: Das Drama des Naturalismus. Stuttgart ^{3}1979 (1968).

Ders.: Realism and Naturalism. In: The Challenge of German Literature. Ed. by Horst S. Daemmrich and Dieter H. Haenicke. Detroit 1971. S. 232-270.

Humble, M. E.: Zarathustra's Return: two Novels by Michael Georg Conrad and Carl Bleibtreu and the Contemporary Reception of Nietzsche. In: German Life and Letters 33. 1980. H. 3. S. 209-219.

Jahrhundertwende: Vom Naturalismus zum Expressionismus 1880-1918. Hg. von Frank Trommler. Reinbek bei Hamburg 1982.

Kafitz, Dieter: Naturalismus als Weltanschauung. Zur Kunstauffassung von Johannes Schlaf. In: Deutsche Dichtung um 1890. Beiträge zu einer Literatur im Umbruch. Hg. von Robert Leroy und Eckart Pastor. Bern/Berlin/Frankfurt am Main/New York/Paris/Wien 1991. S. 75-93.

Köster, Udo: Die Überwindung des Naturalismus. Begriffe, Theorien und Interpretationen zur deutschen Literatur um 1900. Hollfeld 1979.

Koopmann, Helmut: Die Klassizität der "Moderne". Bemerkungen zur naturalistischen Literaturtheorie in Deutschland. In: Beiträge zur Theorie der Künste im 19. Jahrhundert. Hg. von H. K. und J. Adolf Schmoll gen. Eisenwerth. Bd. 2. Frankfurt am Main 1972. S. 132-148.

Ders.: Naturalismus und Sentimentalität. Zum Aufkommen der Trivialsymbolik unter dem Programm des konsequenten Naturalismus. In: Literatur und Theater im Wilhelminischen Zeitalter. Hg. von Hans-Peter Bayerdörfer, Karl Otto Conrady und Helmut Schanze. Tübingen 1978. S. 166-182.

Leppla, Rupprecht: Naturalismus. In: Reallexikon der deutschen Literaturgeschichte. Hg. von Paul Merker. Bd. 2. Berlin u. a. ²1958ff. S. 602-611.

Mahal, Günther: Naturalismus. München ²1975.

Markwardt, Bruno: Geschichte der deutschen Poetik. Bd. 5: Das 20. Jahrhundert. Berlin 1967.

Meixner, Horst: Naturalistische Natur: Bild und Begriff der Natur im naturalistischen deutschen Drama. Diss. Freiburg/Br. 1961.

Möbius, Hano: Der Naturalismus. Epochendarstellung und Werkanalyse. Heidelberg 1982.

Münchow, Ursula: Deutscher Naturalismus. Berlin 1968.

Naturalismus/Ästhetizismus. Hg. von Christa Bürger, Peter Bürger und Jochen Schulte-Sasse. Frankfurt am Main 1979.

Naturalismus. Bürgerliche Dichtung und soziales Engagement. Hg. von Helmut Scheuer. Stuttgart/Berlin/Köln/Mainz 1974.

Pascal, Roy: From Naturalism to Expressionism. German Literature and Society 1890-1918. London 1973.

Riha, Karl: Naturalismus und Antinaturalismus. In: Annalen der deutschen Literatur. Hg. von Heinz-Otto Burger. 2. überarb. Aufl. Stuttgart 1971. S. 719-760.

Scheuer, Helmut: Der deutsche Naturalismus. In: Jahrhundertende - Jahrhundertwende. I. Teil. Hg. von Helmut Kreuzer. Wiesbaden 1976 (= Neues Handbuch der Literaturwissenschaft. Hg. von Klaus von See. Bd. 18). S. 153-183.

Schulz, Gerhard: Zur Theorie des Dramas im deutschen Naturalismus. In: Deutsche Dramentheorien. Hg. von Reinhold Grimm. Frankfurt am Main 1971. S. 394-428.

Stockum, Theodor C. van: Die Anfänge des Naturalimus. In: Neophilologus 36. 1952. S. 215-224.

Stückrath, Jörn: "Die naturwissenschaftlichen Grundlagen der Poesie". Naturalistische Modelle der Wirklichkeit. In: Literarische Moderne. Europäische Literatur im 19. und 20. Jahrhundert. Hg. von Rolf Grimminger, Jurij Murašov und Jörn Stückrath. Reinbek bei Hamburg 1995. S. 140-168.

Václavek, Ludwig E.: Einheitlichkeit oder Widerspruch? Naturalismus und Moderne in der deutschsprachigen Literatur um 1900. In: Neohelicon 9. 1982. H. 1. S. 131-144.

Völker, Ludwig: "Alle Erinnerung geht von irgendeiner 'Prosa' aus". Die lyrische Moderne und der Naturalismus. In: Deutsche Dichtung um 1890. Beiträge zu einer Literatur im Umbruch. Hg. von Robert Leroy und Eckart Pastor. Bern/Berlin/Frankfurt am Main/New York/Paris/Wien 1991. S. 203-235.

Voswinkel, Gerd: Der literarische Naturalismus in Deutschland. Eine Betrachtung der theoretischen Auseinandersetzungen unter besonderer Berücksichtigung der zeitgenössischen Zeitschriften. Diss. Berlin 1970.

Literaturtheorie des Expressionismus (Kapitel VII)

Anthologien

Expressionismus. Der Kampf um eine literarische Bewegung. Hg. von Paul Raabe. München 1965.

Expressionismus. Literatur und Kunst 1910-1923. Katalog der Marbacher Ausstellung. Hg. von Paul Raabe. Stuttgart 1960.

Expressionismus. Manifeste und Dokumente zur deutschen Literatur 1910-1920. Mit Einleitungen und Kommentaren hg. von Thomas Anz und Michael Stark. Stuttgart 1982.

Expressionismus. Texte zum Selbstverständnis und zur Kritik. Hg. von Jürgen-Wolfgang Goette. Frankfurt am Main u. a. 1976.

Literatur-Revolution 1910-1925. Dokumente. Manifeste. Programme. Hg. von der Akademie der Wissenschaften und der Literatur. Klasse der Literatur, Mainz. Bd. I Zur Aesthetik und Poetik. Darmstadt/Neuwied/Berlin 1960. Bd. II Zur Begriffsbestimmung der Ismen. Neuwied/Berlin 1961.

Menschheitsdämmerung: ein Dokument des Expressionismus; mit Biographien und Bibliographien neu hg. von Kurt Pinthus. Revid. Ausg. Reinbek bei Hamburg 1995.

Perkins, Geoffrey C.: Contemporary Theory of Expressionism. Bern/Frankfurt am Main 1974.

Ders.: Expressionismus. Eine Bibliographie zeitgenössischer Dokumente 1910-1925. Zürich 1971.

Theorie des Expressionismus. Hg. von Otto F. Best. Stuttgart 1976.

Darstellungen

Anz, Thomas: Der Sturm ist da: die Modernität des literarischen Expressionismus. In: Literarische Moderne. Europäische Literatur im 19. und 20. Jahrhundert. Hg. von Rolf Grimminger, Jurij Murašov und Jörn Stückrath Reinbek bei Hamburg 1995. S. 257-283.

Ders.: Literatur der Existenz. Literarische Psychopathographie und ihre soziale Bedeutung im Frühexpressionismus. Stuttgart 1977.

Arnold, Armin: Die Literatur des Expressionismus. Sprachliche und thematische Quellen. Stuttgart/Berlin/Köln/Mainz [2]1971 (1966).

Aspekte des Expressionismus. Periodisierung. Stil. Gedankenwelt. Die Vorträge des Ersten Kolloquiums in Amherst/ Massachusetts. Hg. von Wolfgang Paulsen. Heidelberg 1968.

Begriffsbestimmung des literarischen Expressionismus. Hg. von Hans Gerd Rötzer. Darmstadt 1976.

Brinkmann, Richard: "Abstrakte" Lyrik im Expressionismus und die Möglichkeit symbolischer Aussage. In: Der deutsche Expressionismus. Formen und Gestalten. Hg. von Hans Steffen. Zweite, durchges. Aufl. Göttingen 1970 (1965). S. 88-114.

Ders.: Expressionismus. Internationale Forschung zu einem internationalen Phänomen. Stuttgart 1980 (DVjs. Sonderbd.).

Der deutsche Expressionismus. Formen und Gestalten. Hg. von Hans Steffen. Göttingen 1965.

Die Modernität des Expressionismus. Hg. von Thomas Anz und Michael Stark. Stuttgart/Weimar 1994.

Edschmid, Kasimir: Lebendiger Expressionismus. Auseinandersetzungen. Gestalten. Erinnerungen. München 1964.

Emrich, Wilhelm: Literatur-Revolution 1910-1925 (1960). In: Begriffsbestimmung des literarischen Expressionismus. Hg. von Hans Gerd Rötzer. Darmstadt 1976. S. 180-188.

Expressionism as an International Literary Phenomenon. 21 Essays and a Bibliography. Ed. by Ulrich Weisstein. Paris/Budapest 1973.

Expressionismus als Literatur. Gesammelte Studien. Hg. von Wolfgang Rothe. Bern/München 1969.

Eykman, Christoph: Denk- und Stilformen des Expressionismus. München 1974.

Falk, Walter: Impressionismus und Expressionismus. In: Expressionismus als Literatur. Gesammelte Studien. Hg. von Wolfgang Rothe. Bern/München 1969. S. 69-86.

Gehrke, Manfred: Probleme der Epochenkonstituierung des Expressionismus. Diskussion von Thesen zur epochenspezifischen Qualität des Utopischen. Frankfurt am Main/Bern/New York/Paris 1990.

Hamann, Richard/Hermand, Jost: Expressionismus. Epochen deutscher Kultur von 1870 bis zur Gegenwart. Bd. 5. Frankfurt am Main 1977.

Hohendahl, Peter Uwe: Das Bild der bürgerlichen Welt im expressionistischen Drama. Heidelberg 1967.

Hucke, Karl Heinz: Utopie und Ideologie in der expressionistischen Lyrik. Tübingen 1980.

Kieruj, Mariusz: Zeitbewußtsein, Erinnern und die Wiederkehr des Kultischen: Kontinuität und Bruch in der deutschen Avantgarde 1910-1930. Frankfurt am Main/Berlin 1995.

Kohlschmidt, Werner: Zu den soziologischen Voraussetzungen des literarischen Expressionismus in Deutschland. In: Literatur - Sprache - Gesellschaft. Hg. von Karl Rüdinger. München 1970. S. 31-49.

Luther, Gisela: Barocker Expressionismus? Zur Problematik der Beziehung zwischen der Bildlichkeit expressionistischer und barocker Lyrik. The Hague 1969.

Martens, Gunter: Vitalismus und Expressionismus. Ein Beitrag zur Genese und Deutung expressionistischer Stilstrukturen und Motive. Stuttgart/Berlin/Köln/Mainz 1971.

Martini, Fritz: Expressionismus. In: Reallexikon der deutschen Literaturgeschichte. Bd. 1. Hg. von Paul Merker. Berlin u. a. ^{2}1958. S. 420-432.

Möser, Kurt: Literatur und die 'Große Abstraktion'. Kunsttheorien, Poetik und 'abstrakte Dichtung' im "*Sturm*" 1910-1930. Erlangen 1983.

Motekat, Helmut: Das Experiment des deutschen Expressionismus. In: H. M.: Experiment und Tradition. Vom Wesen der Dichtung im 20. Jahrhundert. Frankfurt am Main/Bonn 1962. S. 79-109.

Murphey, Richard J.: The expressionist revolution: the re-writing of the discursive world. In: German Quarterly 64. 1991. S. 464-474.

Paulsen, Wolfgang: Deutsche Literatur des Expressionismus. Bern/Frankfurt am Main/New York 1989.

Pörtner, Paul: Literatur-Revolution 1910-1925. Zur Begriffsbestimmung der Ismen (1961). In: Begriffsbestimmung des literarischen Expressionismus. Hg. von Hans Gerd Rötzer. Darmstadt 1976. S. 189-211.

Rasch, Wolfdietrich: Was ist Expressionismus? In: W. R.: Zur deutschen Literatur seit der Jahrhundertwende. Gesammelte Aufsätze. Stuttgart 1967. S. 221-227.

Rothe, Wolfgang: Expressionismus. Theologische, soziologische und anthropologische Aspekte einer Literatur. Frankfurt am Main 1977.

Samuel, Richard: Deutsche Literatur des Expressionismus. In: Die Religion in Geschichte und Gegenwart. Bd. II. Tübingen ^{3}1958. Sp. 837-842.

Schmähling, Walter: Der deutsche Expressionismus 1910-1918. In: Jahrhundertende - Jahrhundertwende. II. Teil. Hg. von Hans Hinterhäuser. Wiesbaden 1976 (= Neues Handbuch der Literaturwissenschaft. Hg. von Klaus von See. Bd. 19). S. 261-306.

Schmidt-Bergmann, Hansgeorg: Die Anfänge der literarischen Avantgarde in Deutschland. Über Anverwandlung und Abwehr des italienischen Futurismus. Ein literarhistorischer Beitrag zum expressionistischen Jahrzehnt. Stuttgart 1991.

Schneider, Karl Ludwig: Zerbrochene Formen. Wort und Bild im Expressionismus. Hamburg 1967.

Sokel, Walter H.: Der literarische Expressionismus. Der Expressionismus in der deutschen Literatur des zwanzigsten Jahrhunderts. München 1970 (Stanford 1959).

Ders.: Dialogführung und Dialog im expressionistischen Drama. Ein Beitrag zur Bestimmung des Begriffs "expressionistisch" im deutschen Drama. In: Aspekte des Expressionismus. Periodisierung. Stil. Gedankenwelt. Die Vorträge des Ersten Kolloquiums in Amherst/Massachusetts. Hg. von Wolfgang Paulsen. Heidelberg 1968. S. 59-84.

Vietta, Silvio: Großstadtwahrnehmung und ihre literarische Darstellung. Expressionistischer Reihungsstil und Collage. In: DVjs 48. 1974. S. 354-373.

Ders./Kemper, Hans-Georg: Expressionismus. München ^{4}1990 (1975).

Viviani, Annalisa: Das Drama des Expressionismus. Kommentar zu einer Epoche. München 1970.

Weisstein, Ulrich: Expressionism as an International Literary Phenomenon. In: Expressionism as an International Literary Phenomenon. 21 Essays and a Bibliography. Ed. by U. W. Paris/Budapest 1973. S. 15-28.

Ders.: Style or *Weltanschauung*? In: Expressionism as an International Literary Phenomenon. 21 Essays and a Bibliography. Ed. by U. W. Paris/Budapest 1973. S. 29-44.

Wiethege, Katrin: Jede Metapher ein kleiner Mythos. Studien zum Verhältnis von Mythos und moderner Metaphorik in frühexpressionistischer Lyrik. Münster 1992.

Ein Blick über nationale Grenzen: Der Imagismus (Kapitel VIII)

Anthologien

Ezra Pound Lesebuch. Dichtung und Prosa. Hg. und mit einem biographischen Essay von Eva Hesse. München 1987 (Zürich 1953).

Imagist Poetry. Ed. by Peter Jones. Harmondsworth, Middlesex 1972.

Literary Essays of Ezra Pound. Ed. with an Introduction by T. S. Eliot. London 1960.

Darstellungen

Coffman, Stanley K.: imagism. A Chapter for the History of Modern Poetry. New York 1977.

Gage, John T.: In the Arresting Eye. The Rhetoric of Imagism. Baton Rouge/London 1981.

Hansen, Miriam: Ezra Pounds frühe Poetik und Kulturkritik zwischen Aufklärung und Avantgarde. Stuttgart 1979.

Harmer, J. B.: Victory in Limbo. Imagism 1908-1917. London 1975.

Helsinki, Maureen McCarthy: The Image in German Drama, 1890-1930. Diss. Johns Hopkins University 1970.

Hoesch, Jörg: Der Imagismus im Spiegel seiner spätromantischen Quellen. Diss. Karlsruhe 1967.

Koopmann, Helmut: Ist ein 'Image' wirklich nur ein Bild? Bemerkungen zu einigen Gemeinsamkeiten und Unterschieden in imagistischer und expressionistischer Kunstauffassung. In: Festschrift für Karl Schneider. Hg. von Kurt R. Jankowsky und Ernst S. Dick. Amsterdam/Philadelphia 1982. S. 499-516.

Lenman, Robin: Control of the visual image in imperial Germany. In: Zensur und Kultur = Censorship and culture: zwischen Weimarer Klassik und Weimarer Republik mit einem Ausblick bis heute. Hg. von John A. McCarthy und Werner von der Ohe. Tübingen 1995. S. 111-122.

Tiffany, Daniel: Radio Corpse. Imagism and the Cryptaesthetic of Ezra Pound. Cambridge/London 1995.

Vordtriede, Fränze: Der Imagismus. Sein Wesen und seine Bedeutung. Diss. Freiburg/Br. 1935.

Waggoner, Hyatt H.: American Poets form the Puritan to the Present. Revised Edition. Baton Rouge and London 1984. Darin: Part V: The Revolution of Modernism: Image [Chapter XI-XIII]. S. 329-386.

Weisstein, Ulrich: Vorticism: Expressionism English Style. In: Expressionism as an International Literary Phenomenon. 21 Essays and a Bibliography. Ed. by U. W. Paris/Budapest 1973. S. 167-180.